Erschienen
im Jubiläumsjahr 2002
bei Klett-Cotta

Inhalt

Vorwort 9

I GELEGENHEITSTEXTE

Marlon of the Movies 17
Hotel Wald International 21
Carduelis carduelis 26
Zottiges Blutglöckchen und Porree 28
Maria wie Milch und Blut 32
Brott und Kreutzdonnerwetter? 54
Heimatlicher Rasenfleck 59
Von Arosa bis Litzirüti 62
Was ich mir unter Deutschland denke 67
»Was ist ein deutscher Charakter?« 72
Die sublime Schweiz 74
Die schwedische Rezeptur 80
Wie Leguane und Krokodile 84
Lächelnde Laken 90

II BÜCHER UND AUTOREN

Zwischen Fixstern und Finsternis
   Zu Joseph Conrad 95
Schützende Gebilde und verbotener Blick
   Zu Joseph Conrads *Lord Jim* 117

INHALT

Der Albatros regt seine Flügel
  Herman Melvilles Roman *Mardi* 126
Vier Deutungsversuche
  Friedrich Rückert: Amara, bittre 135
  *Franz Grillparzer: Der Halbmond glänzet am
  Himmel* 138
  Des Knaben Wunderhorn: Ein neues Pilgerlied . . . 141
  Des Knaben Wunderhorn: Icarus 145
Kleiner Beitrag eines Gerechten
zur Vervollständigung der Todsünden
  Zu Gerard Manley Hopkins 149
Die Ikone als Heimat und umgekehrt
  Zu Lou Andreas-Salomés Tagebuch
  Rußland mit Rainer 152
Die zwei Seiten der Medaille
  Zu Lou Andreas-Salomé 169
Brief an das Pferd des Lord Chandos
  Zu Hugo von Hofmannsthals *Ein Brief* 182
Little Nemo in Slumberland
  Zu Winsor McCay 188
Eine Liebeserinnerung, als Wiese verkleidet
  Zu Vladimir Nabokov 191
Tierlos
  Zu Elias Canettis Tierbuch 196
Der poetische Augenblick
  Zu Hans Boesch 206
Lob der Lakonie
  Zu Hans Boesch 214
Anspruchsvolle Verlierer
  Zu Otto A. Böhmer 216
Über das Wasser
  Zu H. M. van den Brinks gleichnamigem Roman   223

III EIN LITERARISCHES TAGEBUCH

Weltwoche-Kolumnen, Mai 1997–April 1998
- *Braune Pelzmadamchen* 227
- *Butterartiges Schmelzen* 231
- *Das Leuchten des Fudschijamas* 234
- *Bewegungen im Freien* 237
- *Was wollen die Tiere von uns?* 240
- *Birnenkuchen mit Brombeeren* 243
- *Männer unter sich* 246
- *Ochse und Esel* 249
- *Kein Silvesterscherz* 252
- *Messer, Gabel, Jungfrau* 255
- *Die Tücke der Modelle* 258
- *Public-Private-Partnership* 261
- *Frauen unter sich* 264

IV REDEN

- Pointe eines Preises:
  Zur Verleihung des später zurückgegebenen
  Preises von ZDF/3sat und der Stadt Mainz 269
- Macht was Ihr wollt!:
  Wie modern muß Literatur sein? 275
- Die Lust an der Peinlichkeit:
  Geschichten vom Geld 292
- Ein Augenzwinkern des Jenseits:
  Die Zweideutigkeiten der Literatur 309

Nachweise 319

*Für die Kollegiatinnen und Kollegiaten
des Collegium Helveticum in der Semper-
Sternwarte, Zürich, im Wintersemester 1997/98*

Vorwort

Haben Sie jemals an einem späten südlichen Sommerabend den vertikalen Insektenfang eines Geckos an einer Hausmauer zwischen Schatten und Lichtkegel einer Türlampe verfolgt? Mit Spannung nimmt man Anteil an jedem spektakulären Treffer und fraglos Partei für den kleinen Artisten. Plötzlich aber passiert etwas anderes. Man identifiziert sich für Sekunden mit der Beute, die ohne Argwohn im Licht sitzt, wenn der Kopf des Monsters mit Glotzaugen und Rachenschlund aus dem Dunkel hervorschießt. Ist man dann wieder ganz auf der Seite des Geckos und seines Jagdglücks, bleibt doch eine irreversible Schattierung des Anblicks zurück.

Ein bekannter Mann betritt einen Schauplatz. Das plaudernde Publikum erwartet ihn und einige andere prominente Gäste, allerdings kündigt niemand den aktuellen Moment seines Erscheinens an. Wenn er die Tür öffnet und den ersten Schritt macht, weiß er nicht, ob man ihn erkennen und allseits heftig applaudierend begrüßen oder – genau so möglich – überhaupt nicht bemerken wird. Vielleicht werden ihm einige Aufmerksame lächelnd zunicken, aber er muß mit den beiden Extremen rechnen, um als Identifizierter und Gefeierter sogleich eine gute Figur zu machen, beziehungsweise im entgegengesetzten Fall nicht einen sozialen Horror vacui zu erleben, bei dem er sich obendrein mimisch offenbaren könnte. Wenn man ihn zufällig genau in dieser Sekunde ins Auge faßt, verrät er natürlich selbst bei großer Beherrschung angesichts der lächerlich unerheblichen Situation seine doppelseitige Vorausschau und Wappnung.

Und man selbst? Erlebt man nicht auch etwas Bilaterales, nämlich in kleiner, aber präziser Portionierung die Schadenfreude der Indiskretion und zugleich die Scham darüber?

Beides zusammen macht den Augenblick erst pikant und denkwürdig.

Angesichts einer Strandszene im letzten Sommer habe ich mich, mehr und mehr hingerissen, gefragt, wieviel man eigentlich gleichzeitig an Widersprüchlichkeiten empfinden kann. Ein etwa fünfunddreißigjähriger Vater saß zunächst neben seinem schätzungsweise vierjährigen Sohn. Zwei nette Kumpel. Als sich der Mann plötzlich auf den Rücken legte, klappte das Bild um: Der Junge warf sich auf den Vater und drehte gewaltsam dessen Gesicht immer wieder nach links, um ihn auf die rechte Wange zu küssen. Der Vater ließ, mit gespielt schwachem Widerstand, lachend geschehen, daß sein Sohn erste Liebhabergesten übte.

Hier brachten die geradezu erbitterte Beharrlichkeit des Jungen und das unaufhörliche, überaus amüsiert wirkende Lachen des Mannes auf der anderen Seite nur allmählich anschwellend die besondere Atmosphäre zustande. Was gefiel dem Erwachsenen so an seinem Sprößling? Daß der seinem Vater offenbar das Ritual abgesehen hatte, wenn dieser mit seiner Frau beschäftigt war. Erkannte er sich selbst als erotisch Inspirierten in der Verkleinerung wieder oder unterhielt ihn eher die Umkehrung: der viel schwächere Partner als schon recht professionell Attackierender? Reagierte er zu seiner eigenen Überraschung mit der psychisch-physiologischen Animiertheit einer Frau auf die Angriffe des Kleinen?

Hat man noch nicht genug, kann man das Fragespielchen bis zur Penetranz verlängern.

Dachte er mit gelindem und behaglichem Schrecken daran, wie bedenklich die Konstellation mit einer Tochter wäre, während sie in dieser Weise bei aller Privatheit vorläufig sanktioniert war, auch und gerade in der Öffentlichkeit eines Strandes?

Alles konnte ebenso unter harmloser Freude am männlichen Kampf und Gerangel laufen. Vielleicht malte sich der Mann auch eine konterkarierende Vollendung des imitationswürdigen Spielchens mit seiner Frau aus, nicht ohne Hinweis auf ihr frühreifes Früchtchen. Der Junge küßte – den Gedanken einer angedeuteten Mordlust mal beiseite – jetzt seine sich sträubende Beute wie wild auf den gleichgeschlechtlichen Mund, wobei er deren Gesicht mit beiden Händen in kindlicher Raserei festhielt. Sobald er dazu in der Lage war, lachte der Mann wieder lauthals. Eventuell vermutete er, daß sich die Umliegenden insgeheim alle diese überflüssigen Fragen stellten, oder er war einfach bloß physiologisch gekitzelt und sonst nichts.

Mein eigenes Vergnügen als Zuschauerin bestand jedenfalls im Schwanken zwischen all diesen jeweils nicht unplausiblen Möglichkeiten, die gemeinsam in ein einziges Bild gesperrt waren, ohne Reihenfolge. Es war ein flackerndes Anspielen der generell existierenden, gewöhnlich aber von nur einer Interpretation dominierten und also nicht zum Zuge kommenden Facettenfülle solcher Szenen.

Einen begeisterten Schock löste dagegen, mit dem ersten zweideutigen Anblick, eine Plastik von Christa Biederbick aus, als ich sogleich bei Betreten des Ateliers folgendes wahrnahm: eine wehrlos auf dem Rücken wie tot am Boden Liegende, weißhäutig nackt und rothaarig, Zeichen gefährdeter Empfindlichkeit, über die sich, Brust an Brust, ein großer schwarzer Hund hermachte, der zurückgeworfene Kopf mit hochgereckter Schnauze und zwischen dem offen gezeigten Gebiß heraushängender Zunge, wie man es von barocken Jagdskulpturen kennt. So bäumen sich sterbende Eber und Hirsche noch einmal auf. Irgend etwas Katastrophales schien im Gange zu sein. Das Aufrührerische war die Kombination von Mensch und Tier in der Umkehrung der Konvention, noch bevor ich Einzelheiten ausmachen konnte. Es übermittelte sich auf Anhieb die Zweideutigkeit eines Tabubruchs.

Um was handelte es sich? Auch hier wäre die mögliche Fragelitanei beträchtlich. Sie bleibt trotzdem unvollständig.

Triumph eines animalischen Jägers über seiner Beute, Entdeckung fleischlichen Abfalls und beginnender Kadaverfraß? Exzessive Klage eines zurückgelassenen Tieres auf seiner toten Herrin? Besitzergreifendes Gepränge eines wachenden Tieres, das furchteinflößend gähnte, während seine Schutzbefohlene seelenruhig schlief? Nicht nur das teilte sich bereits in der ersten Sekunde mit, sondern auch, wegen der keineswegs beiläufigen, ja gegenpolig zugespitzten Körperlichkeit beider Wesen – es stellte sich dann heraus, daß, die tierische Präsenz unabhängig von seiner geringen Leibesgröße vervielfachend, ein zweiter Hund an der Seite des schwarzen auf dem zugedeckten Bauch der ausgestreckten Frau lag, die im Halbschlaf sanft eine Pfote des größeren Tieres in der Nähe ihres Gesichts berührte –, der zumindest unterschwellige Anflug einer sodomitischen Nuance. In aller Unschuld, was die Wirkung erhöhte. Schranken wurden extra betont, um sie im selben Moment zu sabotieren.

Erfährt man dann, die Arbeit gehe zurück auf ein Foto von über Land reisenden Buren – aus ihren Reihen rekrutierten sich einst die striktesten Befürworter der Apartheid in Südafrika –, die neben ihrem Auto am Straßenrand schlafen, so macht das die zeitliche Entrückung der Vorlage um so deutlicher. Die Plastik, beginnend damit, daß die zufällige Momentaufnahme in die Räumlichkeit lebensgroßer Terracottafiguren übersetzt wurde, in strategischer Veränderung und Reduktion der Details, von der Feistheit des bemächtigenden Hundekörpers bis zur elfischen Fragilität der willenlos Schlafenden, hat die Realität abgelöst in der Verantwortung und spricht, durch gezielte künstlerische Maßnahmen, die schwebendere, wenn man will die anstößigere, auch mythologische Sprache.

Ambivalenz der Bezüge jenseits aller infantil hermetischen Zweiweltenteilung, hier zwischen menschlicher und nicht-menschlicher Natur, kommt in besonderem Maße dem, was jedes Verhältnis der Wirklichkeit bestimmt, nämlich einer stets ruhelosen Wahrheit näher, als die statische Monoperspektive. Das macht für mich höchst prekäre Idyllen wie ausgewiesene Naturschutzgebiete, botanische Gärten und erst recht Zoos gerade nicht, wie man so gern blindlings gegen sie einwendet, zu falschen, vielmehr zu besonders realistischen Orten, die trotzdem begrenzte Illusionen nicht ausschließen. Das dort durch die Verhältnisse erzwungene Changieren der Blickwinkel garantiert die Befriedigung des Verstandes und zugleich, bei wendiger, nicht ideologisch eingeschüchterter Wahrnehmung, den nicht enträtselbaren Zauber des Anblicks.

Die vorliegende Sammlung besteht aus Texten, die innerhalb von zehn Jahren zu sehr unterschiedlichen Anlässen geschrieben wurden. Sie überschneiden sich teilweise in ihren Gegenständen und Argumentationen und spiegeln, ohne daß ich es von vornherein beabsichtigt hätte, mein durchgehendes Interesse am Thema. Oder müßte ich sagen: meine Faszination, die sich gelegentlich einem Credo nähert? Literarisch verkörpert sich mir die Anziehungsmacht des Zweideutigen am unwiderstehlichsten in Herman Melvilles *Moby Dick* und in Joseph Conrads *Lord Jim*.

Leibhaftig aber übte sie zum ersten Mal ihre Herrschaft über mich, als ich vierzehn war, in besonders verführerischer Version, in der Filmgestalt Marlon Brandos.

I GELEGENHEITSTEXTE

Marlon of the Movies

Wenn Marlon Brando lächelt, sieht man es auf der Leinwand aus unmittelbarer Nähe. Das ist wichtig, es kommt auf jeden Millimeter an. Er lächelt so zeitlupenhaft, daß es einen sehr schön graut. Je nach Rolle tut er das verschieden, und er muß nicht mit den Lippen anfangen. Am besten erinnere ich mich an die in spezieller Zweideutigkeit sich über sein Gesicht verbreitende Zärtlichkeit, mit der Walker, englischer Agent, Opportunist, Schurke, seinem Mörder entgegenlächelt. So überrascht, höhnisch, gerührt und einverstanden seinen unvermeidlichen Tod anzusehen, kann nur Brandos persönlicher Einfall gewesen sein. Allein dieser Blick würde Pontecorvos Film *Queimada* sehenswert machen.

Daß mich Marlon Brando für das Theater, nicht für das im umgangssprachlichen Sinn Theatralische, verdorben hat, werde ich kaum bei der ersten Begegnung mit vierzehn Jahren in *Viva Zapata* gemerkt haben, sicherlich aber ahnungsweise das »Keine-Götter-neben-mir« seiner Person, und die war bei ihm wohl stets identisch mit seiner Darstellungsweise, unendlich fern dem Zwang zur permanenten mimischen Hochleistung eines Minetti etwa, unendlich fern andererseits den wie aus einem Inneren naturhaft steigenden Gefühlsmitteilungen Edith Clevers und Hanna Schygullas, die doch immer aus einem geschauspielerten Inneren kommen. Selbstverständlich aber ist

I GELEGENHEITSTEXTE

Brando auch nicht Hans Albers, der zu Land und Meer Hans Albers war, nichts sonst. Marlon Brando verstand/ versteht – was soll hier Gerechtigkeit – wie kein zweiter, die in ihm lagernde Energie, Wucht, charismatische Schubkraft zu mobilisieren, ihr mit Hilfe weniger mimischer Maßnahmen eine Charakterperspektive zu geben, den Fluchtpunkt einer Rolle und diese dann als mögliche Facette seines Wesens zu präsentieren. Im jeweiligen Film als Gestaltung, die Alternativen undenkbar macht.

Von der Persönlichkeit Brandos, über die man nur Vermutungen anstellen kann, sind die skandalumwitterten und tragischen Gerüchte oder Fakten seines Privatlebens wie seiner öffentlichen Auftritte gewiß nicht abzutrennen, ebensowenig sein gesellschaftspolitisches Engagement, beispielsweise für die Besitzrechte der Indianer zu einer Zeit, als das noch Befremden erregte. Seine Bedeutung als Künstler betrifft weder das eine noch das andere, auch wenn es die Legendenbildung beeinflußt wie sein jeweiliges Gewicht. Brandos an Verachtung für das Metier grenzende illusionslos klingende, aber wohl etwas naive Geringschätzung seines Berufs angesichts sozialer Wohltäter der Menschheit und großer Primärkünstler glaube man ihm selbst unbedingt, nehme sie jedoch objektiv, vor allem im Fall Brando, um Gottes willen nicht für bare Münze.

Die Differenz zu den teilweise verwandten großen Kollegen Paul Newman und Robert Mitchum besteht, bezogen auf Newman, im Schillern, in der ausgeprägten Mehrdeutigkeit; vom lasziven, großstädtisch nervösen Mitchum unterscheidet ihn wiederum das gleichmütig glatte, Emotion auch in heftigster Aktion beinahe unbewegt Verschließende seiner Physiognomie.

Das oft träge, fast weibliche Gesicht mit dem dekorativ

gebrochenen Nasenbein – die maskuline Note – scheint zugleich alle denkbaren Gegensätze zwischen Gut und Böse wie zwei Seiten einer Medaille auszuspielen, bis hin zu Intelligenz und Schwachsinn. Auszuspielen? Das eben nicht! Zu bündeln, zu bändigen, sie je nach Bedarf unter Betäubung zu halten, ohne sie einander anzugleichen. Ein – versteht sich – höchst erotisches Tableau, nicht der daran gemessen einfältigen Widersprüchlichkeit »zweier Seelen in einer Brust«, vielmehr sich schlafend stellender Ur-Ambivalenz. Eine Ambivalenz, etwas unkastriert Kreatürliches, das nie ideologisch vereinfacht wird und das ihm in jeder Faser steckt. Brando muß nicht mal auf Blicke setzen, das übliche Droh- und Verhexungsmittel. Ausgerechnet in sogenannten »intensivsten« Momenten wirkt er häufig geistesabwesend, summt selbstvergessen, zeigt eventuell bloß den Rücken, geht weg, um unsichtbar erst recht präsent zu sein. Brando muß offenbar nichts beweisen.

Herstellen kann Amerika so etwas nicht, und irgendwo herkriegen wird es das vielleicht auch nie wieder.

Hat er mich für den Film gewonnen? Er ist, ein atypischer Star, meines Erachtens der Filmschauspieler in Vollendung. Aber merkwürdig, Film definiert sich wesentlich dadurch, daß er die Bilder bewegt: Brando agiert statisch, Handlung aufsaugend. Der Film hat die Bilder zum Sprechen gebracht: Brando unterwirft die Sprache seinem Zeitmaß, nuschelt, bleibt am liebsten stumm. Seiner Darstellungsweise fehlt nicht die Archaik des Stummfilms, jedoch wandelt er dessen Künstlichkeit ins Organische, dessen Zappeligkeit (das Manko, keine Worte zu haben) in subtilste, sprechende Verlangsamung (Entbehrlichkeit der Wörter).

Das schematische Zappeln der Mimik und der Dialoge

I GELEGENHEITSTEXTE

wird inzwischen wieder ziemlich groß geschrieben. Insofern hat mich Brando auch für den Film verdorben, nämlich genau so für das andere Extrem, die manierierte Kargheit, die nicht aus spannungsfördernd reduzierter Kraftäußerung kommt, womöglich aber aus dem Wunsch nach mehr »Geistigkeit«. Er hat mich gewonnen für Augenblicke wie die, wenn er in *The Missouri Breaks (Duell am Missouri)* ohne Regung, schicksalhaft von seinem Pferd aus beobachtend, plötzlich, grundlos, mit wehendem Haar rasend schnell davongaloppiert, so daß allein diese schlagartige Geschwindigkeit, dieser über die Leinwand hereinbrechende Tempowechsel, wie er in solcher Anstößigkeit nur nach derart koloßhaftem Abwarten möglich wird, bereits – Tugend des Darstellers – als Wetterleuchten des Bösen selbst erscheint.

Hotel Wald International

Ganz will, pardon, werde ich wohl nie dahinterkommen. Was lockt mich, rhetorisch gefragt, denn eigentlich und verschafft mir, wenn ich dem Angebot nachgebe, zuverlässig das Gefühl, getröstet zu sein, auch wenn gar kein Trostbedürfnis vorausgegangen ist, spendet also jene kräftige Empfindung, die man wohl »getrost« nennt, und die das Gegenteil von Sentimentalität ist?

Was drängt mich, wenn ich es zulasse, unwiderstehlich, der auffordernden Führerschaft eines kleinen, gewundenen Weges in ein gewöhnliches Waldstück zu folgen, und sei es bloß mit den Augen, vom ungerührt seinem Ziel entgegenbrausenden Zug aus, in dem ich, scheinbar unverändert mittransportiert, jetzt in einer maßgeblicheren Wirklichkeit und Wahrheit beherzt auf einer grünen Lichtung in ein Stück Kuchen beiße und dann, neben der Thermoskanne und unter dem Blick des Eichelhähers, zwanzig Minuten schlafe wie in Abrahams oder sogar Adamundevas Schoß?

Was, noch einmal, zieht mich, von einer schnurgerade ihre Pflicht erfüllenden Autobahn aus, zu den seitlich auftauchenden Waldböden mit umgestürzten Baumstämmen, den kindlichen Sprenkelungen der Frühblüher, dem ersten Farngesprudel, auch wenn sich der erwähnte Pfad todsicher nicht lange im Naturdunkel verlieren, nämlich nach fünfhundert Metern abrupt von Acker, Asphalt, Industriegelände zur Raison gebracht wird?

I GELEGENHEITSTEXTE

Ob es die Trümmer des Ruhrgebiets waren, die in einer fernen Nachkriegszeit meiner durch die Märchen bereits verankerten Waldeinsamkeitslust – wie es dann, nicht mehr in der Grimmschen Sammlung, sondern inzwischen in Tiecks *Blondem Eckbert* heißt: »Waldeinsamkeit, die mich erfreut, so morgen wie heut …, … wie liegst du weit …, … mich wieder freut«, und zwar durch einen Vogel in drei Variationen unverschämt kunstlos gesungen – den stilistischen Schliff gaben, das heißt, die kontrastierende und konzentrierende Fassung? Jedenfalls habe ich zwischen fünf und dreizehn Jahren jedes überwucherte Restparadiesgärtchen, jede Neuansiedlung eines noch so winzigen Unkrautidylls, oft war es das sogenannte und stets verlauste »Trümmerlieschen« (= schmalblättriges Weideröschen), zwischen den zusammengebrochenen Häusern unserer damaligen Umgebung aufgespürt und in heimlichen Nachmittagssitzungen, in hastigen Verweilpausen vor und nach der Schule zu meinem unumschränkten Eigentum erklärt. In die strengen Ausströmungen der wenigen im Schutt gedeihenden Blumen mischte sich fast immer der spezifische, je nach Witterung schwankende Gestank von Abfällen und verwesendem Kleingetier, aber ich muß wohl auch damals schon die Idealvorstellung eines echten Waldgeruchs nach Pilzen, Laub, Moder, Holz durchaus in mir gehabt und das tatsächlich Wahrgenommene mit der selbstverständlichen Routine einer, wenn's drauf ankommt, Quartalshedonistin dahingehend zuendephantasiert haben.

Ich meine, ein bißchen Grün genügte, um die höchst angenehmen Attribute eines regelrechten Dickichts zu beschwören. Das ist noch heute so. Das Märchenwort »Waldhaus«, das Wort »Märzenwald« reichten aus, den baumreichen Aufenthalt »meiner Lust und Wehen« (Eichendorff) mit Schatten, Duft, Funkeln herbeizuzaubern.

Auch das hat sich kaum geändert. Zwar habe ich den ein ganzes Gemälde füllenden Blätterrausch auf Altdorfers *Sankt Georg* erst nach vielen eigenen Walderfahrungen gesehen, aber ob das Bestaunen der Laubdächer und Wurzelhöhlen Richterscher Märchenillustrationen nicht ein Parallelereignis zu den einschlägigen Anschauungen der Realität war? Wechselseitige Intensivierung, vermute ich.

Eins immerhin steht für mich fest: Sobald etwas, gleichgültig in welcher mir unbekannten oder vertrauten Gegend, als Abkürzung einer noch so bescheidenen Waldkonstellation gelten kann, hört bei mir sofort das Fremdeln auf. Das hat zwei Vorteile. Diese, unter dem Klischee, dem allseits eilig bespöttelten »deutschen Wald« verborgene Heimat ist eine ambulante, ist internationale Lokalität, im Prinzip überall auffindbar, fast, als würde ich sie in Gestalt eines einleuchtenden Waldwahlspruchs mit auf Reisen nehmen. Zweitens liegt in dieser Genügsamkeit – nicht nur bezogen auf den Prototypen einer germanischen Eichen-, Ulmen-, Eschenlandschaft eine erhebliche! – sehr wahrscheinlich das sine qua non für die Eignung, überhaupt noch ein nicht allzu geschmälertes Waldgefühl mit seinem Seelen- oder Nervenglück zu finden.

Drei, vier Bäume bringen schon ein gewaltiges Rauschen zustande. Man darf nur nicht gleich automatisch beim Vergleich mit dem Urbild jammern. Obschon ... Nein, man muß die Idee in jenem, dem Kürzel, wenigstens momentweise durchschimmern und atmen sehen mit aller Würze und besänftigenden, aber auch beunruhigenden vegetativen Bedrängnis.

Was Naturschutzgebiete um so wichtiger macht. Etwa jenes renaturierte Moor-Heide-Waldgebiet elbabwärts von Hamburg namens Klövensteen, das mir bisher noch immer bei den Irritationen und Wehleidigkeiten gegenüber der »geschäftgen Welt« (Eichendorff) und den Unausstehlichkeiten des Kulturbetriebs im besonderen Kopf und Herz wieder zurechtgerückt hat.

Das alles schließt, wohlverstanden, Kritik an der Verfassung vieler Wälder ja keineswegs aus.

Intellektuell natürlich sind Sehnsucht nach und Vergnügen am moosig grünen Grund und Dämmern mit schrägen Lichtschneisen und vollem Orchestereinsatz des Waldinventars nicht. Müssen sie auch nicht. Und sind es doch auch!

Offensichtlicher noch als in Meeres- und Gebirgslandschaften liegt hier, wenn einem derartiges gefällt, und das ist bei mir allerdings der Fall, Dialektisches auf der Hand, also das, was ein Universum erst richtig lebendig und exemplarisch macht.

Gegenpolige Gleichzeitigkeiten auf Schritt und Tritt. Erwähnt wurden schon das Provinziell-Lokale und zugleich ortsunabhängig Generelle; wuchernde Natur hier und von Kunst und Literatur geprägte Sicht (auf eben sie) dort; Vision gewaltiger Baummassen und Reduzierung in der Realität. Hinzu kämen ergänzend noch einmal Poesie, Magie, Mythos des Waldes auf der einen Seite und die wissenschaftliche, auch: wirtschaftliche Betrachtungsweise auf der anderen; Beständigkeit in den ewigen Wiederholungen und: unaufhörlicher Verfall; bis ins Mikroskopische zu verfolgende Präzision vielgestaltiger Details, aber auch ihre millionenfache Vernetzung zu einer grünbraunen Unendlichkeit.

Am teuersten jedoch ist mir diese eine Gegensätzlichkeit: Angesichts all des Zerfallenden, Verwesenden, Verwitternden, der überall sich als Lebensgesetz darbietenden Stoffwechselprozesse, der Zerstäubung großer Körper in immer kleinere, der Bestattung und des unkenntlich gewordenen Fortexistierens in ihnen, nachzugeben und sich der Verführung zur allseitigen Auflösung mit der eigenen, flüchtigen Person anzuschließen.

Gut! Und der Widerspruch?

Das Figurenerzwingende des Waldes! Das, was seit jeher das ganze Gerümpel von Zwergen, Elfen, Nymphen, Baumgöttern usf. auf den Plan gerufen hat und die geheimnisvollen, noch gesichtlosen atmosphärischen Verdichtungen in ein Gegenüber von Märchen- und Fabelwesen bannte, in Wesen mit Auge, Nase, Mund, hilfreiche, launische, bestechliche Kreaturen, häßliche und schöne Ausgeburten aus Spinnweben, Sonnenflecken, Tümpelschlamm, Wurzelwerk. Entlastung durch Dämonisieren. Ein heidnischer, religiöser, unveraltet metaphysischer Prozeß, der insofern durchaus nicht ein abgeschlossener ist, als man in manchen Momenten, längst erwachsen und gescheit geworden, den Augenblick, Zögern und Anhalten, vor dem Erscheinen des Genius loci, sagen wir: Titanias oder Pans spürt, eine letzte Schwelle, die freilich nie überschritten, eine Spannung, die nie gelöst wird.

Einmal ist es mir aber doch zuteil geworden. Im letzten Spätsommer, an einem ehemaligen Feuerwehrteich der schon genannten Para-Urlandschaft Klövensteen, zwischen ausgeblühten Lupinenständen und noch feuchten hohen Brennesseln tief versteckt, keine Menschenseele weit und breit, lag plötzlich ein dicker Mann, rauchte weinend die altmodischen Overstolz-Zigaretten und hielt wehrlos eine Thermoskanne in der Hand. Erschrecken auf beiden Seiten, sprachlose Konfrontation. Dann mühsam weggepreßte Tränen: Er habe hier immer mit seiner Frau den Sonntagmorgen gefeiert, früher, zwischen den zwei kleinen Teichen, wo niemand hingekommen sei.

Ein trauernder Faun zu Gast in seiner Wohnung? Getrösteter Klient? Halbwegs getroster Patient?

Carduelis carduelis

Sein Oberkopf ist schwarz, das ›Gesicht‹ von der Stirn bis zur Kehle rot, die Wangen sind weiß, sein Warnruf klingt, dem »Ahimè« der Oper verwandt, »Ahie«. Hauptglanz- und Hauptleidenszeit dieser dekorativen Existenz, Distelfink oder auch Stieglitz genannt (Carduelis carduelis), liegt zwischen dem 14. und dem 16. Jahrhundert. Er ist das i-Tüpfelchen der Madonnenmaler von Niccolò di Tommaso bis Bronzino, und ihnen nicht nur buntes, sondern auch dramatisches Element. Dem mal rechts, mal links von Maria angesiedelten Jesus dient er, wenn der Gottessäugling nicht mit der Brust der Mutter, ihren Fingern, einem Apfel, auch Reichsapfel, oder einer Blume beschäftigt ist, als lebendiges Püppchen.

Das kann, neben der großen Ehre, kein reines Vergnügen gewesen sein, und zweifellos ist es ein erhebliches Verdienst des von den niedlichen Patschhänden so gefährlich gequetschten, lässig strangulierten und nahezu erdrosselten Vogels, drei Jahrhunderte – eine Rassel, ein farbiger Apparat ohne ein einziges »Ahie« – im unschuldig verspielten Würgegriff zur Ehre Gottes und der Kunst ausgehalten zu haben. Dafür allerdings bleiben auch besonders an ihm, dem Salzkorn aus der Wirklichkeit im lieblichfrommen Arrangement von Muttergottes und Sohn, die Augen hängen!

Gut, einmal führt Maria den sonst Malträtierten behutsam ihrem Kind vor, aber da ist aus dem Stieglitz ein unansehnlich brauner Geselle geworden (Piero di Cosimo), ein anderes Mal wird er gar (bei Raffael) gestreichelt, von Jesus und Johannes gleichzeitig, doch da nennt man ihn falsch, nämlich Zeisig (Carduelis spinus). Auch van Eyck ist ihm wohlgesonnen, verwechselt ihn nur mit einem tropischen Sittich. Bronzino malt ihn immer richtig, drückt ihn jedoch, eine Beleidigung, zwischendurch einem feist reizenden Medicibürschchen in die Hand, das sich vor Lust am herrscherlichen Zupacken kaum einkriegt. Crivelli wiederum macht einen arg gekniffenen Pirol aus ihm, läßt ihn aber in einem anderen Fall als einziger großzügig der weit geöffneten Hand des Jesuskindes entfliegen. Als Distelfink!

Vor zwei Jahren nun landete er, während meiner Überfahrt von Elba zum italienischen Festland, auf dem Rücken einer Passagierin, direkt neben mir. Hatte ihn der Wind von der Insel aufs Meer getrieben? Jedenfalls suchte er Zuflucht bei den Menschen. Schließlich nahm ihn ein kleiner Junge, unter Aufsicht seiner Mutter, in Schutzhaft. Auftrag erledigt. Aus göttlicher Kinderhand, die Crivelli gemalt hatte, war er, endlich einmal die Pracht seiner von gelben Kokarden gezeichneten schwarzen Flügel entfaltend, wieder in der eines Kindes angekommen, aus einem Bild eingetroffen in der Wirklichkeit. Ein winziger himmlischer Abgesandter, die Gegenwart der alten Madonnenbilder in all ihrer Süße wie einen Blütenstaub mit sich tragend.

Wo andere noch hinwollen, da kommt er, der Stieglitz, schon her.

Zottiges Blutglöckchen und Porree

In Berlin gibt es einen riesigen Botanischen Garten, in Padua einen winzigen. Beide sind sehr berühmt und in ihrer Art große Herrlichkeiten. Der 1979 der Öffentlichkeit übergebene neue Botanische Garten in Hamburg, direkt an der S-Bahn-Station Klein Flottbek, nimmt es mit ihnen auf.

Ich glaube, es liegt an der Mischung von wissenschaftlicher Strenge, imitiert Kleinkariertem und, mit welchen Einschränkungen auch immer, natürlicher Wildheit der selbstverständlich durch und durch künstlichen Anlage. Man zieht seine Runde – ich fühle mich, egal welcher Stimmung ich vorher war, sobald ich durch das Eingangstor bin, besser bis euphorisch – an allen Aspekten aus der offiziell in der Renaissance gründenden Geschichte botanischer Gärten vorbei.

In historischer Reihenfolge hieße das, brav aufgezählt: Ursprünge im mittelalterlichen Arzneigarten, Kräutergärtchen der Klöster und Höfe; Sammelplatz ausländischer, vor allem auch überseeischer floraler Fremdlinge, Kuriositätenkabinett des Kolonialismus und Demonstrationsfläche für importierte pflanzliche Waren und Rohstofflieferanten; schließlich Grundlegung und Ausbau einer Pflanzensystematik. Hinzu kommt heute, wie in den Zoos, das sehr wichtige Ziel eines Reservats zur Erhaltung aussterbender Arten. Für all das gibt es über das ganze

Gelände verstreut, auf engstem Raum also, mit Schildern und Schildchen versehene Beispiele. Zu diesen mit den Universitätsinstituten in Zusammenhang stehenden Funktionen gesellt sich noch eine weitere, im vorigen Jahrhundert entstandene hinzu. Botanische Gärten sollten auch der nicht gelehrten Stadtbevölkerung ein Ort der Erholung werden.

Und da bin ich beim springenden Punkt des Flottbeker Gartens. Quer durch alle Generationen, Familien- und Wissensstände wie auch Nationalitäten geht, jederzeit zu überprüfen, das Interesse der Besucher. Hier können Ungarn, Mongolen, Afrikaner, Japaner und Himalayabewohner ihrem Nachwuchs Gerüche und Pflanzen ihrer Heimat vorführen, und zwar anhand ausgetüftelter Kleinstlandschaften. Erdteil grenzt an Erdteil rund um den Globus, das Hochgebirge an Pannonische Steppe, Hochmoor, Salzwiese, Deutschen Wald. Dazwischen Puppenstubenwasserfälle, Teiche, Bäche, Vögel überall, am liebsten in den Dickichten der Wildrosen. Wer Giftpflanzen sucht: gleich neben dem wackeren Schrebergarten mit Häuschen.

Es gibt Seerosenidyllen und Clematislauben, die ein früheres Jahrhundert zu zitieren scheinen, versteckte Picknickecken mit beweglichen Stühlen und Bänke an feldherrlichen Aussichtspunkten en miniature, wahre Farnparadiese, im Sommer einen grünverdämmernden Dschungel. Und die gehätschelten Kamelien in netzbespannten Unterständen je nach Sonneneinstrahlung, als wäre dafür extra ein Beschützer abgeordnet, geöffnet, geschlossen, halbgeschlossen, mit Laub ausgepolstert. Mein Lieblingsplatz liegt gegenüber dem gewaltigen Ringelblumenhalbrund. Ein Winkel zwischen einem See mit Schilf und mannshohen Süßdolden, Eisenhut, Rittersporn, Rie-

I GELEGENHEITSTEXTE

senhahnenfuß. Stellen Sie sich nur das weiß-tiefblau-goldene Gewucher vor! Im späten Herbst schrumpft die Anlage, wird durchsichtig. Man muß sich mit dem Aufspüren letzter einrunzelnder Blüten begnügen. Dann sind hier besonders das Licht und der über dem Flottbeker Garten auffallend weite Himmel ausgestellt. Etwas für Kenner, für Liebhaber.

Der springende Punkt ist zugleich aber auch der Haken. In den letzten Jahren zeigt sich eine Neigung zu Repräsentation und Verlegenheitsschmuck, zu überall, wirklich auf Schritt und Tritt dargebotenen Kunstwerken, Pflanzenkübeln, parkähnlichen Rabattenbepflanzungen, damit ja alles jederzeit gefällig bunt ist, zu all dem, was etwa den Frankfurter Palmengarten so langweilig macht. Die einmalige Mischung von wissenschaftlichem Gelände, Kleingärtnerischem und »wilder Natur« könnte sich, wenn hier nicht ein Riegel vorgeschoben wird, zugunsten einer blöd-beliebigen, öd-madamigen Freizeitblumenanlage verändern. Eine Todsünde! Der sonst so schmeichlerisch als botanischer Profi behandelte Laie wird auf diese Weise, altersunabhängig, in Rente geschickt.

Ganz gewiß schöner als eine stehende, hängende Fuchsienausstellung mit langen Bankreihen und singulärer sogar als die jeden Gartenbesitzer neidisch machenden spektakulären Sorten wie zum Beispiel der blaue Chinesische Scheinmohn (Meconopsis betonicifolia) mit leuchtend orangenen Staubgefäßen sind nämlich 1. die wilden Mohnfelder, durchmischt mit Rade und Kornblumen, die fantastischen Wildblumenwiesen, der frühlingankündigende Wildkrokushang, 2. die säuberlich von Buchsbaum gerahmten Beete des Bauerngartens mit den Kräutern für die echte Hamburger Aalsuppe und 3. der unerläßlich professionelle Background: unbeirrbare Schildchen überall, erhobene Zeigefinger der Wissenschaft, die so viel Pracht, aber auch das unscheinbarste Grünzeug mit den krausesten Bezeichnungen emsig-ernsthaft inventarisiert. Die Kombination, die Mélange, die überschaubare Konfrontation macht's.

Geöffnet ist jeden Tag, der Eintritt gratis.

Maria wie Milch und Blut

»Sein Haar hat die Farbe einer reifen Haselnuß. Es fällt bis zur Höhe der Ohren gerade; von da an fällt es in dichten Locken ...«: Lentulus, Statthalter von Judäa, gibt in einem Brief an den römischen Senat eine Beschreibung Christi vom Scheitel bis zur Sohle. Wie zu erwarten, handelt es sich um einen fiktiven Lentulus, um eine Fälschung nämlich, die, im 15. Jahrhundert übersetzt, in Italien weit verbreitet und durchaus Anhaltspunkt für die Maler beim Darstellen der Gestalt Christi war, abgedruckt u.a. im ursprünglich für junge Mädchen bestimmten *Zardino de Oration* (Venedig 1494).

Die Jungfrau, die jenen Jesus gebar, wird im 16. Jahrhundert vom Dominikanermönch Gabriel de Barletta geschildert, wobei er sich in seiner Predigt nicht nur auf drei angebliche Porträts des Augenzeugen Lukas (Patron der Maler) stützt: »Albertus Magnus sagt, sie war weder einfach dunkel, noch einfach rothaarig, noch schlicht blond. Denn jede dieser Farben verleiht einer Person an sich schon eine gewisse Unvollkommenheit. Darum sagt man: ›Gott bewahre mich vor einem rothaarigen Lombarden‹ oder ›Gott bewahre mich vor einem schwarzhaarigen Deutschen‹ oder ›vor einem blonden Spanier‹ oder ›vor einem Belgier jedweder Haarfarbe‹. Maria war eine Mischung von Farben, die von allen etwas hatte, denn ein Gesicht ist schön, wenn es an allen Farben teilhat. Aus diesem Grund erklären medizinische Autoritäten, daß eine Gesichtsfarbe, die aus Rot und Blond besteht, dann am besten ist, wenn noch eine dritte Farbe hinzukommt: Schwarz. Und genau das, sagt Albertus, müssen wir gelten lassen: Sie neigte ein wenig zum Schwarz« (*Sermones*, Bd. 1, Venedig 1571).

Ob diesseits, jenseits, östlich, westlich der Alpen: Auf Fahnen, Schreinen und Säulen, Andachts-, Altar-, Gnaden- und Reisebildern haben die Künstler Maria in allen Farben geschätzt, schwarz, brünett, vor allem blond, rotblond, rot. Jawohl, ganz besonders als Rothaarige, was erstaunen muß, denn wenn auch deren milchweißer Teint angenehm fürs Auge auf Marias Reinheit hinweist, so heißen die nun mal dazugehörenden, wenn auch von den Malern stets unterschlagenen Sommersprossen »Judaszeichen«, weil »Judas rothaarig war«. Und sind nicht nach alter Volksweisheit Frauen mit roten Haaren solche, »die ihre innere Balance verloren haben, die ohne inneres Gleichgewicht, ohne Gesetz leben. Sie besitzen alle Eigenschaften von unpäßlichen Frauen – aber auf Dauer ...«, und sind sie nicht die sinnlichsten von allen und Hexen obendrein? (Yvonne Verdier, *Drei Frauen. Das Leben auf dem Dorf*, Stuttgart 1982)

Man hat sie gemalt mit glattem und lockigem, gekräuseltem, gekämmtem, gescheiteltem und wehendem Haar, flatternd bis zum Ellenbogen, reizend verborgen unter durchsichtigen Schleiern oder nonnenhaft unter festsitzenden Hauben, ganz wie es den mächtigen Klienten, der wechselnden theologischen und Kleidermode und den Malern selbst ins Konzept paßte. Eine weit über tausend Jahre dauernde Leidenschaft, die Heinrich Heine einleuchtend begründet. Weil »die hochgebenedeite Königin des Himmels, die schöne Jungfrau, die noch zugleich von

I GELEGENHEITSTEXTE

Mutterliebe und Schmerz verklärt, der poetisch köstlichste Stoff ist, den ein Künstler Herz verlangen kann.« Mit keinem religiösen Thema haben sich die Künstler häufiger und vielfältiger beschäftigt als mit der Virgo inter virgines, wobei die zahllosen Ergebnisse der Marienbegeisterung dem unersättlichen Novalis immer noch nicht reichen: »Ich sehe dich in tausend Bildern, / Maria, lieblich ausgedrückt, / Doch keins von allen kann dich schildern, / Wie meine Seele dich erblickt.«

Inbrunst, Phantasie, Spekulation der Malerseele mußten sich freilich in den ersten christlichen Jahrhunderten gedulden (das autonome Marienbild existiert etwa seit dem Konzil von Ephesus 431) und nach dem strengen Kanon der frühchristlich-byzantinischen, seit dem 6. Jahrhundert aus einigen starren Archetypen und diversen Untertypen bestehenden Ikonographie mit strikter Haltungs-, Kleidungs-, Farbvorschrift richten. Nur die Haupttypen (etwa die thronende Madonna, mit Kind auf Schoß, auf linkem Arm oder Knie, die betende, die stehende) besaßen erwiesene Gnadenkraft und wurden von der Hauptstadt gefördert.

Die Künstler des westlichen Kulturkreises nahmen alle Bildvorlagen auf, begannen aber sogleich, sie zu modifizieren und deren engen Rahmen zu sprengen, teils aufgrund des starken Bedürfnisses nach permanenter Wandlung, aber auch, weil sie platterdings einige ikonographische Details nicht richtig begriffen.

Neben die Ausweitung der Themen (vom mystischen Andachtsbild zu genrehaften Szenen des Marienlebens), traten Gesichtspunkte der Bildsprache, die auch in subtilsten Feinabstufungen einem gebildeten Publikum nicht unverständlich waren, z. B. die vertraglich genau mit Preisangabe festgelegte Verwendung verschieden kostbarer

Blaufarben an unterschiedlichen Objekten – Maria, Engel – als hierarchische Ordnung zu lesen, was heute nur noch für Spezialisten nachvollziehbar sein dürfte.

Andererseits blieb die Gestensprache nicht mehr einheitlich und also nicht eindeutig. Die Hand auf der Brust kann Demut, aber auch Trauer, aber auch wohlige Empfindung ausdrücken. Das rote Gewand Mariä bedeutet Feuer und Triumph, ebenso aber Barmherzigkeit und Leiden. Ein Prediger der Frührenaissance teilt den Verkündigungsvorgang in fünf Stufen ein: 1. Conturbatio – Aufregung, 2. Cogitatio – Überlegung, 3. Interrogatio – Nachfragen, 4. Humiliatio – Unterwerfung, 5. Meritatio – Verdienst. »Die Prediger drillten ihr Publikum im Repertoire der Maler, und die Maler antworteten innerhalb der gängigen emotionalen Kategorisierung des Ereignisses« (Michael Baxandall, *Die Wirklichkeit der Bilder*, Frankfurt a.M. 1984). Das schützt, infolge der sich immer kräftiger entwickelnden künstlerischen Freiheiten, nicht vor Zweideutigkeit. Leonardo da Vinci zu einer *Verkündigung*: »Vor einigen Tagen sah ich das Bild eines Engels, der, die Verkündigung aussprechend, Maria aus ihrem Zimmer zu vertreiben schien, mit Bewegungen, die aussahen wie ein Angriff, den man gegen einen verhaßten Feind führen könnte; und Maria schien sich wie verzweifelt aus dem Fenster stürzen zu wollen. Verfalle nicht in solche Irrtümer!« Gerade bei den Verkündigungsbildern hat man häufig das Gefühl, die Jungfrau vollführe einen graziösen Abwehrzauber gegenüber dem kränkenden, nichts als Unheil bringenden Himmelsboten (z.B. bei Simone Martini oder Botticelli).

Etwa vom 13. Jahrhundert an intensiviert sich die Beziehung zwischen Maria und dem Kind, beide sehen einander an, Jesus spielt mit Vögeln, Blumen, Früchten. In

I GELEGENHEITSTEXTE

der Renaissance kommt auffällig die »ostentatio genitalium« hinzu, die Darstellung des Geschlechts Jesu. Während das Kind nach dem Kinn der Mutter greift, im Mittelalter Zeichen bräutlicher Liebe, betrachten Mutter Maria, Mutter Anna oder die Hirten die Blöße Jesu so interessiert, auch der beigegebene Cousin Johannes macht mit, als hätten sie aus den Augen verloren, daß es doch nur um die symbolische Veranschaulichung der Menschwerdung Christi gehen soll. Hans Baldung Grien, ohnehin mit einer Schwäche für – möglichst nackte – Zauberinnen, läßt die Heilige Anna eine Geste in Richtung der Männlichkeit Christi vollführen, die für den Zuschauer nahelegt, sie wolle den Penis Jesu verhexen.

Das Gegenstück, der Schoß der Mater inviolata, purissima, castissima, bleibt selbstverständlich stets verhüllt, spielt aber in den verbalen Erwähnungen eine wichtige Rolle. Maria als Behälter Gottes: »Tempel«, »Turm«, »Bundeslade«, »Tor«, »Pforte«, »Haus«. Dort, wo Maria nicht die, im unteren Primärbereich, biologisch gesehen, Empfangende wäre, sondern, in der oberen Sekundär-Zone, die Spendende ist, wird sie dagegen auch optisch früh entblößt: Maria lactans, in der byzantinischen Ikonographie der Typ der »Galaktotrophusa« (ab dem 10. Jahrhundert), die stillende Gottesmutter.

Als Fresko taucht sie bereits um 500 im Jeremiaskloster des ägyptischen Saqqara auf, Maria in dunklem Überwurf, dem Kind ihre rechte Brust geübt zwischen Zeige- und Mittelfinger reichend, als Bildmotiv hier eher noch an Verkörperungen der Isis angelehnt (bei den Hellenen der Aphrodite, der Demeter und der Io gleichgesetzt), die den vom zusammengeflickten Osiris empfangenen Horus auf dem Arm hält, als eine eigens erfundene Illustration der verbürgten Bibelstelle: »Selig ist der Leib, der dich getragen hat, und die Brüste, die du gesogen hast« (Lukas 11,27).

Die Beschäftigung der Maler mit Marias Brust war, nach zögernden Anfängen, nicht geringer als die mit ihrem Haar. Es sollte ja wiederum sinnbildlich die Menschwerdung Christi beglaubigt werden, diesmal durch sein Trinken an Marias rechter oder linker Brust. Ein guter Zweck also, den Malern war es recht!

Anders als beim Bildtyp der Pietà, Maestà, Sacra Conversazione, Schutzmantelmadonna kommt hier, selbst bei noch ikonennahen Werken (etwa Lorenzetti zu Beginn des 14. Jahrhunderts) und in den Psalter- und Stundenbüchern der Romanik und Gotik tatsächlich ein zärtlicher, ja indiskreter Zug in die Bilder, ein Ungleichgewicht der Fleischlichkeit, eine anziehende, aufsehenerregende Schwachstelle, zweifellos erotisch (und obendrein im Kontext fleckenloser Frömmigkeit) in Form kleiner, mädchenhafter, sehr hoher, sehr weißer Brüste, wenn nicht Brüstchen. Der elfische oder höfische Zierat eines Himmelsritterfräuleins, eher als mütterlich geschwollen und milchgefüllt, in asymmetrischer Nacktheit, als zweite Pointe neben der heiligen Virginität: die halbe und, wie nicht nur die Familie Tiepolo bei den Fresken der Villa Valmarana, sondern wie man auch in Tingeltangelkreisen weiß, gerade deshalb besonders pikante Verhüllung/Entblößung.

Manchmal äugelt ein alter Josef nachdenklich oder ein wenig neidisch nach dem zufrieden sich nährenden Kind, versucht (bei Adriaen van der Werff im 17. Jahrhundert), es mit Beerenbüscheln abzulenken vom schönen Busen, oft verschläft er, vielleicht um der eigenen Seelenruhe willen, das Schauspiel. Das Kind, wenn es nicht saugt oder mit der Brust spielt, deren alleiniger Eigentümer es ist,

I GELEGENHEITSTEXTE

starrt entrückt ins Leere, vor allem vom 15. Jahrhundert an, auf diese Weise die Jungfrauenbrust vollständig den Blicken preisgebend. Weltzugewandt auf Goldgrund geht es bei Meister Bertram (14. Jahrhundert) zu, der Menschensohn trinkt an Marias Brust, Josef lutscht an einem Gegenstand, als sauge er an einer Ersatzbrust, seinen Pflegesohn also nachahmend. Die Mutter beobachtet, als einzige nicht mahlzeitend, wie hungrig trauernd und auf ihn weisend mit großer Hand, den ebenfalls fressenden Esel.

Ob aber Masolino, Bouts, Gerard David, Jan van Eyck, Campin, van der Weyden, Ghirlandaio, Isenbrant: Rührend, innig, unwiderstehlich korrespondiert in jungfräulicher Süße und sanft ahnender Melancholie das liebliche Gesicht ihrer thronenden, ruhenden, stehenden Madonnen mit der ebenso zierlichen Brust der Regina virginum, die in ernst-berückender Heiligkeit gar nicht wahrnimmt, was sich da unterderhand anbahnt: daß die Maler, gewiß auch vom unbezweifelbar weiblichen, ins Nährend-Notwendige Versunkene des Stillvorgangs normaler Mütter fasziniert, über ihrem heiklen Auftrag vergessen haben, die Menschwerdung Christi zu verdeutlichen und statt dessen mit Hingabe die Laszivität der himmlichen Virgo entdecken. Während die irdischen Mütter wiederum alle profitierten von der jenseitigen Aura, die durch die Künstler, am Schnittpunkt von Hedonistisch-Säugetierhaftem – etwa Renoirs *Stillende Mutter* von 1886 – und Geheiligtem, ihrem diesseitigen Milchspenden verliehen wurde.

Selbst dort jedoch, wo, auf einem Tiroler Altar des 14. Jahrhunderts, Maria in der ziemlich einzigartigen Entblößung *beider* Brüste genoveva- und loreleihaft zwischen Ochs und träumendem Josef liegt, bleibt der, wenn auch kühn attackierte, Nimbus der Rosa mystica gewahrt. *Zwei* nackte Brüste sind sonst bei Allegorien der Caritas, Ecclesia, Erde, Natur, Poesie, Philosophie, Häresie und des Alten und Neuen Testaments üblich; Dürer, der eine kleine, irdisch-zufriedene *Maria mit dem Kind an der Brust* um 1503 und 1512 eine sehr überirdische *Maria mit dem liegenden Kind* malte, schuf 1517 als Allegorie der Vergänglichkeit ein *Altes Weib mit Geldsack*. Wie eine grausige Parodie der Marien hält hier die lederhäutige Frau einen Geldsack an die nur rechts nackte, welke Brust.

Der Anthropologe Marvin Harris: »Ihre Fähigkeit, das männliche Geschlecht sexuell zu erregen, erwarben üppige Busen beim Menschen deshalb, weil es zwischen ihnen und einer erfolgreichen Fortpflanzung einen Zusammenhang gibt ... Durch große Brüste wurde möglichen Geschlechtspartnern signalisiert, daß die Frauen in körperlich guter Verfassung und für die zusätzlichen Belastungen durch Schwangerschaft und Stillzeit gut gerüstet waren. Die natürliche Auslese begünstigte also gleichzeitig Frauen, die dauerhaft vergrößerte, voluminöse Brüste hatten, und Männer, die Frauen mit großen Brüsten anziehend fanden« (*Menschen – wie wir wurden, was wir sind*, Stuttgart 1991). So weit zur Biologie. Wenn auch Maria nach der Geburt Jesu keine erneute Fruchtbarkeit und Gebärkondition unter Beweis stellen mußte und durfte, so wird doch ihre blanke Brust in einer Entwicklung, die nicht unbedingt von der Brust aus-, aber doch mit deren Anschwellen einhergeht und die auch eine Entheiligung und Trivialisierung von beträchtlichem Ausmaß ist (Maria als weltliche Prachtkreatur!), eindeutig sexuell, und auch, ganz realistisch, die einer stillenden Mutter.

Bereits Robert Campin (14./15. Jahrhundert) hat außer einer im Vergleich stark stilisierten Maria lactans eine andere geschaffen (Salting-Madonna), eine junge wohlhabende Ehefrau, mit einem Heiligenschein, der zu einem Wandschirm umkonstruiert wurde, die dem Kind eine wohlproportionierte Brust anbietet. Ein Bild, vor dem Verehrer der Kunst und der weiblichen Schönheit in die Knie gehen können, Beter nicht mehr.

Bernaert van Orley läßt einem ungestümen Jesuskind die offenbar überaus weiche Brust der Mutter lockend aus duftigem Ausschnitt entgegengleiten, während Josef schwermütig im Hintergrund einen roten Apfel hält, dessen Blütenrest in der Mitte, also von oben gesehen, sehr an eine Brustwarze, genauer: an die der benachbarten Maria erinnert. Bei Crivelli umklammert das Kind selbst statt der Brust einen solche Assoziationen stiftenden Apfel. Schelmisch weltherrscherlich.

Hans Baldungs Knabe führt den Saugvorgang an der drallen, wie weiß gepuderten Marienbrust so plastisch vor, daß er zum Hauptereignis des ganzen Bildes wird. Gentileschis großer Säugling labt sich auf der Flucht, unbesorgt um den am Ende seiner Kräfte auf den Rücken gefallenen Josef, an der strotzenden Brust – etwa vom Umfang des Babykopfes – einer unerschöpften Mutter. Einmischung von außen unerwünscht. Auch wenn das riesige Kleinkind sehr besitzerstolz zu uns heräugt. Unter den Blicken eines diesmal hingerissenen Josef hängt die Brust einer derb-diesseitigen Marie bei Rembrandt als opulente Frucht über der Stirn des – wie bei van Dycks *Ruhe auf der Flucht* – gesättigten, selig schlummernden Knaben. Für wen aber bleibt die Brust dann noch entkleidet? Rubens versieht seine Jungfrau mit rosig protzenden, äußerst funktionstüchtigen Brüsten und unkeuschen Brustwarzen im leuchtenden Rot ihres Kleides. Eine Madonna, die zweifellos unter den Virgines nichts mehr zu suchen hat und die runzlige Elisabeth, die als Alibi einen kleinen Johannes beaufsichtigt, als Kupplerin für die junge, erfahrene Schöne erscheinen läßt. Der Hinweis, das kleinere Kind sei Gottes Sohn, würde beide Frauen vermutlich zu höllischem Gekicher veranlassen.

Maria als Fenster und Tor zum Himmel, als Personifizierung einer die Milch der Gnade spendenden Ecclesia? Die Dreiheit der Mutter, Kind, Kirche hält offenbar alle Widersprüche aus. Fröhliche Fleischeslust unter dem Schutzmantel des biblischen Themas und noch immer verankert in der christlichen Ikonographie.

Die wohl provozierendste und berühmteste Darstellung von Marias nackter Brust, die insofern ganz frei von Scheinheiligkeit ist, als sie das Stillen überhaupt nicht mehr vortäuscht, stammt von Jean Fouquet aus der Mitte des 15. Jahrhunderts. Es handelt sich um eines seiner bedeutendsten Werke, die *Madonna von Melun* oder auch *Madonna Sorel* genannt, höchstwahrscheinlich ein Porträt der Geliebten Karls VII., Agnès Sorel, ihres noch kindlichen, sehr hellhäutigen Gesichts mit kleinem rotem Mund und ihrer Brust, »von der man damals im Volke ›singen und sagen‹ hörte« (Joachim Fernau).

Sehr abweichend von jener anderen Maria lactans aus der Hand des Fouquet, einer Buchillustration, die, ihrer frommen Rolle entsprechend, den Knaben an mütterlicher Brust großzügig nährt, weiß die von Melun alles über die Wirkung ihrer Brüste auf Männer, aber unter Umständen gar nichts ahnt die als Maria verkleidete Agnès vom möglichen Zusammenhang ihres Körperattributs mit Säuglingen. Das Kind sitzt unbeteiligt und gewiß nicht von ihr geboren als kleiner Fremdling, ja, als abstruse Zumutung eigentlich (anders als bei Jan Gossaerts ebenfalls reichlich weltkindlicher Madonna, die, wie Jesus mit grellroten, geschminkt wirkenden Lippen, ihren hal-

I GELEGENHEITSTEXTE

ben Ausschnitt freimütig offeriert, doch dabei sehr liebend ihr Kind umfängt), in einer Faltenbeuge ihres Mantels, während sie selbst ihren atemberaubenden, im Stil der Zeit geformten Körper darbietet, sie »hat das Mieder aufgenestelt, und während die rechte Brust von diesem gehalten wird, quillt die linke frei und ungehindert, in reiner Kugelform mit winziger Brustwarze, hervor«, beschreibt der Kunstwissenschaftler Heinrich T. Musper fasziniert das Ereignis, bei dem sich unirdische Künstlichkeit einer schneeig-eisigen Maria, von roten und blauen Engeln umringt, mit auf die Spitze getriebener erotischer Offensichtlichkeit verbindet. Die Wespentaille verstärkt noch den Eindruck, die reißbrettartig exakten, nahezu unwirklich weit auseinanderstehenden Brüste entfalten sich darüber als anatomisches Weltwunder, das nun – wie würde es der Eitelkeit jener zarten Agnès geschmeichelt haben! – alle Welt in alle Ewigkeit als Marienbild bestaunen kann. »Dekadente Gottlosigkeit« (Huizinga)?

Ein unvergleichliches Porträt zugleich aber doch der paradoxalen Maria, die ja himmlische Jungfrau und säugende Mutter, schlichte 14/15jährige und Gottesbraut sein muß. Andererseits gilt: »ein Schatzmeister, Günstling der Geliebten seines Herrn, widmete der Kirche von Melun eine Madonna, die des Herrn Geliebte ist« (E. G. Grimme). Ob eventuell posthum zu Ehren der Mätresse oder nicht, macht keinen großen Unterschied. Hier präsentiert sich jedwedem Betrachter, ungeniert sich selbst genügend, das geheiligte (durch die Neigung des Königs? den potentiellen Appetit des Jesuskindes? die allgemeine Symbolkraft des auch hier noch in Aussicht gestellten Stillens im ganzen Mittelalter?) sekundäre Geschlechtsmerkmal als Devotionalie in starrer, bloßgelegter Vollkommenheit. »Blasphemische Freizügigkeit« (Huizinga)?

Noch einmal Harris: »Wenn irgendein Teil des weiblichen Körpers dem Blick der Öffentlichkeit entzogen wird, so hat dies unter Umständen seine erotische Fetischisierung zur Folge. Chinesische Männer zum Beispiel wurden früher durch den Anblick der nackten Füße vornehmer Frauen erregt, weil diese ihre Füße normalerweise fest einbanden und dem Blick entzogen.« »Der Frauenfuß stellte – im Gegensatz zu den weiblichen Geschlechtsorganen – in China ein Tabu dar« (*Die verlassenen Schuhe*, Ausstellungskatalog, 1993).

Das unbewußte oder kalkulierte Raffinement der einerseits verhüllten, andererseits nackten Brust, eher zeichenhaft als Galaktotrophusa, in anmutiger Übereinstimmung mit den metaphysischen Gesichtchen der gotischen Madonnen, als amazonenhaft triumphierende Virgo potens eines flämischen Meisters, als kostbares Schaustück namens Agnès Sorel, dann in rosig fleischlicher Naturhaftigkeit, scheint, zwischen Tabuisierung und Tabuzerstörung präzise angesiedelt, gar nicht zu übertreffen. Und doch gelingt Parmigianino in der ersten Hälfte des 16. Jahrhunderts, bei seiner manieristischen, mondänen *Madonna mit dem langen Hals* mit deren bekleideter linker Brust, durch Formung (erkennbare Brustspitze unter dem Stoff), durch Beleuchtung, hinweisende Hand und Blicke – von Religiosität ist ohnehin nicht mehr die Rede, und das Stillen übernimmt gewiß die Amme, da es der Schönheit der Brust abträglich wäre – noch einmal eine Steigerung, eben durch Entzug! Das Grundmuster der Maria lactans ist nur noch als fernes Echo ahnbar, gerade genug, um die Phantasie des Zuschauers diesem eleganten Marienkörper gegenüber dementsprechend zu befeuern.

Ein »Meister der weiblichen Halbfiguren« (Notname) malte um 1530 eine kleine helle Madonna mit Kind, das

I GELEGENHEITSTEXTE

sie vor dunklem Hintergrund an hoch schwellender Brust tändelnd säugt. Dabei äugt sie neckisch zur Brunnenfigur eines geflügelten Amors – der in bemerkenswert frivoler Analogie in ein Brunnenbecken hochstrahlig pinkelt!

Auf dem zur gleichen Zeit entstandenen Gemälde *Madonna mit der Rose* läßt Parmigianino deren Brüste durch ein dünnes Gewand schimmern. Ein sehr nacktes Knäblein mit Lockenkopf und rasantem Hüftschwung reicht ihr eine Rose, angeblich ein Hinweis auf seinen späteren Opfertod, aber ebenso Symbol der körperlichen Liebe. Man vermutet, daß es in Wahrheit – und Maria wie eine Göttin der Liebe zu malen ist gewagt, delikater aber noch, die Göttin der Liebe mit Jungfrau Maria anzureden – um eine umgewidmete Venus mit Amor geht.

Ging es das etwa schon viel länger? Vielleicht um alles zusammen. Das Zeigen der Wunden Christi *(ostentatio vulnerum)* galt auch als demonstrative Fürsprache vor Gottvater für die Menschen. Ähnlich entblößt Maria ihre Brust nicht nur für das Kind und in erfreulicher Weise zur Meditation oder wenigstens zum Verweilen einladend für den frommen und unfrommen terrestrischen Betrachter, sondern, in Gestalt eines althergebrachten Klagerituals, vor Gott selbst. Die Milch der Jungfrau wurde gleichgesetzt mit dem Blut Christi. Beides sollte den Vatergott angesichts der sündigen Menschen gnädig stimmen. Auch zeigt Maria manchmal ihre unbedeckten Brüste ausdrücklich ihrem zu Gericht sitzenden Sohn, und zwar ihm allein. Um seine männlichen Sinne zu erregen? Natürlich nicht. Sondern um seinen kindlichen Sinn mahnend zu erweichen, auf daß er sich der unseligen Menschheit erbarme.

Den Spieß umgedreht hat Max Ernst, nach eigener Auskunft Sohn eines streng katholischen Vaters und einer Mutter »weiß wie Schnee, rot wie Blut, schwarz wie das

Schwarze Meer«. Er malte 1926 eine Maria mit korrektem Heiligenschein, vollständig und solide in ihre Traditionsfarben Rot und Blau gekleidet, die einem nackten Jesus, dem dabei der eigene Heiligenschein zu Boden gefallen ist, den Hintern klopft: *Die Jungfrau verhaut den Menschensohn vor drei Zeugen: André Breton, Paul Eluard, Max Ernst.* Hier verstand die Ecclesia keinen Spaß und vergalt dem Künstler seine Züchtigung mit einer anderen. Sie exkommunizierte ihn wegen Beleidigung Jesu und seiner Mutter, auch verehrt als »Causa nostrae laetitiae« (Ursache unserer Freude).

Das Interesse an den freigelegten Marienbrüsten als Instrument der Fürsprache bei Pest, Weltgericht und sonstiger Gefahr hat zu einer von der Maria lactans teilweise getrennt verlaufenden Tradition (ab dem 12./13. Jahrhundert) der »Interzessionsbilder« (z.B. bei Filippino Lippi, 1495) geführt, die im Bereich der religiösen Gebrauchskunst sehr verbreitet waren. In der Literatur entsprechen ihnen die sogenannten »Marienmilchlegenden«. Die Milch Mariä wurde hier als heilbringende Nahrung für alle Gläubigen glorifiziert und, nach mittelalterlicher Naturphilosophie, als verwandeltes Blut (!) der Mutter aufgefaßt. Jesus mußte dabei gar nicht unbedingt anwesend sein, weder als Säugling, noch als Mitfürsprecher, noch schließlich als Richter, d.h. Marias Rolle als Gnadenanwältin vor Gottvater und Mittlerin (Maria mediatrix) wuchs stetig, für manche beängstigend, an. Luther protestierte erbost: »Ich mag Mariens Brüste noch Milch nicht, denn sie hat mich nicht erlöset noch selig gemacht«. Dagegen (»auf dem Angesicht betend«) der Doctor Marianus am Ende des *Faust II*: »Jungfrau, Mutter, Königin, / Göttin, bleibe gnädig!«

Vom »ewig Weiblichen« allzu nackter Marienbrüste

wich man nach dem Tridentinischen Konzil (1563), was die unmittelbare Kirchenkunst betrifft, zugunsten verhüllter ab. Ende des 16. Jahrhunderts kam es in Neapel sogar zu Inquisitionsprozessen, wenn nämlich das marianisch bildliche Milchspenden zu deutlich der Tendenz antiker Fruchtbarkeitsriten folgte und, doppelt gefährlich, die Jungfräulichkeit Marias für das Publikum unwahrscheinlich machte (vgl. hierzu Susan Marti und Danieli Mondani, Marienbrüste und Marienmilch im Heilsgeschehen, in: *Himmel, Hölle, Fegefeuer*, Ausstellungskatalog, 1994).

Versteift man sich auf die symbolischen Deutungen, lassen sich freilich auch die Gemälde der großen Meister anders interpretieren. Dann kann man, gegen den offensichtlichen Augenschein, ein schlafendes Jesuskind grundsätzlich als Anspielung auf den zukünftigen Tod Christi verstehen und die ihn auf dem Schoß haltende Mutter als Schmerzensmadonna. Vor allem, wenn sie die Augen niederschlägt. Zeigt sie dem Frommen eine noch so verlockend plastische Brust, die vom Knäbchen gerade nicht in Anspruch genommen wird, ist es doch nur ein Hinweis auf die universelle Lactatio und Caritas. Bringt ein Engel eine Traube, deutet das nicht etwa auf Dionysisches hin, sondern unzweideutig, egal wie der kleine Bote aussieht, auf die Passion (vgl. Wilhelm H. Köhler, Hans Holbein der Ältere, »Die Madonna auf dem Altan«, in: *Patrimonia* 59, 1993), sogar, wenn es sich um eine Lactatio (die Grunewaldmadonna) von Hans Baldung handelt! Da der Fisch, wie Rebe und Rose, als Symbol der Passion gilt, erhält auch die italienische Version und Spielerei der Unterwasserkrippe fürs Aquarium kunsthistorische Dignität. Borniert begrifflich betrachtet, würde aus Parmigianinos frivoler Salondame dann tatsächlich eine Pietà. Und die schon beschriebene Wand- oder Ofenschirm-Madonna des Robert Campin ist aller lieblich-großbürgerlichen Behäbigkeit zum Trotz, da sie ihre Brust nach Sättigung des Kindes noch nicht weggepackt hat, »Heilsversprechen für den Betrachter und die Betrachterin« (Marti/Mondani).

Leichter sind Maria solche Aufgaben und Ansinnen zu glauben auf den Gnadenbildern, etwa bei der aufsehenerregenden Darstellung zweier aus dem Gewand hervorragender Brüste, aus denen jeweils sieben Strahlen Milch in die Münder der am Boden wartenden Armen Seelen schießen (Filotesio dell'Amatrice, *Madonna delle Grazie*, um 1508).

Andererseits entschlüsselt sich erst vor diesem Hintergrund, weshalb in der *Marienmirakel-Handschrift* aus der ersten Hälfte des 14. Jahrhunderts eine stehende Königin einem im Bett liegenden Mann ihre nackte Brust an die Lippen hält: Maria heilt in Anlehnung an diesbezügliche Visionen des Bernhard von Clairvaux (siehe auch Alonso Canos Gemälde *San Bernardo y la Virgin* aus dem 17. Jahrhundert) einen kranken Mönch durch ihre Milch. Ein spiegelverkehrtes ikonographisches Zitat hat Pierre Adam fünfhundert Jahre später nach einem Gemälde von Louis Hersent (1808) als Kupferstich angefertigt. Eine junge Frau mit nacktem Oberkörper reicht einem zu Bett liegenden Bärtigen ihre Brust. Hier ist es nun der kranke Las Casas, der von den Wilden träumt! Offenbar ist auch die indianische Milch heilsam, bzw. Maria lactans zur heidnischen Quelle zurückgekehrt.

Einige Jahrzehnte weiter schreibt dann Maupassant zur Abrundung des Komplexes eine kurze Erzählung, *Idylle* (1884): Eine junge, üppige Piemonteser Bäuerin fährt, als Amme in Marseille verpflichtet, an einem heißen Maitag allein im Zugabteil mit einem noch etwas jüngeren, mageren Landsmann, der in Frankreich Arbeit suchen will. Im Verlauf der Reise stellt sich heraus, daß die Frau, bereits Mutter von drei Kindern, von Minute zu Minute quälender unter der die Brüste zum Anschwellen bringenden Milch leidet, da sie ihr Kleinstes nicht zum Stillen dabeihat. Schließlich bietet sich der junge Arbeitslose an, sie zu erleichtern. Er trinkt von ihren Brüsten, lange, nacheinander, rechts und links. Zum Schluß bedankt sie sich höflich bei ihm für den fabelhaften Dienst, den er ihr geleistet hat. Nicht weniger formvollendet dankt der Mann: Er habe seit zwei Tagen nichts mehr zu essen gehabt.

PS: Dem unbefangenen Museumsbesucher wird plausibel sein, daß auf Marienbildern der Gotik und Frührenaissance häufig weiße Lilien, blaue Iris und Akelei und rote Nelken erscheinen, weil sie an Feingliedrigkeit und Farbe der blütengleichen Jungfrau entsprechen. Als Geschöpf, das auf den verwinkelten Wegen des Symbolverständnisses wandelt, hält wohl die vierte der Blumen am besten mit Maria Schritt: die Akelei (Aquilegia vulgaris, vollkommen geschützt). Ihr Name geht zurück auf das lateinische »Aquila« (Adler), aus dem im Französischen »ancolie« wurde. Die Assonanz »ancolie« – »mélancolie« veranlaßte ein Mißverständnis: Die Akelei wurde in der Folge traditionelles Symbol für Marias Sorgen, Kummer, Ahnungen zukünftigen Unheils. Ihren lateinischen Namen hatte die Blume erhalten, weil ihre Blüte – mit etwas gutem Willen – einem fliegenden Vogel ähnelt. Diese, man könnte sagen, optische Assonanz aber erhob die Akelei ursprünglich zum Symbol des Heiligen Geistes, des Gnadenbringers, weniger in Adler- als allerdings in Taubengestalt, der auf vielen Gemälden den Verkündigungsengel begleitet und aus der Höhe auf mauerndurchbohrendem Strahl die Empfängnis bewirkt.

Und damit schließlich doch, ob als Adler, Taube, Akelei von Anfang bis Ende des jungfräulichen Marienlebens für mélancolie sorgt, für Trübsal en masse.

Für die Jungfräulichkeit Marias garantiert, der Lilie assistierend, gelegentlich auch das Maiglöckchen. Es verdankt diese Auszeichnung nicht einer optischen Nähe oder einer Assonanz, sondern einer Namensähnlichkeit. Was die Braut des Hohenlieds (2,1) sagt: »ego flos campi et lilium convallium«, wurde auf die Gottesbraut Maria bezogen. Die »Lilie des Tals« aber ist im Lateinischen fast deckungsgleich mit den Maiglöckchen (convallaria maialis L.), so daß man diese irrtümlich in jenem biblischen Tal ansiedelte als »lilium convallium«. Für die Maler weniger ein Grund, sich zwischen Lilie (lilium candidum L.) und Maiglöckchen zu entscheiden, als vielmehr alle beide zu malen. Komplizierter und auf Entscheidung drängend liegt der Fall für die Angehörigen der Universität Passau, die im Wappen eine »Maria im Siege« führt, »eine besonders aggressiv für die Ziele eines Inquisitionskatholizismus gegen den teuflischen Drachen Aufklärung kämpfende Madonna« (Frankfurter Rundschau vom 15. 11. 1995). Hier sind die einen durchaus mit solcher Symbolik einverstanden, die anderen lehnen sie als »Logo der universitären Corporate Identity von Passau« energisch ab.

Weit jenseits solcher Skrupel und Streitereien um die alte Aufklärung wurde dagegen bereits 1993, wie die FAZ vom 27. 8. 1993 meldete, ein katholisches Buchversandhaus mit letztem modernen Schliff durch die Namenstaufe »Maria aktuell« versehen, von Petrus Canisius van Lierde, Generalvikar des Heiligen Stuhls für die Vatikanstadt, geweiht.

Obligatorischer als die Blumen sind, sofern es sich um die Darstellung der Geburt Christi handelt, Ochse und

Esel. Selbst Maria und Josef konnten auf frühen Sarkophagen fehlen oder später durch »arme Seelen« aus Ton, Gips, Marmorstaub in Flammennestern (Neapel) komplettiert werden, Kind in der Krippe, Ochse und Esel mußten unter allen Umständen sein. Wie Maria eine immer handfestere Frau mit Menschenbrüsten wurde, so wurden die Tiere im Laufe der Zeit naturgetreu. Doch kommt schon auf romanischen Malereien, trotz starker Stilisierung, ein warmer Stalldunst, eine realistisch irdische Komponente ins Bild, und als Kind hat man die Krippenbilder besonders wegen dieser gutmütigen beiden geschätzt. Sie waren die plausiblen Tiereltern des Kindes, Naturgeschöpfe, als Maria noch heilig war, und blieben fromm, als sie eine eitle Dame wurde. Nur: Um Ochse und Esel geht es streng genommen gar nicht! Die sind leider unwichtig. Unwichtig zwar, aber nicht ohne Bedeutung. Worum es sich dreht, das sind die Juden (Ochse) und die Heiden (Esel). Ob das den beteiligten Tieren und Menschengruppen gefällt oder nicht. Während die kluge Eselin Bileams, der Esel bei der Flucht nach und von Bethlehem und beim Einzug in Jerusalem einfache Tiere sein dürfen, Esel zusammen mit einer Leier auch gelegentlich die »Weltlust« darstellen, müssen der Esel und sein Kumpel im Weihnachtszusammenhang Gravierenderes verkörpern als sich selbst, darauf beharrt die patristische Deutung, die griechische wie die lateinische.

Ausgehend von Lukas 2,7: »Und sie (Maria) legte es (das Kind) in eine Krippe«, und Jesaja 1,3: »Der Ochse kennt seinen Besitzer und der Esel die Krippe«, wozu die lateinische Kirche noch Habakuk 3,2 (Septuaginta) ergänzte: »Inmitten zweier Lebewesen wirst Du erkannt werden« (vgl. Joseph Ziegler, Ochs und Esel an der Krippe, in: *Münchener theologische Zeitschrift 3*, 1952), stellen sich die Kirchenväter die Frage, ob die Tiere historisch (waren sie tatsächlich anwesend?) oder allegorisch aufgefaßt werden müssen; und wenn das zweite, ob als Gegensatz zum nicht erkennenden Israel und den Heiden (so Klemens, Chrysostomos und Kyrill von Alexandrien) oder als reines Tier (Ochse) dem reinen Volk Israel entsprechend und als unreines (der arme Esel, der immerhin in der Antike durchaus als edel galt) der unreinen Heidensippschaft (so Origenes). Gregor von Nazianz läßt den Unterschied »rein« und »unrein« nicht gelten. Beide Tiere (Völker) nähren sich vom logos in der Krippe, der Speise für die alogoi (so auch Theodotos von Ankyra, so im Prinzip auch Ambrosius, Hieronymus und andere), vom erlösenden Wort, das vom Joch des Gesetzes die Juden und von dem des Götzendienstes die Heiden befreit.

Und die Maler selbst? Die Menschengesichter von Ochse und Esel bei den gotischen Meistern sprechen tatsächlich dafür, daß diese allegorisch dachten, oder konnten sie vielleicht noch gar keine typischen Tiergesichter, Tierblicke malen? Überhaupt steht nicht ganz fest, ob die allegorische Idee zuerst existierte oder die visuelle Gestalt schlichter Stallgefährten.

Wie ließe sich denn auch die unerhörte Vertraulichkeit der Tiere erklären, wenn sie an Jesu Heiligenschein knabbern und ihren Atem über ihn hinpusten? Müssen sie ihm nicht näher stehen, auch ahnungsvoll im Geiste, als die anderen, Menschen und Engel, drumherum? Die englischen und französischen Buchmaler des 13. Jahrhunderts könnten die Heiden und Juden noch direkt im Sinn gehabt haben, immerhin. Ob das Kind von Maria gestillt wird und die beiden Tiere in der Krippe ihrerseits nach echtem (Heu) oder allegorischem (Wort Gottes) Futter Ausschau halten, oder ob das Kind Jesus unter wechselseitiger Beatmung der Tiernüstern bei ihnen weilt.

I GELEGENHEITSTEXTE

Doch auch sie sind schon stark übermannt von der traulich-verständigen Sinnlichkeit der Tierköpfe, die mit dem, was sie darstellen sollen, so gar nichts anfangen können. Der weiter oben erwähnte Tiroler Meister mit der schönen nacktbrüstigen Madonna legt die beiden sogar in ein Körbchen eingeschmiegt, kaum größer als der Säugling, wie Haus- oder Spieltiere. Konrad von Soest und Meister Francke, der Maler des Schottenstifts zu Wien und Martin Schongauer, Rogier van der Weyden auf dem Columba-Altar und Hugo van der Goes auf dem Portinari-Altar scheinen alle jedoch die symbolische Vorschrift von vornherein oder allmählich, ähnlich wie bei den stillenden Brüsten der Jungfrau Maria, mit Wonne mißzuverstehen einer sowohl genrehaft-stimmungsmäßigen Ausmalung wie der künstlerischen Unverzichtbarkeit auf die dekorativen Tierkörper und vor allem -häupter wegen (siehe auch Dürers riesiges Ochsenhaupt und den schreienden Esel nebenan). Wohl wegen seiner herrlichen Stirn und der schönen Hörner, nicht um die Heiden auszuschließen, haben Altdorfer und Robert Campin sich auf den Ochsen beschränkt, während es Correggio offenbar besser in die Bildvorstellung paßte, dessen grauen Partner allein ins Licht zu rücken, oder war es pure Sympathie für den Bruder Esel?

Kurzum: Die Maler haben sich den Fall auch hier nach ihren Bedürfnissen zurechtgelegt. Nicht anders als eine mir bekannte Linkshänderin (heute 83), die deshalb viel vom Christkind hielt, weil es in dem alten Weihnachtslied heißt: »daß es treu dich leite, an der *linken* Hand«. Deutlich zu hören: nicht »lieben«, sondern *linken*! Ebenso wie sie im Kinderreigenlied: »Geh in'n Kreis, du meine Rose, / Geh in'n Kreis, du meine Blume, / Geh in'n Kreis, du Allerletztes, getrost!« nicht die Aufforderung vernahm, das übriggebliebene Kind solle tapfer in die Mitte treten, sondern die namentliche Anrufung einer ihr lange Zeit geheimnisvollen Blumensorte: nicht Lilie, Maiglöckchen oder Akelei, vielmehr, noch mariennäher, »Allerletztesgetrost«.

Das letzte Wort aber soll hier der Dichter haben: »Und auf einmal wünschte ich, wünschte, oh wünschte mit aller Inbrunst, deren mein Herz je fähig war, wünschte, nicht einer der beiden kleinen Äpfel – im Bilde – zu sein«, gesteht Rilke zu Jan van Eycks *Madonna von Lucca*, die ihrem Kind die »zierlichste Brust« reiche, und deutet damit eine tollkühne Begierde an, um dann jedoch uns vorschnell Mißverstehende keusch-rührend zurechtzuweisen: »Nicht einer dieser gemalten Äpfel auf der gemalten Fensterbank ... Nein: der sanfte, der geringe, der unscheinbare Schatten des einen dieser Äpfel zu werden –, das war der Wunsch.« *(Das Testament)*

Brott und Kreutzdonnerwetter?

»Heil Hitler, Schatz!« begrüßt in einem amerikanischen Comic ein Nazioffizier sein Faschistenliebchen. »Donnerwetter«, pariert die Blondine wie aus der Pistole geschossen.

Unter einem »Kreutzdonnerwetter« oder »Potzkreutzsackrament« tun es fluchende Deutsche – außer Kommandieren ihre Lieblingsbeschäftigung – auch in französischen Comics nicht. Leibhaftige und fast immer sehr liebenswürdige Italiener aber, die mit offensichtlicher Anstrengung, ja Selbstüberwindung ein paar Brocken dieser grotesken Sprache artikulieren, keuchen und bellen zur Demonstration ihrer guten Absicht: »Hhh-enkelkind« oder, um es besonders gut, nämlich schrecklich zu machen: »Brott«, wobei sie das, wovon sie sonst so viel verstehen, rhythmische Gliederung und Melodik, gar nicht erst in Erwägung ziehen.

Die deutsche Sprache ist nicht gut angeschrieben, besonders – wen sollte das wundern! – in diesem Jahrhundert nicht. Auf Italienisch singt, auf Französisch liebt man, auf Englisch werden Geschäfte gemacht, auf Deutsch Befehle gebrüllt, so lautet die dazugehörende europäische Volksweisheit.

»›Heinrich, der Wagen bricht.‹ ›Nein, Herr, der Wagen nicht, es ist ein Band von meinem Herzen, das da lag in großen Schmerzen, als Ihr in dem Brunnen saßt, als Ihr eine Fretsche wast.«° Dieser Dialog zwischen dem erlösten Froschkönig und dem eisernen Heinrich zählt zu meinen frühesten Erinnerungen an eine ausdrückliche Sprachempfindung, Bezauberung und Verhexung durch Sprache, deren Beschwörungsmusik, kräftig aus dem Inhalt aufsteigend, dann nahezu unabhängig über ihm zu schweben schien, während später, am ganz anderen Ende derselben Skala, und zunächst unbegriffen, der exquisite und unwiderstehliche Singsang Hölderlins begann: »... die Schwärmerische, die Nacht kommt, Voll mit Sternen und wohl wenig bekümmert um uns, Glänzt die Erstaunende dort, die Fremdlingin unter den Menschen über Gebirgeshöhn traurig und prächtig herauf.« Und dazwischen? Von einer weiblichen Stimme geträllert: »O Mädchen, Mädchen, Wie lieb' ich dich! Wie leuchtet dein Auge, wie liebst du mich«? Goethes abgewandeltes Libretto nach der Weise Lehárs, die dem Vers zweifellos nicht zu seinem Glück noch gefehlt hat, die ihm aber auch nicht schadet. Vertonung erotisch-jahreszeitlicher Hingerissenheit ist er ja bereits sui generis. Vertonung ohne Noten ist nicht weniger Grimmelshausens inständig aufseufzendes: »Komm, Trost der Nacht, o Nachtigall«, wenn auch, dabei wunderbarerweise nicht behelligt vom eigentlich sehr unmusikalischen und Nicht-Deutschsprachige verschreckenden zweifachen ch-Röchel- bzw. Reibelaut, einer etwas dunkleren Gefühlswallung geltend.

Oder bestrickten mich zu Anfang, und damit ein für allemal, einzelne Wörter, unvergleichliche: rauschen, flüstern, plätschern, Kühle, Trauer, Dämmern, Bäume, all die Um- und Zwielaute, die, im Gegensatz zum Italienischen, wo sich die Stimme von einem der genießerisch offenen Vokale zum nächsten räkelt, hier träumerisch erschauernd zu einer einzigen, Eichendorffschen tiefen und heimatlichen Waldesnacht und Waldeinsamkeit ineinandergleiten, in einem neuen Klang verschmelzen und mit sehr gutem Willen und ganz von fern und heutzutage sogar noch im au, äu, eu eines solchen Satzes erlauschbar sind: »Auch das Häuschen würde ich heute weitaus günstiger kaufen«, am besten allerdings durch eine dicke, informationsschluckende Wand gedämpft.

Gefährlich gemütliches Läuten und Einlullen der Doppelvokale, also treu deutsch, um es mit zwei der geliebten Diphthonge zu sagen? Jedenfalls ist die deutsche wie jede Sprache jederzeit politisch und ästhetisch zu mißbrauchen, partiell im Wortschatz verschlissen und in einigen Fällen für eine Weile unbenutzbar geworden durch unerträgliche Assoziationen, und das gilt nicht nur für den Ausdruck »das deutsche Volk«. Trotzdem sollte man ihre Karikatur, dazu gehören die Wortvergewaltigungen einer Bürokratiesprache durch ungehemmten Prä- und Suffixgebrauch wie auch die Highlights der aktuellen Rechtschreibreform, nicht mit ihr selbst verwechseln.

Und die Syntax? Sprachbücher betonen gern und zu Recht die eleganten Vielzweck-Verkürzungen, die sich etwa durch das Gerundium romanischer Sprachen ergeben gegenüber der rechtschaffenen Schachtelei des Deutschen. Aber ist denn, souverän gehandhabt, das ganze gewaltige System der Temporal- und Final-, der Kausal-, Modal-, Konzessiv- und Konditionalsätze samt Konjunktionen und hypotaktischen Verfugungen keineswegs schiere Umstandskrämerei, sondern eine ausgefeilte und auch ausgefuchste Maschinerie, die ein komplizierteres Wirklichkeitsverständnis architektonisch verdeutlicht, anders als der immer populärere Kurzsatz, der ja oft nicht nur Treffsicherheit vortäuscht, sondern auch hoffnungslos pathetische Simplizität einer Pauschalwelt suggeriert? Zugleich und zumindest stellt sie den trotzigen Versuch dar, durch einen differenzierenden Staffelungsapparat den undurchschaubaren Weltverhältnissen Paroli zu bieten.

Noch einmal zum stimmlosen Hintergaumenlaut ch, wohl einem der musikfernsten aller im Deutschen möglichen Geräusche. »Ach!«: Mit diesem vieldeutigen Kommentar Alkmenes läßt Kleist sein Lustspiel »Amphitryon« schließen, das Drama um Jupiter, der in der Gestalt des Ehemannes dessen ahnungslos einen körperlichen Ehebruch mit ihm vollziehende Frau lehrt, was es heißt, von einem Gott geliebt zu werden. Es ist das dritte »Ach« des Stückes, das zweite aus dem Mund Alkmenes, und gerade im Kontrast zu den beiden vorangegangenen, vergleichsweise eindimensionalen oder naturalistischen und also normal vorgetragenen Seufzern wird hier, am Ende, auf engstem Raum, eine durch kein »Oh! Alas!«, kein »Ah! Hélas!«, nicht mal durch ein »Ahimè!« zu erzielende Bilanz gezogen. Denn es muß ja alles in der Schwebe bleiben: die Nuancen von Staunen, leisem Bedauern, demutsvollem Sichfügen und darunter dem erst aufkeimenden und dann lebenslang zu verheimlichenden Grauen vor einem weiteren Leben mit Amphitryon statt des Gottes, nachdem sie in dessen Glanz einmal geschwelgt hat. Fürstinnenhafte Selbstbeherrschung, wahrlich ladylike, und Stöhnen, ja Schluchzen in eins und einsilbig: A-ch! Ein gehauchter Erkenntnisblitz- und Donnerschlag, der sich als Flüstern äußert. Erst hier, im genial gesetzten Finallaut der zwiespältigen Komödie, aus der deutschen Kehle der Griechin, zeigt diese spezielle Vokal-Konsonant-Verbindung ihre Unersetzlichkeit als mot juste in spröder, flexibler Schönheit. (Sogar noch ein bißchen überzeugender als Kerstin Hensels »YEAH« als Schlußzeile ihres Gedichts *moderner vorsatz*).

I GELEGENHEITSTEXTE

Die Zukunft, meinte kürzlich der angesehene polnische Journalist Ryszard Kapuściński, gehöre nicht der belletristischen Literatur. Sie gehöre der Reportage. Ich glaube ihm nicht. Hätte er recht, sähe es für die deutsche Sprache allzu schlecht aus. Das Italienische gefällt jedem, sobald der erste Zugschaffner an der Grenze den Mund aufmacht. Das Deutsche schätzt man allein, wenn man es liebt. Es zu lieben, lernt man vorzugsweise, sofern man es erst lernen muß, über seine ältere und zeitgenössische Dichtung.

Man lerne es ein wenig zu lieben! Allez!

Heimatlicher Rasenfleck

Ein häßliches Lied. Häßlich jedenfalls für mich in der 4. Volksschulklasse, als eine selbst allerdings wohl schon grabnahe Lehrerin es uns Zehnjährigen mit endloser Strophenkette aufdrängte. Unverständlicher Text, Leichenbittermelodie: »Wir sind nur Gast auf Erden / Und wandern ohne Ruh / Mit mancherlei Beschwerden / Der ewigen Heimat zu.«

Meine erste Heimat lag da bereits hinter mir, schräg gegenüber dem berühmten »Weißen Rössl« am Wolfgangsee, wo bekanntlich das Glück vor der Tür steht, das Glück in Gestalt eines – wie man in meinem jetzigen Wohnort Hamburg von den Türstehern auf der Reeperbahn sagt – Grüßaugusts, der im Fall Strobl keineswegs zuviel versprach. Da trügt meine Erinnerung ganz sicher nicht.

Die zweite Heimat war anders beschaffen. Trümmer, Zechen, Hochöfen. Und so sehr ich das österreichische Ensemble aus Wiesen, Bergen, See entbehrte, so selbstverständlich ist mir diese, das Ruhrgebiet also, mein komplettes Leben hindurch mit jener ersten, und objektiv sicher herrlichen, gleichwertig geblieben.

Aus Strobl zog ich mit vier, aus Bochum mit dreizehn Jahren weg. Den mystifizierenden Schimmer hat die zweifache Heimat, der Doppelsingular muß hier erlaubt sein, vermutlich jeweils erst durch den Bewußtseinsruck der

59

I GELEGENHEITSTEXTE

Distanz erhalten. Ein Bedürfnis, da- oder dorthin zurückzukehren, ist nicht vorhanden. Einmal, weil sich, wie ich weiß, beide Regionen sehr verändert haben und Kindheitseindrücke in ihrer Stärke nicht wiederholbar sind. Zum anderen wäre es auch unnötig. Der Wolfgangsee bleibt, durchaus mit Tiefenwirkung, für mich evozierbar, beispielsweise mittels ein paar erster Leberblümchen im braunen Laub und eines sacht schwankenden Wasserspiegels zum Geruch von Holz in der Sonne; das alte, vergangene Ruhrgebiet durch die Artikulation derer, die dort herkommen. Bis in feinste, verschliffene Deformationen wittert der Kenner es ja noch. Soweit zum Bodenständigen.

Worum es mir geht, ist, eventuell biographiebedingt, nicht die stationäre Heimat. Weder die nach den »Beschwerden«, die ewige, noch eine, die politisch-patriotisch und womöglich kriegerisch das Herz höher schlagen ließe, sondern die adjektivische Erscheinungsform: das Heimatliche. In E. T. A. Hoffmanns *Goldenem Topf* fühlt sich der Student Anselmus unter einem Holunderbusch »wunderlich von dem grünen heimatlichen Rasenfleck angezogen«. Dieser mir liebste Satz in dem mir sehr lieben romantischen Märchen wirkt selbst – in Formulierung und Bild – als heimatlicher Rasenfleck, zu dem ich bei Verlangen zurückkehren kann wie über reale Sonnenwasserkringel zum imaginierten Kindheitssee.

Das Gefühl des Heimatlichen stellt sich, in unterschiedlichen Verdünnungen und Intensitätsgraden, ein durch ein Stück moosigen Waldboden, einen Walzer aus der *Lustigen Witwe* so gut wie durch die Arie des Herzogs von Mantua, in der er die Liebe als Sonne unserer Seele besingt, durch den Hintergrund eines gotischen Madonnenbildes (moosiger Waldboden!) wie plötzlich, unversehens, in einem noch unbekannten Gesicht und Auge. Ein seltenes Glück. Und, deshalb nehme ich das eben Gesagte teilweise zurück, ein nicht verläßliches! Die Empfindung tritt nur im günstigen Augenblick ein. Solide Garantien gibt es nicht. Dieselbe Landschaft, dasselbe Gesicht lassen mich unter Umständen einen Monat, ein Jahr später kühl bis kalt. Märchenhaft gesprochen: Ähnlich wie vom verführenden Ruf des Waldvogels wird man geleitet, aber auch zum Narren gehalten. Es bedeutet jedoch, wenn die Empfindung des Heimatlichen eintritt, auch ein selten großes Glück, vielleicht gerade, weil es nur ein momentweises ist, und zwar kaum eins der Geborgenheit, vielmehr das eines nicht näher zu bezeichnenden Eigentlichen, Allereigentlichsten. Die sporadische Gewißheit, es zu tun zu haben mit etwas ausdrücklich und persönlich mir Bestimmtem, das ich schon immer von klein auf unumstößlich geahnt habe, als bereits vage Erlebtes und wesentlich noch Einzutreffendes. In sehr befristeter Version das Tania Blixensche Glückssynonym: »Hier bin ich, wo ich sein sollte.«

Das Heimatliche ist etwas Ambulantes. Es wandert unter anderem durch geographische und künstlerische Hervorbringungen, auch durch fremde, neue. Es hat bevorzugt Orte, die auch Menschen sein können. In der Nähe von Hamburg und in Italien weiß ich beispielsweise jeweils eine Stelle, deren unwiderstehliche kindliche Spezialität eben in diesem durchscheinenden Heimatlichen besteht. Es wird mir dort mit einiger Zuverlässigkeit stunden- oder tagelang beschert.

»Heimat« aber wäre dementsprechend allenfalls der Punkt, wo die unverbundenen Momente gebündelt und aufbewahrt sind, zusammengezogen zu einem einzigen lückenlosen Glück und – nun wohl doch – erst hinter allen »Beschwerden« als undeutliche Lockung denkbar.

Von Arosa bis Litzirüti

In Augenschein genommen habe ich Arosa zunächst auf einer Ansichtskarte, entzückt, aber ohne Verwunderung. Es entsprach ja genau den Vorstellungen, die der sehr schöne Name schon immer für mich nahegelegt hatte. Hinter einer bläulichen Schneedämmerung – auf die Häuser kam es mir weniger an – standen rosig leuchtende Bergflanken, jawohl, eindeutig rosa, etwa so, wie ich es in Tania Blixens Erzählung *Ehrengard* über das sogenannte Alpenglühen auf den Wänden der Dolomiten gelesen hatte. Die Erwartung, einen solchen Sonderfall des vorübergehenden Errötens einer ganzen Landschaft zu erleben, hat sicher vor einigen Jahren mitgeholfen, mich endlich und leibhaftig in die Berge zu locken, die, wie ich bei den vielen vorangegangenen kurzen Blicken vom Zug via Italien aus auf die Alpen längst ahnte, unausweichlich auf mich warteten, in Fortsetzung einer sehr frühen und nicht vergessenen Kindheit in der Nähe eines österreichischen Schafbergs mit Kühen auf schrägen Wiesen, mit Enzian und kleinen Waldseen, in denen sich Felswände spiegelten.

Auch wenn dann weder Schießhorn, noch Erz-, noch Aroser Rothorn jemals in meiner Anwesenheit so phänomenal wie auf der folgenreichen Postkarte »erröteten« und dazu vom Gestein her wohl auch gar nicht in der Lage sind.

Als ich endlich im April 1993 erstmals in Arosa aus dem Zug stieg, ließen sich nicht mal Berge blicken. Zu weit weg? Weiße Leere. Nichts da! Nichts als diffuses Weiß ringsum. War man hier so hoch, daß man sich schon mitten in den Wolken befand? Nebel kannte ich aus meiner nördlich flachen Wohngegend, nur wenig von der Nord- und Ostsee entfernt, eigentlich zur Genüge. Sicher, am nächsten Morgen standen sie dann alle, alle Hörner und Hörnli und Fluen, die ich inzwischen längst namentlich aufrufen kann, geradezu schmetternd auf Tuchfühlung parat.

Die Zeit der Initiationsprüfungen war aber noch nicht beendet. Da ich eine Freundin vegetativer Vielfalt und keine abfahrtbesessene Skifahrerin bin, freute ich mich besonders auf das sommerliche Arosa, sah aber, nachts angekommen, am ersten Augustmorgen vom Hotelfenster aus nichts als befremdend mild geschwungene und offenbar blumenlose Wiesen, eher geschorene Rasen, irgendwann abgelöst von grauen Felsen und Geröll.

Um es aber gleich zu sagen: Ich fahre seitdem zweimal jedes Jahr nach Arosa und zuverlässig setzt spätestens in Chur, im Sommer und im Winter, ein beschleunigtes Herzklopfen ein, in gewisser Weise von Mal zu Mal sogar immer beschleunigter, denn je öfter ich in diese Landschaft reise, desto mehr präzisiert sich mein Blick für ihre mir bisher unbekannten spröden und nur in den waldigen Bezirken pittoresken Eigenarten. Ich glaube, ich habe mich noch nie in meinem Leben so allmählich, vom eigenen Widerstand fasziniert, Schritt für Schritt in eine Landschaft einsehen, einfühlen müssen. Damit meine ich weniger die bei jedem Besuch sich erweiternden Wanderungen auf der schiefen Ebene, etwa das erste Überschreiten der Maienfelder Furgga nach Frauenkirch, bei dem man vom braunen Enzian überrascht wird, oder des Carmenna Passes, der dann, wenn die Zeit all der kleinen Alpenblumen längst vorbei ist, sie in plötzlichen Mulden in buntesten Zusammenstellungen doch noch offeriert, oder die wild aussehenden Schafe in der Nähe des Tot-Seeli und die großen, mythisch unbewegt im Sommerregen über den Rand einer Bodenwelle herabsehenden Kühe, wenn man durch das Welschtobeltal zur Ramozhütte (ich nenne hier alles Lieblingsschauplätze) raufsteigt. Gemeint ist ein Laufenlernen, vom körperlichen Training mal abgesehen, im Ästhetischen, ja, erst in und um Arosa herum habe ich überhaupt erfahren, daß man geologische Logik in ihrer unkaschierten Offensichtlichkeit, falls man sich ein wenig in sie einübt, als überwältigende, wüste, auch rührende Schönheit erleben kann.

Das betrifft natürlich vor allem die unendliche und doch zu katalogisierende Formenmenge der Erosionsgestalten. Nicht nur Pulverschnee und Firnspiegel, Oberflächenreif und Eiskristalle sind ja optische Euphorisierer. Man kann sich auch – hätte ich nie gedacht – in Schuttrinnen und Schuttkegel verlieben, etwa in die links vom Älplisee, erst recht, wenn ihre Säume, allgemeinen Gesetzen folgend, von Algen, Flechten und Moosen überwachsen, gefestigt und weiter zersetzt werden.

Arosa macht es dem Dilettanten leicht. Das weiß ich. Es bietet dem Wanderer und Beobachter gestufte Schwierigkeitsgrade. Und weckt doch den Wunsch, von Jahreszeit zu Jahreszeit ein bißchen professioneller zu werden. Und erlaubt doch, nach den sicher nicht gefährlichen Erlebnissen der wuchtigen Einöden zwischen den ja keinesfalls extremen Bergmassen solche in spektakulären Höhenlagen ein bißchen zu halluzinieren.

Aber gilt das nicht überhaupt für das gemäßigte Hochgebirge in den Alpen? Mag sein. Das überaus Schätzenswerte an Arosa nenne ich ja auch erst jetzt: Die Welt ist dort zuende und verriegelt! Transitverkehr durch tunnellose Berge unmöglich gemacht! Es ist eine dreimal gesegnete Umständlichkeit, daß man immer erst nach Chur zurück muß. Dadurch gibt es nur im Geheimen zu preisende Stellen von einzigartiger Stille und durch nichts zu ersetzender, steiniger Einsamkeit, die doch von Hamburg aus, Zugfahrt und Fußmarsch inclusive, in circa 14 Stunden zu erreichen sind. Was braucht man da Vier- oder gar Achttausender.

Wenn es nur so bliebe! Wenn Arosa aus ganz normaler Gier nach Geld, Gag und Golf (und sich damit selbst das Grab gräbt) nicht allein Torheiten begeht, wie die eher harmlose, fun-gerecht einen riesigen Bierkrug in Nähe der kreischenden Skifabrik Mittelstation in Winterweiß und Sommergrün zu plazieren, sondern schlimmere und leider übliche, vom chemisch präparierten Kunstschnee, unter dem nichts mehr wächst, bis zum landschaftsverändernden Zusammenschluß mit den Skigebieten ringsum. Mein anfangs erwähntes Herzklopfen ist, wie immer, sobald man etwas zu lieben beginnt, auch ein bißchen eins der Bangigkeit.

Ob es der letzte Halt vor der Endstation Arosa war, Litzirüti also, der mich wegen seines lautmalenden Namens – klingt mindestens wie ein Vogellockruf im Märchen, und die Ich-Erzählerin glaubt das Wort gegen Ende immer öfter wie ein Zwitschern im Schnee zu hören – unbewußt bewogen hat, für mein letztes Buch *Teufelsbrück* nicht, wie es im Roman zunächst scheinen mag, das »Alte Land« an der Elbe (bäuerliches Obstanbaugebiet, neben dem jetzt die Daimler-Chrysler-AG Werkhallen und Rollfelder für ihr Riesenpassagierflugzeug A 380 unter teilweiser

I GELEGENHEITSTEXTE

Zuschüttung des Süßwasserwatts und Naturschutzgebietes Mühlenberger Loch baut), sondern die Gegend um Arosa als Erzählort zu wählen, der in den drei Schlußkapiteln immer stärker in den Vordergrund drängt?

Eine Landschaft ruft ja nicht allein bestimmte Gemütsverfassungen hervor. Es gilt auch umgekehrt: Bestimmte Zustände des Gefühls erzwingen ein zu Herzen gehendes Milieu.

Was ich mir unter Deutschland denke

»*Aber alles, was er sich unter Deutschland dachte, war von einem romantischen Dufte umwoben. In seiner Vorstellung lebte das poetische und ideale Deutschland, wie sich letzteres selbst dafür hielt und träumte. Er hatte nur mit Vorliebe und empfänglichem Gemüte das Bild in sich aufgenommen, welches Deutschland durch seine Schriftsteller von sich verfertigen ließ und über die Grenzen sandte.*«

GOTTFRIED KELLER, DER GRÜNE HEINRICH

Im März 1990 besuchte ich zum ersten Mal Schwerin. Vom probeweisen Lächeln der Grenzbeamten bis zu den Hühnern in den Dörfern ist mir damals alles, auch weil ich es gern wollte, historisch bemerkenswert erschienen, als bedeutendes Moment in einer wider Erwarten hochdramatisch gewordenen Epoche, in einem geographischen Bereich, dem ich das niemals zugetraut hätte. Erst wenige Wochen vorher war vor meinen Augen bei einer familiären Weihnachtsfeier an der Westgrenze der Bundesrepublik ein schweres Paket aus Berlin andächtig geöffnet worden. Alle wußten, was drin sein mußte. Natürlich ein Stück Mauer! Soviel ich weiß, landete es auf dem Regal zwischen den ausgedienten Teddies einer Abiturientin.

Ein Zustand, der sich unmöglich ändern konnte, hatte sich in unverhältnismäßiger Schnelligkeit gewandelt.

Abstrakt gesehen ein begeisternder Tatbestand, konkret

I GELEGENHEITSTEXTE

allerdings, beim Auftauchen der Trabbischlangen auf dem Weg in den Westen, ein sehr zweischneidig berührender. Man wollte ja selbst nicht in der DDR leben, hoffte aber, daß dort durchgehalten wurde bis zum Beginn eines geglückteren Sozialismus. Letztlich vermutete man dort drüben – und räumte denen, die da lebten, bereitwillig die moralische Überlegenheit ein – das im Keim und auch nur potentiell und eventuell utopische Deutschland. Deutschland? Vielleicht einfach nur: Land. Schämte man sich früher, mit solchen Vorstellungen dennoch hier bequem zu leben, geniert man sich jetzt, solche sozialistischen Restträume so lange kostenlos gehegt zu haben.

Ja, ich geniere mich etwas, allerdings vor niemand anderem als den Leuten, die den deutschen Sozialismus Tag für Tag durchexerzierten und doch auch nur einigermaßen gut und unpathetisch leben wollten, zu sozialistischen Sünden und Gemeinheiten ebenso bereit wie wir zu kapitalistischen.

Es war ein unspektakulärer Vorfrühlingstag in Schwerin, mit Schloßumrundung und Rast im Café Prag, mit einem ungläubigen Blick meinerseits in die unpolitische Seen- und Wiesenlandschaft, die nun zu uns gehören sollte wie die Falken um den roten Domturm. Die Bagatellisierung der Nazizeit durch Bundeskanzler Kohls Vergleich der DDR mit einem gigantischen KZ und durch die assoziative Verknüpfung der Stasi-DDR mit Auschwitz, aus einem ganz anderen politischen Lager kommend, gehörte im ersten Fall der Vergangenheit, im zweiten der Zukunft an, bevor standen noch die Enttäuschungen über unerfüllte Wahlversprechen im Osten, die Entrüstung über die Solidarabgabe im Westen und der eskalierende Rechtsradikalismus in beiden deutschen Hälften. Ich hatte damals das Gefühl eines sehr prekären

Gleichgewichts, das mit äußerster Anstrengung austariert war, ich empfand mich als ausländische Touristin in einem Land, das erstaunlicherweise meine Sprache sprach, ein Land, das noch vor kurzem mit Stacheldraht und Schäferhunden in den Interzonenzügen gedroht hatte und jetzt verlegene, ja gedemütigte Einwohner zeigte, die uns offenbar als Sieger, jedenfalls als die, die recht behalten hatten, betrachteten, so daß man sich unwillkürlich vorsichtiger als sonst bewegte, um nicht zu derb anzustoßen. Die Bewohner – mir kamen sie alle sehr bleich vor – schienen solche Schonung ebenso nötig zu haben wie die baufälligen Häuser. Man hatte Sorge, taktlos und zu laut zu reden, gleichzeitig aber auch das heimatliche, rostig-braune Gefühl der Nachkriegszeit, der »armen«, wie wir sie noch immer zärtlich verklärt nennen. Es war eine Heimkehr in die Kindheit, wo man das heroische Wort »Deutschland« mit naivem Feuer in den Liedern, Balladen, Sagen aussprach, was man später, informiert über die deutsche Vergangenheit, vermied, es sei denn, in amtlichem Zusammenhang.

Bundesrepublik Deutschland, Deutsche Demokratische Republik: Das hatte schon seine stocknüchterne Richtigkeit. Um so leichter wurde die Empfindung eines Weltbürgertums jenseits nationalistischer Protzigkeit und Enge.

Damals in Schwerin aber deutete sich, sagen wir in Form eines gerührten Geschichtsbewußtseins, doch einmal im Erwachsenenalter bei aller Ambivalenz der Situation so etwas wie ein ehrenwertes Nationalbewußtsein in mir an, fast als wäre etwas Drittes, über die beiden alten ideologischen Fronten hinaus, denkbar. Das ist natürlich längst vorbei. Ein einschneidendes historisches Faktum hat sich davorgeschoben: Mitte Januar '91 begann der

I GELEGENHEITSTEXTE

Golfkrieg, ein inszenierter, PR-gestylter, beschlossener, nicht verdeckt eskalierender Krieg, der mir die letzten politischen und europäischen Illusionen ausgeräumt hat. Amerika, größter Waffenexporteur der Welt, liefert, mit steigender Tendenz, im Jahre '92 allein an 59 Diktaturen. Wer im Giftgaslieferanten-Deutschland gegen den Krieg war, galt pauschal als Provinzler oder Antisemit. Was denn sonst! Wer Atombomben auf Bagdad für erwägenswert hielt, empfahl sich dagegen als bewährte moralische Instanz; wer das Böse schlechthin im irakischen Diktator auferstehen sah: als Denker von europäischem Format. Krieg sei stets die schlechteste aller Möglichkeiten, jede Rasse so viel wert wie die andere, war uns in unserer deutschen Nach-Nazi-Jugend unvernünftigerweise eingepaukt worden. Ein Standpunkt, der sich unmöglich ändern konnte, hatte sich in unverhältnismäßiger Schnelligkeit gewandelt.

Es ist eine Sache der Selbstdisziplin, nicht immer gleich aufs Globale zu kommen, auf die allgemeine Fatalität und Verwischung der Einzelvorfälle. Aber Tatsache ist, daß sich, noch einmal verstärkt und trotz der Wiedervereinigung und von ihr ablenkend, eine Art mürrisches, erzwungenes Weltbürgertum bei mir eingestellt hat, ein überreiztes Kosmopolitentum, da zunehmend Kriege, Hunger-, Klima-, Umweltkatastrophen alles Abgegrenzte relativieren und lächerlich machen. Vielleicht sollte man sich versuchsweise, aber nicht im Fernsehen und überhaupt unkommentiert, als Gegenmittel die Biographie eines ostdeutschen Druckers anhören, der trotz vorgerückten Alters riskiert, in mühseliger Prozedur seine kleine Firma, auf deren Leben oder Tod, von Linotype auf moderne Maschinen umzustellen, oder die einer von DDR-Regierung und -Bevölkerung enttäuschten Gärtnergesellin und Kunsthistorikerin (Vater als Kommunist unter Hitler im KZ, dann mit Familie in die junge DDR), Besitzerin von 1000 Büchern und einem Fahrrad, jetzt – noch immer und unzeitgemäß überzeugte Kommunistin – arbeitslos: Bewohner von lange verschlossenen Städten und Landschaften mit legendären Namen in einer Sprache, die entgegen einem unausrottbaren internationalen Klischee keineswegs nur zum Befehlen taugt. Das zumindest ist eine unverbrüchliche Gewißheit.

»Was ist ein deutscher Charakter?«

»Was ist ein deutscher Charakter? Was? Nicht wahr, Tabakrauchen und Ehrlichkeit? O ihr einfältigen Tröpfe. Hört, seid so gut und sagt mir, was ist es für Wetter in Amerika? Soll ich's statt euer sagen? Gut. Es blitzt, es hagelt, es ist dreckig, es ist schwül, es ist nicht auszustehn, es schneit, friert, wehet, und die Sonne scheint.«

Georg Christoph Lichtenberg

Den einfältigen »Tröpfen« macht Lichtenberg gleich zweifach einen Strich durch die Rechnung. Vom vielfältigen Changieren eines deutschen, amerikanischen, chinesischen Nationalcharakters hört keine Stammtischrunde gern, weder vor noch hinter dem Bildschirm. Nichts als Komplikationen beim rhetorischen Figurenziehen und Flaggezeigen! Hingegen ist die touristische Kostümierung mit zwei, drei verläßlichen Regionalmerkmalen (z.B. Knoblauchessen und Verlogenheit?) auch im Europawetter nach wie vor wünschenswert. Ob aber häßlicher Deutscher oder hübscher Franzose: Die Suppe wird hier nicht nur den Simplifizierern versalzen, die sich mit einem Schablonenset die Nachbarn vom Halse halten und die Außenwelt in Spielregelordnung bringen, sondern auch den Anhängern einer zweiten Pauschalisierungswonne, die eventuell noch dringender Lichtenbergs Einspruch erfordert. Gemeint sind die Vertreter des enthemmt alle eigenen Individualreste niederwalzenden Suhlens im Gruppengefühl: Wir Männer! Wir Kreativen! Wir Frauen! Wir Senioren! Wir Individualisten! Usw.

Natürlich kommt auch Lichtenberg nicht ohne subsumierende Begriffe aus, nicht ohne den »zärtlichen Gecken«, den »Narren«, den »Spitzbuben«, den »Bauern«, den »Soldaten«, »Postillon«. Jedoch, an Unterscheidung ebenso wie an unideologischer Einzelwahrnehmung interessiert, zitiert er die Etiketten nicht, um möglichst viel in solcherart Schachteln unterzubringen. Er präsentiert sie, um sie sogleich aufzusperren und ihre Inhalte probeweise zu vertauschen, wenn er die Menschen, nach ihrer Glückseligkeit geordnet, unter die »Mülleresel« und »Jagdhunde« stellt, den »großen Gelehrten« noch einmal als Maikäfer beschwörendes Kind sieht, von »feurigen Mädchen« die Körper der »schönen Jünglinge« beschrieben haben will, wobei er die Jugendlichen keineswegs für vollkommenere Geschöpfe als die Alten hält, und sind sie witzige Köpfe, verdankt sich doch die Hälfte ihrer Geistesblitze den anlaßgebenden Dummköpfen; sind sie zufällig tugendhaft, könnten sie doch leicht am Anfang von »Umständen« stehen, die einen Verbrecher machen.

Wie man selber das freiheitsfördernde Relativierungsklima verträgt, hängt wiederum von der privaten Wetterkarte ab, denn: »Ich habe oft die Meinung, wenn ich liege, und eine andere, wenn ich stehe.«

Aber wenn ich gerade ehrlich bin und rauche (und Lichtenbergs Trost- und Kampfsätzchen als Dach, mich darunter »zu retirieren« habe), scheint mir die Sonne, auch wenn es draußen totschlägerische Klischees hagelt.

Die sublime Schweiz

Sie hat mir immer Glück gebracht, zumindest als Glücksvision in Intervallen mein ganzes bisheriges Leben durchsprenkelt. Schon in der Volksschule brauchte ich mich nur umzudrehen, und schon versank der düstere Klassenraum zugunsten eines gemalten Hirtenknaben, der, hingestreckt auf geblümter Alpenwiese unter einem Blau, das im Ruhrgebiet damals, als dort noch Steinkohle gefördert wurde, unvorstellbar war, den Sommertag verträumte. Er konnte nur ein Hütejunge sein wie der, bei dem Johanna Spyris kranke Klara gesunde Beine und rote Backen kriegte. Einer aus der Schweiz also, wo, erfuhr ich etwas später ebenfalls aus Romanen, reichen Mädchen in phantastisch teuren Internaten der letzte Heiratsschliff verpaßt wurde, wo, noch ein paar Jahre weiter, Thomas Mann erwachsene Klaras samt männlichen Gegenstücken im mondänen Sanatorium rustikale Luft atmen ließ.

Geradezu legendär wurde in unserer Familie ein inhaltsreiches Päckchen, das ein Jude aus der Schweiz, noch vor der Währungsreform, einem hungernden Bekannten meiner Mutter schickte, als Dank für eine Rettung, deren Umstände ich damals noch nicht begriff. Die Schweizergarde aber schützte farbenprächtig unseren Papst und hatte, noch imponierender, während der Französischen Revolution den bedrängten König, als alle Adligen flohen, verteidigt, bis sie »Mann für Mann« fiel.

DIE SUBLIME SCHWEIZ

Mir ist so, als hätten sich meine Zähne zum erstenmal in jene unvergleichliche Schokoladengipfelkette »Toblerone« versenkt, während ich, dank *Wilhelm Tell*, zu ahnen begann, was »schweizerisch werden« heißt: »frei von Fron und Banden«. Oder schwelgte ich in der phänomenalen Süßigkeit zum Kellerschen »Trinkt, o Augen, was die Wimper hält / Von dem goldnen Überfluß der Welt!«?

Mit fünfzehn Jahren durfte ich, bei einer Theaterkooperation unserer Nonnenschule mit dem ortsansässigen Jungengymnasium, eine amerikanische Witwe am Grab ihres Mannes in dem traurigen Stück *Nun singen sie wieder* von Max Frisch spielen. Die Proben waren für mich vermutlich die glücklichste Phase der Geschlechterbegegnung zwischen zehn und zwanzig, wenigstens die lachlustigste. Frisch wurde indirekt viel später noch einmal Anlaß großen Vergnügens für mich, und zwar durch die literaturkritische Fundamentalexistenzanfrage F. W. Bernsteins (Autor auch des inzwischen sprichwörtlichen »Die schärfsten Kritiker der Elche / Waren früher selber welche«): »Bin ich ein Gi-Ga-Gantenbein / Oder ein Wuschel nur?«

Kein Wunder, daß ich nach soviel angenehmer Fernberührung mit der Schweiz das Bennsche »Meinen Sie Zürich zum Beispiel / sei eine tiefere Stadt« zum Thema des Abituraufsatzes wählte. Note? Zwangsläufig sehr gut! Daß sie, die Schweiz, unverbrüchlich mit Tiefe und Ewigkeit zu tun haben mußte, war klar (»Ewiger Bund«, »Ewiger Friede«), nur brachte ich es noch nicht mit Nietzsches »tiefer, tiefer Ewigkeit« in Verbindung, wußte nicht mal, wo genau Sils Maria liegt, hätte mir überhaupt keinerlei Art von Trunkenheit zusammen gerade mit diesem Land vorstellen können. Das kam dann noch und setzte allem

I GELEGENHEITSTEXTE

die Krone auf. Bevor ich die Schweiz endlich in Gestalt ihrer zum »ewigen Schnee« sich aufschwingenden Höhen kennenlernte, stieß ich, spät genug, während ich doch Keller quasi mit der Muttermilch eingesogen hatte, in den Siebzigern auf die zweite literarische Offenbarung dieser Nation in Form rührenden und diabolischen Sich-Kleinmachens. Ich verschlang von Robert Walser, was ich in die Finger kriegte, und erst anschließend, nach dem nervösen, durchaus auch arroganten, virtuosen Ducken seiner Prosa, nahm ich Kontakt auf mit der gegenständlichen Imposanz der Schweizer Berge. Kontakt? Etwas demütiger: wurde ihrer durch schlichtes Wandern ansichtig, der *Suisse sublime* (so der Titel eines Katalogs der Sammlung Thyssen-Bornemisza von 1991).

»So hoch«, denkt man zunächst, wie Kafkas Karl Rossmann angesichts der amerikanischen Freiheitsstatue, mit touristischem Staunen. Aber dann sieht man: diese Erhebungen sind ja noch viel gewaltiger, gegen alles Landläufige den Himmel bestürmend, schiefe Ebenen, in verheißungsvollem Weiß aufblitzend, glänzende Plattformen, herrlicher als jede Halluzination, Gipfel, die andere verzückt und entrückt übertrumpfen. Die Berge sind ja nicht nur treuherzige Ausstülpungen, trotzig und putzig, wakker und trutzig, sondern emphatische Illustrationen zu etwas spirituell Hochgemutem, das man sich kaum zu denken traute, beweiskräftig in der Außenwelt. Aber auch wandelbar, ephemer, in Schnee und Nebel sich entziehend, von schwankender Kontur, aus der Distanz von unverwüstlicher Unberührtheit. Usw. Die Schweizer wissen es natürlich selbst am besten, tun aber so, als seien sie nicht stolz darauf, ja sogar der Berge leicht überdrüssig, und keiner, den ich prüfte, nachdem ich es aus dieser Zeitung erfahren hatte, wußte – ja wollte es nicht mal glauben! –, daß sie hier 41 Viertausender in petto haben. Lässigkeit? Snobismus der Besitzer?

Natürlich mag ein solches Eigentum auf die Dauer etwas Einschüchterndes sein. Wohl nicht zufällig steht die für mich ergreifendste Darstellung eines Verzagens bei einem Schweizer Autor, in *Anne Bäbi Jowäger* von Jeremias Gotthelf. Es ist wie das Kleinlautwerden an sich, wenn auch hier nicht vor den Berner Riesen, statt dessen vor Gesellschaft, Schicksal, Zukunft, Leben, aus dem sich das Meyeli in übergroßer Bangigkeit am Tag seiner Hochzeit auf dem Weg zu den Eltern des Bräutigams am liebsten ganz verkrümeln möchte. Neben dem Bündel mit seinen armen Habseligkeiten sitzt es hinwelkend auf einem Stein, weint und kann nicht getröstet werden vom hilflosen Hansli, der nicht gelernt hat, wie man die, die er doch rechtschaffen liebt, in solcher Lage aufrichten könnte. Eine Passage weltverschlingender Mutlosigkeit als leuchtender Schweizer Stern am Himmel der Literatur.

Im letzten Winter habe ich drei Monate in Zürich gearbeitet. In Gesprächen wurde ich auf die Besonderheit der Gemeinde-Kanton-Bund-Gliederung, die vier Landessprachen und das spezifische Schweizer Gefühl der Enge hingewiesen. (Aber was haben diese Leute, abgesehen von den unendlichen Erstreckungen in der Vertikale für Fernweh erzeugende und stillende Zugverbindungen! Von Zürich aus ist man für 50 Franken per Tageskarte und Halbtax in zweieinhalb Stunden in Lausanne, in drei Stunden in Locarno, Lugano, in 50 Minuten in Luzern, selbst auf das Jungfraujoch wird man blitzschnell befördert, und die Fahrt nach Brig ab Chur mit dem Glacier-Expreß geht sowieso viel zu schnell vorbei. Jedesmal in unterschiedliche Sphären! Es ist ja was anderes, als führe man von Hamburg ins Ruhrgebiet.) Immer, ausnahmslos, landete man jedoch bei der Nationaleigenschaft des Sich-Kleinmachens, was ja auch heißt, daß man sich eigentlich als größer empfindet, und mir ist nicht ganz klargeworden, ob als Untugend oder Tugend mit impliziertem Vorwurf an andere gemeint. Als Deutscher fühlt man sich da leicht, selbst wenn man sonst nicht zu polternden Auftritten neigt, grob, unmanierlich, schämt sich dessen, ist aber auch gelegentlich provoziert, es extra zu sein. Bis dann, ohne Vorwarnung, der liebenswürdige Einheimische, plötzlich ganz schroffe Felswand, eine Ahnung von jenen Vorfahren gibt, die angeblich die Gäste ins Land ließen und dann in der Talenge mit Gesteinsbrocken zu Tode schmissen.

Die Schweizer schätzen wohl nicht besonders das Doppel- und Zweideutige. Sie nehmen die Dinge wörtlich, aber ich bin nicht sicher, ob ihre Courtoisie doch eine leicht ironische ist. Also Vorsicht! Wie auch immer, ich habe ihre Zuvorkommenheit in Zürich erlebt und sogar, in Deutschland eher selten, wie selbstverständlich die von Schriftstellern.

In einem *Merian*-Heft von 1975 kritisierten eine Reihe Schweizer Autoren an ihrem Land vorzugsweise die schlechter werdende Luft und die Immobilienspekulation. Günter Seuren, deutscher Schriftsteller, attestierte der Schweiz: »Vergangenheit war nicht zu bewältigen, sie ist intakt.« Damit ist es nun, die Welt hat es nicht ohne Schadenfreude zur Kenntnis genommen, vorbei. Und die Sünden der Gegenwart? Um Feinheiten beiseite zu lassen und nur einen ganz primitiven Maßstab zu nennen: Welche Nation mit Rüstungsexporten, egal wohin, kann überhaupt ein reines Grundgewissen haben?

Damals wie heute werfen Schweizer Intellektuelle ihren Landsleuten deren »Festungsmentalität« vor. Das Land ist

DIE SUBLIME SCHWEIZ

eben schon von der Geologie her so vorgeformt. Es bietet in seiner Tektonik aber noch eine andere Vorlage. Schon vor einigen Jahren haben der Brite Jonathan Steinberg (»Es wird schon sehr bald nötig sein zu lernen, Europa so zu regieren, als wäre es die Schweiz«) und der Italiener Umberto Eco (»Kantonisierung Europas«) die Schweiz als Regierungsmodell für Europa empfohlen. Sie sei uns nicht nur das. Sie werde uns zusätzlich Sublimeres: von weißgekrönter Legende zur orplidhaften Utopie einer besseren Welt, Vorreiterin und Wahrzeichen, eventuell unter ihrem malerischen Namen Svizzera. Vorn pfeift der Nordwind hoch zum Alpenhauptkamm des doppelten Z, um danach hinab ins offene Italienische zu gleiten. Sie nehme sich also die ihr von der Natur bestimmte hehre Gestalt zu Herzen und sei, solchermaßen ausgezeichnet, angespornt und angeleitet, einfach genau so gut, wie sie schon reich ist, und ebenso erhaben wie bereits hoch!

Zu unser aller Glück.

Daß sie überdies so witzig sein möge, wie sie spitzig ist, muß man ihr wohl erlassen.

Die schwedische Rezeptur

Eine eigene Lebenskunst besitze ich nicht und möchte eigentlich auch keine von anderen ersonnene geschenkt kriegen. Ich glaube, ich muß schon bei dem Wort lachen: Lebenskunst! Obgleich die Vorstellung eines stilisierten Lebens, eines klugen und eleganten Disponierens, Portionierens, Dosierens, Organisierens im – selbst blutigen – Lebensvollzug, ob nun Sache einer speziellen Grandezza oder bloß Marotte, durchaus faszinierend ist. Aber selbst der etwas weniger hochrenaissanceliche Ratschlag Gertrude Steins, vielleicht lohne nichts auf Erden, getan zu werden, was man aber tue, solle man mit Grazie tun, ist in der Praxis schwer, sehr schwer zu befolgen. »Lebenskünstler« klingt da schon viel praktikabler, privater, individueller, ohne Schielen nach Allgemeingültigkeit und Belehrung Dümmerer. Man assoziiert ein leichtsinniges Entwischen aus gesellschaftlichen Verbindlichkeiten und freilich auch Verzicht auf jegliche Einflußnahme, was die Existenzkonzepte anderer betrifft. Ein Leben von Fall zu Fall balancierend, ambulant, egoistisch und altruistisch nach gusto, so, wie die eigene Person es gerade braucht und verkraftet, um sich in der eigenen Haut wohl und gut unterhalten zu fühlen. Ideologie ausgeschlossen, Opportunismus nicht.

Stirbt jemand aus der Umgebung unvorhergesehen, jemand, dem man gerade einen so plötzlichen Abschied am wenigsten zutraute, hätte man wohl gern, nach dem ersten Schrecken, ein erprobtes und weises Rezept. Soll man sich suggerieren, man selbst hätte noch viel Zeit, oder sich lieber einbilden, es stände nur noch wenig zur Verfügung? Führt das eine zum Glück und das andere zur Produktivität? Macht jenes genießerisch und dieses bloß gehetzt, das erste anfällig für Versäumnisse, das zweite dagegen das Leben in seinen Details kostbarer? Und während man noch darüber grübelt, haben sich Leben und Zeit ohne Erlaubnis schon wieder geschwind und unbeeindruckt weiterbewegt.

Dabei kann mich im Bereich des Harmlosen kaum etwas so sehr irritieren wie, beim Essen, Sprechen, Gehen, Sehen, Arbeiten, die Nötigung zu einem für mein Gefühl zu langsamen oder schnellen Tempo. Warum erbosen mich solche lächerlichen Störungen des eigenen – selbstherrlichen? – rhythmischen Empfindens? Ist es eine Abneigung, durch die Verschiebungen und Nicht-Kongruenzen quälend das Phänomen der Zeit wahrnehmen zu müssen, in der ich mich doch, wenn mich keiner daran hindert, so selbstverständlich bewege wie ein Fisch im Wasser? Ich weiß es nicht. Andererseits nämlich sind ja gerade die aufwendigen dynamischen Verrückungen der Zeit, subjektive Dehnungen und Raffungen, äußerst wünschenswert zur Steigerung des Daseinsgefühls. Ganz ähnlich übrigens beim Schreiben. Neben der Strenge des Konzepts ist unerläßlich, den Schock des Unverhofften und die Chance des Zugespielten, Träumerischen, Zufälligen zu akzeptieren, als das, was die stabilen Muster belebt und notfalls entschematisiert.

Da fällt mir auf, daß ich gerade solche Geschichten schätze, in denen die Zeit gezwungen wird, einen Sprung nach vorn oder hinten zu tun, also durch grellen Effekt – glückliche oder schreckliche Verzauberung – aus der üblichen Unsichtbarkeit herauszutreten, mit der merkwürdigen Konsequenz ihrer scheinbaren Aufhebung. Ich meine märchenhafte Ereignisse, in denen die Hauptperson plötzlich mit einer wider Erwarten übermäßig gealterten oder verjüngten Welt konfrontiert wird, also etwa in einer einzigen Stunde ein ganzes Jahr oder in sieben Jahren nur einen Tag gelebt hat. Gottfried Kellers »Ein Tag kann eine Perle sein/ Und hundert Jahre – Nichts« in volkstümlicher Version, bis hin zu Grimmschen Sagen wie *Der ewige Jäger*, *Der ewige Jude auf dem Matterhorn*. Hier wird ein Schwindelgefühl erzeugt, ein Entgleisen bewirkt, das auch im wirklichen Leben nicht unwillkommen ist. Präzisiert: Die geplanten Normalzeit- und Lebensstrecken haben ihr Hauptziel, ihren Zweck und Sinn darin, diese Lücken und Aussetzer zu ermöglichen. Solche gelegentlichen Zeitlöcher, besser noch Zeitfenster machen erst den kalendarisch erlebten Zeitstrom erträglich.

»Da wurden die Gemüter aller Umstehenden von Wehmut und Tränen ergriffen, als sie sahen die ehemalige Braut jetzt in der Gestalt des hingewelkten und kraftlosen Alters und den Bräutigam noch in seiner jugendlichen Schöne, und wie in ihrer Brust nach fünfzig Jahren die Flamme der jugendlichen Liebe noch einmal erwachte.« Die berühmte Braut aus Hebbels *Unverhofftem Wiedersehen*, der, als sie jung war, durch einen Bergwerksunfall zu Falun der Verlobte genommen und ein halbes Jahrhundert später, in Eisen- oder Kupfervitriol konserviert bei Stollenarbeiten aufgefunden, unversehrt zurückgegeben wurde, die allerdings steht durch des Autors große literarische Kunst – die authentische Braut verkaufte, etwas befremdlich, den Leichnam der medizinischen Fakultät der Universität Uppsala für wissenschaftliche Untersuchungen – in beispielhafter Lebenskunst vor uns.

Aus drei Gründen.

Die ausführlich genannten, imposanten historischen Ereignisse während jener Zeitspanne, stellvertretend für den protzigen Lauf der öffentlichen Welt, haben den inbrünstig persönlichen Gefühlshorizont der schwedischen Braut nicht splittern, nicht verwischen, nicht entkräften können. Sie bleibt den Rangordnungen ihres Lebens treu.

Unerschüttert vom Kontrast ihrer beider Erscheinungen, also vom Werk der Zeitlichkeit – sie gealtert, er jung wie am ersten Tag – bebt, zittert, regt sich in der Brust der starrköpfigen Frau bei Ansichtigwerden des Toten, das »freudige Entzücken« der frühen, völlig unverwitterten Liebe.

Ebenso unbeeindruckt vom neuerlichen Verlust des Bräutigams an die Erde durch die Bestattung, sieht sie dem Augenblick entgegen, wo es endgültig »wieder Tag« wird, jener definitiven Auslöschung von Zeit und Zeitläuften, bei der sie und er, offiziell und vereint, eingehen werden in jene Dimension – schon von Anfang an eigentliches Element ihrer Liebe –, die wir Ewigkeit nennen.

Wie gesagt, eine Lebenskunst besitze ich nicht, diese aber hätte und übte ich, gelassen und standhaft, sehr gern, ja, würde sie mir geschenkt, diese eine wohl doch.

Wie Leguane und Krokodile

Minute für Minute bin ich von klein auf älter geworden. Das passiert vielen so. Darüber hinaus ging man, wie man hoffte, einigermaßen individuell, wenn auch nicht in dem Umfang, wie ursprünglich vermutet, seiner Wege. Irgendwann jedoch bemerkt man als Reaktion auf die arglose Beantwortung der Frage nach dem Geburtstag an der eben noch fremden, so umweglos auskunftheischenden Person einen interessanten Zug um den Mund, der soviel heißt wie: Erwischt! Ertappt! Geschnappt! Entlarvt! Man hat das Signal für eine lästige Kumpanei abgegeben, als wäre auf einmal das genannte Datum ein bisher verborgener Dreck am Stecken, das entscheidende Kennzeichen einer ab jetzt erwiesenen, nicht zu annullierenden, peinlichen Vereinszugehörigkeit, vor der eventuell denkbare Unterschiede letztlich pures Ornament sind und Augenwischerei.

Eine weitere verblüffende Beobachtung auf dem Weg des Älterwerdens, an dessen Schluß das dräuende »Alter« steht – ein Zustand, den die meisten fürchten wie die Pest und zugleich unbedingt erreichen wollen –, gilt dem Faktum, daß ausgerechnet das, wofür man mit zwanzig Jahren belächelt oder zurechtgewiesen wurde, plötzlich von den inzwischen gewelkten Jugendlichen mit Wehmut als bewundernswert rigorose Vitalitätsoffenbarung gerade zum Zuge gekommener Twens beschwärmt wird. Etwa soziale Dämlichkeit, egozentrische Gefühlsexaltationen, aufgrund schreiender Unwissenheit die Neigung zum Verkünden von Dogmen rund um die Uhr beziehungsweise das Gegenteil, also forciert achselzuckende Thesenfeindlichkeit, ob Leben oder Mode, Liebe, Kunst oder Politik betreffend, die gesamte Zivilisation und Kultur eben. Ach, hätte man sich doch einstmals weniger gegrämt über die Behinderungen der Jugend und hätte sie genossen wie ein Alter! Wäre man doch ein anderer gewesen, am besten das frühere und das jetzige Exemplar in eins!

Manchmal verblüfft mich selbst, wie viele alte Leute von Anfang an in meinen Romanen und Geschichten vorkommen. Ich ahne aber ziemlich präzise, warum. Abgesehen davon, daß ein sehr verehrter, etwas hochfahrender Großvater mich umständehalber zur Hälfte erzogen hat, interessierte mich beim Schreiben lange Zeit, wie sich jemand Wahrnehmungen und sozusagen hingetupfte Einzelheiten der Wirklichkeit zu kleinen Erlebnissen, dramatisch modellierten Abläufen und schließlich zu ganzen Motivketten, -bögen, -netzen, womöglich Sinnzusammenhängen perspektivisch reimt, unbewußt, mit literarischen Mitteln und gleichzeitig ohne die geringsten literarischen Ambitionen, gelegentlich in so anspruchsvollen Resümees gipfelnd wie: erfülltes Leben, verpfuschtes Leben und so weiter. Blutjunge Helden sind in der Regel mangels Fundus noch nicht zu soviel rückblickenden Schicksalskonstruktionen fähig. Sie bleiben, zumindest bei mir, auf die Nachbarschaft älterer angewiesen. Außerdem haben mich von Kind an die Fältelungen und Furchen bejahrter Gesichter gefesselt. Zum Teil sicher nicht anders als die Haut von Leguanen und Krokodilen. Später war es der Prozeß der Umwandlungen von Augengegend, Ohren, Mündern, Händen, von Gang und

I GELEGENHEITSTEXTE

Stimme lang vertrauter Menschen in zweierlei Hinsicht, nicht nur als Balancieren zwischen Schärfung der Züge und Gebrechlichkeit. Einerseits formte sich das alles von Jahr zu Jahr charakteristischer, persönlicher, unterlag andererseits aber dem Gesetz, brutal gesagt: dem Schema der Änderungsschneiderei des eindeutig Altersspezifischen.

Die sachten Verschiebungen im Geistigen, im Gefühlsleben einer alten Frau bis hin zum unwiederbringlichen Abkoppeln von jeder robust lebenstüchtigen Gesellschaft hat die bereits dreißigjährig verstorbene Katrin Seebacher in ihrem ersten und einzigen Roman *Morgen oder Abend* beeindruckend, bewegend bei aller Sachlichkeit dargestellt.

Aber halt! Eigentlich will ich auf ganz anderes hinaus. Auf die Behauptung, das Alter, speziell das prekäre »Altern«, sei zwar eine Phase unbestreitbarer Tatsachen, aber ebenso und fataler eine der größten kollektiven Halluzinationen. Äußere Klischees sind dabei noch die harmloseren, also die, mit denen das bemitleidenswerte Opfer zu Kapitulationen gezwungen wird. Das geschieht oft schon durch die Feindseligkeit, verquickt mit heuchlerischer Fürsorge, des öffentlichen Sortierens nach Altersgruppen und durch die urbaner Einrichtungen und verbaler Beleidigungen. Seniorenteller! Das Verschleiern des Geburtsdatums und kosmetische Täuschungsversuche sind vermutlich weniger Zeichen des offenbar schmachvollen Nicht-alt-werden-Könnens als eine Trotzmaßnahme gegenüber der maschinellen Klassifizierung ohne Ansehen der Person. Vorauseilender Gehorsam ist hier jedenfalls nicht würdevoller – eine Tugend, die man gern von Älteren verlangt – und die Klischeehörigkeit eines forschen »Ich freue mich aufs Alter« nicht geringer als das angeblich mutige Geständnis, sich davor zu grausen.

Natürlich, wer sein Leben bisher im wohligen Schutz vorgeprägter Muster, in der Geborgenheit von Vorerzähltem und Wahrnehmungsbefehlen zugebracht hat, wird auch hier, und jetzt geht es also um die Macht innerer Schablonen, im Trost der Gruppe und weil er es nicht anders gelernt hat, aus Trägheit oder Angst parieren und strammstehen, das heißt, von einem bestimmten Moment seines Lebens an alles, was ihm widerfährt, willig oder widerwillig dem Fluchtpunkt »Alter« zuordnen.

Zweifellos sind die Anfechtungen nicht zu bagatellisieren, beispielsweise das erwähnte Glorifizieren früherer Körper-, Gemüts-, Geistesverfassungen. Immerhin sollte man sich klarmachen, daß diese an sich unheilvolle Neigung die Vision einer – nie gelebten – Vollkommenheit oder wilden Fülle der eigenen Person beschert. Man wird gewissermaßen das Idol seiner selbst in nostalgischer Erinnerung, ein paar zugestandene träumerische Augenblicke lang. Mehr wäre jedoch übertrieben.

Die wirklich ernste Gefahr eines inneren Verstockens aber droht durch die törichte Autosuggestion, es widerführe uns von einem magischen Termin an immer weniger und endlich überhaupt nichts Überwältigendes mehr, keine Überraschung, überhaupt nichts Unerwartetes bis auf die eine Pointe des Todes. Das allerdings wäre, und zwar als Einziges, zum Verzweifeln und vielleicht ein jahrzehntelanges Absterben.

Für nichts und wieder nichts.

Denn nach meinen bisherigen Erfahrungen mit dem Älterwerden verhält es sich eher umgekehrt, sofern man die einzelnen Lebensetappen überhaupt miteinander vergleichen will. Unmöglich aufzuzählen, was das Verschieben von Gesichtskreisen und Sinnesempfindlichkeiten im Fortschreiten der Jahre mit sich bringen könnte. Jeder muß es wohl für sich selbst auf eigene Rechnung durchmachen. Da man die »Welt« aus früheren Blickwinkeln kennt, die doch nur partiell ins Vergessen abtauchen, kann sie jetzt, nachdem man diverse Lebensstadien absolviert hat, viel plastischer werden, polyperspektivisch, neuartig zusammengesetzt. Die Falle, in die man nicht tappen darf, auch wenn es eine Anstrengung und durchaus manchmal eine Versuchung ist? Das, was einem zustößt, sollte man sich nicht vernichten lassen von den genormten Modulationsweisen des Alterns, es nicht selbst ablegen unter dem alten Hut und falschen Aktenzeichen besserwisserischer Konvention, sondern das paradoxerweise so Simple wie Schwierige schaffen: ohne Einflüsterungen wahrzunehmen, was man erlebt. Angenehmes wie Schmerzliches auf sich gemünzt, ein Registrieren an ungeschützter Front.

Vor fünfhundert Jahren malte Domenico Ghirlandaio sein berühmtes Doppelporträt eines Mannes mit verunstalteter Nase und seines vermutlichen Enkels. Sie betrachten einander, in tiefe Zuneigung versunken. Jener tut es ohne Sentimentalität, dieser in zutraulichem Ernst. Was man sieht, sind die deutlichen optischen Markierungen von Alter und Jugend – und ihre gleichzeitige Aufhebung. Zwischen den beiden ein mystisches Drittes. Im gleichen Abstand zu ihnen, durch ein Fenster hindurch, ragt ein Berg in geheimnisvollem Grau, das Rot der Gewänder fürstlich steigernd, aber auch wie eine visuelle Vorwegnahme und Reanimation des Schillerschen »Fromme Natur ... Immer dieselbe ... Nährest an gleicher Brust die vielfach wechselnden Alter. Unter demselben Blau, über dem nämlichen Grün ...«

Der Mensch, den ich am längsten kenne, ist eine mittlerweile 87 Jahre alte Frau. Augen, Gehör, Festigkeit der Schritte, Gedächtnis werden unaufhaltsam schwächer.

Nichts aber läßt sie momentelang beflügelter ausschreiten, schärfer hören, strahlender sehen als, nein, nicht ein Kompliment, vielmehr ein Blickwechsel oder Wort, bei dem die ehernen Papierschranken der Generationsdifferenzen fallen. Gunst einer Stunde für ihr Gegenüber und sie selbst. Sofern ich das nicht ganz falsch verstehe.

Lächelnde Laken

»Weiße Wäsche wendet der Wind/ Lächelnde Laken lohnen's im Schrank« (Das mögliche Reimwort »Spind« war mir noch nicht geläufig):

Freiwillig und sofort gebe ich zu, daß der Sommergeruch von Hemden und Bettbezügen, den sie nur beim Trocknen in frischer Luft bekommen, nicht der schlechteste und sicher der vernünftigste Grund ist, ein Verschwinden der Wäsche von den Gartenleinen zu bedauern. Damals aber, in noch zartem und also um so altklugerem Kinderalter, war es beim Herstellen des Zweizeilers nur ein vorgeschobenes, konventionelles Plädoyer, mit dem ich bei der dafür zuständigen Frauensperson für etwas warb, was damals ohnehin als selbstverständlich angesehen und daher auch wohlwollend nickend in Versform akzeptiert wurde. Viel eher ging es mir nämlich um das schöne Ritual, die noch eben in der dunklen Waschküche zusammengeworfenen und ineinanderverdrehten Wäscheteile in tadelloser Reihung auf der Leine frei hingeblättert und befestigt zu sehen, wobei ich aus dem Beutel eifrig die Klammern anreichte, auch wenn mir dann manchmal bei Wind ein nasses Hemd um die Ohren klatschte. Und wie sich die Laken und Bezüge in der Sonne strahlend entfalteten, so heiterte sich die Stimmung der mütterlichen Wäscherin auf, bis sie trällerte.

Natürlich durfte man, während die Wäsche tropfte,

LÄCHELNDE LAKEN

wippte, trocknete, nicht zwischen den hängenden Stücken spielen. Man tat es aber, und das war das Beste! Plötzlich hatte man auf der leeren Wiese Wände und Korridore, die sich zudem mit jeder Luftbewegung änderten, vergängliche Zimmer zum Verstecken und stundenlangen Wohnen. Wurde dann schließlich die Leine geräumt, fühlte man sich wie ein Hase, dem das Feld gemäht wird.

Oder gaben erst die Mißgeschicke dem Ganzen den eigentlichen Pfeffer? Wenn eine Taube eins der makellosen Rechtecke frech im Vorüberflug signierte, unvorhergesehener Regen einen Alarm auslöste, als stände das Haus in Flammen, die überlastete Leine von einer Sekunde zur anderen riß, Inbild des fait accompli? Blieb die Wäsche über Nacht draußen, fehlte gelegentlich – Anlaß für Spekulationen – ein Hemd, ein Schlüpfer. Und noch etwas anderes passierte einmal im späten Herbst: Eine junge Frau saß weinend beim Morgenkaffee in unserer Küche, als diejenige, die sich schon besser in der Liebe auskannte, aus dem Garten ins Zimmer trat und ihr mit den Worten: »Ein Herz habe ich noch nie brechen sehen, aber wohl eine Männerunterhose!« eine solche, gefroren und in zwei Teile gespalten, auf den Tisch knallte.

Was wog schon dagegen das Kleinkarierte, also der Wettkampf um die Akkuratesse der Leinenbestückung in den verschiedenen Mietshaushalten, das Überwachen der Waschfrequenz, der heimliche Kampf um die sonnigsten Abschnitte bei schönem Wetter? Paßte das nicht alles ausgezeichnet zum kindlich präzise erwitterten, wenn auch unklar Intimen, das irgendwie mit der unbedingt zu erzielenden Fleckenlosigkeit der Laken zusammenhängen mußte?

Gewiß, die Erfindung der elektrischen Waschmaschine ist eine der wenigen wahren Großleistungen der Technik.

I GELEGENHEITSTEXTE

Nicht aber der Trockner! Den Totaltrockner hätte man unterschlagen sollen. Wo sind sie hin, die müßiggängerischen Nachmittage, an denen bei hohem Himmel, nach dem Vorbild sanft dahintreibender Wolken und ausschwärmender Löwenzahnsamen, die Wiese unter ihren Wäschesegeln, den träumerisch geblähten und immer leichter flatternden, die Anker lichtete?

II BÜCHER UND AUTOREN

Zwischen Fixstern und Finsternis
Zu Joseph Conrad

Immer, wenn es Schlagzeilen über die unglückliche ehemalige belgische Kolonie Kongo gibt (Ermordung des Revolutionärs Lumumba, Vertreibung des Diktators Mobutu, Attentat auf Diktator Kabila), wird hierzulande zwanghaft Joseph Conrads Novelle *Herz der Finsternis* raunend beschworen, besser: blindlings zitiert und kolportiert. Warum ist das zu viel, aber auch zu wenig der Ehre für den großen Polen?

»Zuletzt war nur noch die Trikolore einen spannenden, schier unendlichen Augenblick lang zu sehen, ergreifend und einsam, Mittelpunkt des überquellenden Horizonts. Ganz plötzlich war sie verschwunden wie eine Flamme, die ausgeblasen ist, und es kam den Betrachtern vor, als stünden sie einer grenzenlosen, soeben erst erschaffenen Einsamkeit gegenüber.«

Hier, in *Der Freibeuter*, 1923, ein Jahr vor Conrads Tod, erscheint es noch einmal, das emphatische Wappenzeichen seiner Epik. In oft miteinander austauschbaren Passagen der Haupt- und Nebenwerke hatte er es variiert als unverzichtbares Requisit:

»Mein Schiff hätte ein Planet sein können, der auf seiner vorgeschriebenen Bahn sich drehend, in einem Raum unendlichen Schweigens dahinflog.« (*Die Schattenlinie*, 1917).

II BÜCHER UND AUTOREN

»Die wenigen Sterne, die unter dem seewärts gerichteten Dräuen des Gewölbes noch übrig sind, schimmern schwach wie in die Öffnung einer schwarzen Höhle hinein. In solcher Ödnis treibt einem das Schiff unter den Füßen unbemerkt dahin, und man sieht die Segel nicht, die über einem flattern. Selbst das Auge Gottes ... könnte nicht ausmachen, was eines Menschen Hand dort unten tut; und es stünde einem frei, sich ungestraft der Hilfe des Teufels zu bedienen, würde nicht sogar dessen Bosheit von so schwarzer Dunkelheit besiegt.« (*Nostromo*, 1904)

»Das Schiff glitt so ruhig dahin, daß seine Bewegung für die menschlichen Sinne nicht wahrnehmbar war, als wäre es ein überbevölkerter Planet, der jenseits unzähliger Sonnen die dunklen Räume des Äthers durchlief, in den entsetzlichen, stillen, einsamen Fernen, die auf den Lebensatem künftiger Schöpfungen warteten.« (*Lord Jim*, 1900).

»... noch nie, niemals war mir dieses Land, dieser Fluß, dieser Dschungel, ja sogar das lodernde Himmelsgewölbe so abgeschottet gegen das menschliche Denken, so erbarmungslos der Schwäche des Menschen gegenüber vorgekommen.« (*Herz der Finsternis*, 1899).

»Der Fluß, der Wald, das ganze große Land, das vor Leben bebte, war wie eine große Leere. Sogar der strahlende Sonnenschein enthüllte nichts Faßliches. Dinge tauchten vor ihren Augen auf und verschwanden in zusammenhangloser und zielloser Weise. Der Fluß schien von nirgendsher zu kommen und nirgendshin zu fließen. Er floß durch eine Leere.« (*Ein Vorposten des Fortschritts*, 1898).

1.) Immer sind es Momente von großer Pracht, Kälte oder untröstlicher Melancholie, in denen hinter einem Menschen oder hinter dem ihn repräsentierenden Gegenstand die Folie eines desinteressierten Universums erscheint, ohne jemals den geringsten Platz für einen Hauch Conradscher Ironie zu bieten. Gleichgültig, ohne die beruhigenden Schriftzeichen womöglich unveräußerlicher Ordnungen, entrollt sich der kosmische Hintergrund als strahlende Leere. Das Pathos der Indifferenz von All und das terrestrischer Großnatur nehmen sich nichts an inhumaner Fremde in solchen Augenblicken. Es sind die negativ romantischen Konfrontationen mit einer kahlen Unendlichkeit, denen keiner der bedeutenderen Protagonisten Joseph Conrads entkommt.

2.) Folglich kann seinen Helden nicht erspart bleiben, jenen gefährlichen Blick über die Wegmarken zu tun, über das Schutzgeländer weg in einen Abgrund, in dem die Haltegriffe der Gesellschaft, ihre Institutionen, ihre ganze Zivilisation mit Zahlen und Gewichten, mit Geboten und Riten, Konventionen und Tabus, Lob und Bestrafung, Idealen und Moral keinen Platz haben. Es ist die Welt jenseits von Gut und Böse, und egal, wie sehr sich jemand mit ihr einläßt, ohne Spuren bleibt der Schock über die Ungültigkeit sogenannter ewiger Werte zugunsten einer empfindungslosen Freiheit von jeglichem Maß, ohne jede Gemütlichkeit des Geistes und Herzens nie. Selbst die Leidenschaften und truglosen Gefühle erscheinen plötzlich als Vereinbarungen, als konventionelle Reaktionen auf bestimmte Anlässe gemäß einer Verabredung. Der naive Zusammenhang mit der menschlichen Gemeinschaft ist zerstört. Im Gegensatz zu Nietzsches Aphorismen der *Morgenröte* etwa, werden diese Infragestellungen aller tradierten moralischen Beschwichtigungen und die Entkoppelung bisher selbstverständlicher Beziehungen zwischen Gefühl und Ursache mit Schaudern, als irreparable Verwundung registriert.

II BÜCHER UND AUTOREN

Nur selten sind die Conradschen Protagonisten von vornherein so komplizierte Charaktere wie der geniale Kurtz *(Herz der Finsternis)*, dem der kongolesische Urwald ungeahnte Möglichkeiten in das von philanthropischen und anderen europäischen Illusionen aufgegebene Hirn flüstert und der, nachdem einmal der Schritt aus den Stadttoren der Alten Welt und dem Zivilisationskorsett vollzogen ist, entgleist, der leidend, aber vor allem mit Wollust, den Boden unter den Füßen verliert bzw. sich den eigenen Dämonien vorbehaltlos zur Verfügung stellt. Viel öfter sind es Einfältige, die je nach Charakter, aus der fürsorglichen Strenge gesellschaftlicher Satzungen entlassen – und nur die Art und Weise ihres Untergangs ist der Offenbarungseid ihrer Persönlichkeit –, tollwütig werden, wie etwa die beiden harmlosen Kleinbürger, die es in den Dschungel verschlagen hat, in *Ein Vorposten des Fortschritts* oder die mit heroischer und banger Tapferkeit ihre heikle Narbe zu verbergen suchen, wie *Lord Jim*.

Die Grenzüberschreitung, häufig erzwungen, selten erstrebt, in ein Niemandsland ohne gesellschaftlichen Schutz, bedeutet nicht nur Relativierung, sondern Zersetzung fundamentaler Prinzipien und erzeugt den Schrecken einer nicht zu widerrufenden Heimatlosigkeit, die den untadelig engstirnigen Kapitän und Richter Brierly aus *Lord Jim*, durch die schiere Beschäftigung mit Jim, dem »zwielichtigen«, dem »schattenhaften«, in den Selbstmord treibt. Ihn immerhin läßt der radikale, jedoch keineswegs furchtlose Skeptiker Conrad ganz ohne Mitgefühl sterben. Beziehungsweise kennzeichnet ihn durch seinen Freitod doch wenigstens als menschliches Wesen, dem das Gehäuse seiner Überzeugungen geraubt wurde und damit, wie sich herausstellt, in diesem Fall allerdings die komplette Substanz.

Der nach eigener Aussage »unvollkommene Philosoph« und »unvollkommene Ästhet« Conrad – stets voller Mitgefühl für alle leidenden Wesen und voller Unduldsamkeit gegenüber ihren prekären Oberflächen –, der sich ästhetisch wie philosophisch abgestoßen fühlt nicht nur vom »harten, absoluten Optimismus des Revolutionärs« (*Über mich selbst*, 1912), sondern von jeder Art Ideologie und Rechthaberei – und man darf wohl schon hier hinzufügen: Eindeutigkeit –, schickt aber auch zwei konträr zum Typus Brierly geartete Individuen in eine modifizierte Form der Selbsttötung. Nicht allzu entfernte Verwandte des Autors mit großer Wahrscheinlichkeit:

Heyst, der große Zauderer aus *Sieg* (1915), Sohn eines philosophischen Systemzertrümmerers und entsprechend infiziert, überzeugt von der Absurdität aller Glaubensartikel und des täuschenden Charakters der Leidenschaften, stürzt mit letzter Kraft, man müßte eigentlich sagen: mit dem letzten Rest gesunden Menschenverstands, seiner Geliebten nach, dem eigenen anstößigen Gefühlsschwanken entfliehend, zumindest in die Metapher der Passion, nämlich ins ganz konkrete Feuer, um dort mit ihrem toten Körper zu verbrennen. Nicht weniger trügerisch ist der Tod des lästerzüngigen »boulevardiers« Martín Decoud aus *Nostromo*, der, sozialistischen Ideen so wenig verhaftet wie anderen Illusionen, es sei denn »der höchsten Illusion des Liebenden«, sich wider besseres Wissen in eine revolutionäre Tat wirft und in ihr schauerlich, nämlich sogar von seiner Liebesidee verlassen, zugrundegeht. »Die Einsamkeit ergreift Besitz vom Gemüt und treibt das Denken ins Exil reinen Unglaubens«, und so wird er, ertrinkend, »verschlungen von der unermeßlichen Gleichgültigkeit der Dinge.«

II BÜCHER UND AUTOREN

3.) Conrad selbst, hier halb kongruent mit seinem Erzähler Marlow, wird nicht müde, als leitendes Trugbild fürs Überleben des so oder so sozialisierten und also sinnabhängigen Ichs in der Unverbindlichkeit des umgebenden Universums, sei es in London oder im malaiischen Archipel, sei es naiv oder reflektiert, die Treue (bei jeder Gelegenheit steif und fest: die Treue!) als sicherndes Tau im moralisch Diffusen ins Spiel zu bringen, allerdings mit einem irritierten, ja warnend phosphoreszierenden Ton. Jims einzige Rettungsboje ist das öffentliche Ansehen, die »Ehre«. Sein alter Vater, der Pastor, hat die Vorsehung und die fürs gesamte Erdenrund geltenden Tugenden in petto, alles das, was Karain in der gleichnamigen Erzählung (1897) als Zauber und Talisman, als die Amulette der Weißen erahnt, Liebesdevotionalien zum Beispiel: Nadelbriefchen, eine Zwirnrolle, Photographien. Nichts anderes, im Grunde, als das, was auch er, der Wilde, zur Geisterbeschwörung, Geisterbannung benötigt. Es sind jene Fixsterne in der Dunkelheit, die in der Schlußszene des um seine reale Liebe betrogenen *Pflanzers von Malata* (1913) vielleicht ihr einprägsamstes Inbild gefunden haben: Er schwimmt in aller Ruhe ins offene Meer hinaus, »die Augen auf einen Stern gerichtet«, der sich für seine Aufgabe, Luftschloß, leuchtende Utopie in der Nacht zu sein, vollständig gelöst hat von der Initialzündung Felicia Morson, jener prangenden, durch ihr taubes Inneres widerlegten, trügerischen Inkarnation der Leidenschaft.

Nebenbei: Es besteht, vielfach kolportiert, die allgemeine Abmachung, Conrad verstünde nichts von Frauen, seine weiblichen Porträts seien fast ausnahmslos schwach. Ob das eventuell der falsche Ansatzpunkt ist, ob es ihm vielleicht gar nicht auf differenzierte Psychologie angekommen ist, vielmehr, möchte ich zu bedenken geben, ausdrücklich auf demonstrierte Projektionen, eben Fixsterne, realitätsferne, aber hartgeschliffene Idole und funktionstüchtige Halluzinationen? Dem irrlichternd Ambivalenten muß er zudem nicht speziell bei den Frauen nachjagen, es liegt als verstohlen morbider Schein über seinem gesamten literarischen Reich. Man halte sich vor Augen, was Marlow in *Herz der Finsternis* sagt: »Sie – die Frauen, meine ich – haben damit nichts zu tun. Wir müssen ihnen helfen, in jener schönen eignen Welt zu bleiben, auf daß unsre nicht schlechter werde.« Ob den Frauen die Kostümierung paßt, steht auf einem anderen Blatt.

4.) Denn andererseits ist natürlich all das, was bei Conrad, dem nervösen Liebhaber der launischen See, wirklich über Anziehungskraft verfügt, umwölkt, fluoreszierend, mehrdeutig. Das gilt selbst für zwei anscheinend so weit auseinanderliegende Geschöpfe wie Kurtz und Jim. Besitzt Kurtz bei aller Verkommenheit eine unwiderstehliche, idealistische Gefühle weckende Eloquenz, so ist umgekehrt dem Goldglanz von Jim, eine »verteufelte Substanz« beigemengt, etwas rätselhaft Glimmendes, unerklärlich fesselnd und deshalb beunruhigend, eine suspekte, spaltzüngige Facette an diesem äußerlich so rechtschaffenen Jungen. Und speziell das aber wird, obwohl gefährlich, manchmal abstoßend, wider alle Vernunft gerade von denen gesucht, die selbst nicht über das gewisse Opalisieren verfügen, denn es ist das, was, sobald es um Personen geht, egal, welchen Geschlechts, zuverlässig erotisiert.

Erstens also die Indifferenz des Universums, zweitens der Blick in den Abgrund einer äußeren oder inneren Welt ohne Maßstäbe – bereits in Conrads erstem Roman *Almayers Wahn*, in neuer Übersetzung: *Almayers Luftschloß* (1895),

II BÜCHER UND AUTOREN

heißt es von der jungen Nina, sie »konnte beobachten, wie das enge Mäntelchen bürgerlicher Moralvorstellungen ... von ihr abfiel und sie fröstelnd und hilflos am Rande eines tiefen und unbekannten Abgrunds zurückließ« –, drittens die um so inständigere Installation von Fixpunkten – »Schon die Andeutung einer Bewegung wäre ein Schritt ins Nichts, würde bedeuten, daß er begraben würde unter dem krachend niederstürzenden All, dessen einzige Stütze er war«, so ahnt Almayer in einem Alptraum die unmittelbar bevorstehende Ankündigung vom Verlust seines einzigen Lebenssterns, der Tochter Nina, voraus – und schließlich viertens die Attraktion des Zweideutigen: Vier Grundkomponenten des Conradschen Werks.

Der enorme Rang, der seiner Novelle *Herz der Finsternis* in Popularität und Wertschätzung vor seinen anderen Werken häufig zugestanden wird, ist in diesem Kontext eigentlich überraschend. Ob Bekanntheit und Beliebtheit, vom süffig bedeutungsträchtigen, beinahe volkstümlich gewordenen Titel abgesehen, mit der einschmeichelnden Verquickung von Politik und Symbolik zusammenhängen? Jedenfalls, was die Conradschen Ingredienzien betrifft, ist die Erzählung eigentlich kein Sonderfall, und wenn man Adam Hochschilds aufrührenden, sehr detaillierten Bericht *Schatten über dem Kongo* (Stuttgart, 2000) gelesen hat, erscheint die Verwendung des zeitgeschichtlichen Hintergrunds – gnadenlose Elfenbein- und Kautschukausbeutung sowie Versklavung des sogenannten Kongo-Freistaats, mit der Folge einer als Völkermord zu klassifizierenden Dezimierung der Einheimischen durch Zwangsarbeit, und eine barbarische sogenannte Justiz, alles im Auftrag des unter der Maske des Philanthropen agierenden belgischen Königs Leopold II. und ein Spezialkapitel europäischer Kolonialpraktik – als, gelinde gesagt, unpolitisch. Ganz anders, nebenbei, die grandiose, aber viel weniger bekannte, zu spröde? zu umfangreiche? Fiktion *Nostromo*. Selbst die einleitenden Überlegungen Marlows in *Herz der Finsternis* zu Eroberungsexpeditionen früherer Jahrhunderte wirken ja eher phantastisch-träumerisch assoziiert als ernsthaft historisch.

Das Überwältigende und auch wohl Verführerische der Geschichte ist die Gestalt des Kurtz, verworfener, anziehender Inbegriff der Zweideutigkeit. Es hat gewiß, und nicht nur unter Befehl und Verantwortung Leopolds, bestialischere Männer als ihn gegeben. Sie sind vermutlich überdies jederzeit Begleiterscheinung jeder Art von Krieg. Das aber, was der durch und durch anständige Erzähler Marlow in der Finsternis des eigenen Herzens erkennt, ist die widerliche und betörende Möglichkeit einer Infiltration. Womit? Mit einer knochenerweichenden – es gibt ja, und ich halte es keineswegs für eine Stärke dieser Novelle, immer nur Andeutungen –, übermenschlichen Gesetzlosigkeit, Kontakt mit einem Bereich, der geräumt oder überhaupt unberührt ist von allen Maßstäben der Zivilisation, verkörpert im so inbrünstig gesuchten Kurtz. Marlow entdeckt den Ordnung auflösenden Sog der Ambivalenz, klassisch: Haßliebe. Um so energischer müssen schnell die alten, eisernen Hausgötter angerufen werden: Disziplin, Treue usw.

Die Eintrübungen des Zwielichtigen schlagen sich zunächst in einer atmosphärischen Benommenheit, als Fluidum nieder, das sich mit der Annäherung an Kurtz verdichtet: »Er war allein, und ich, vor ihm, wußte nicht, ob ich auf festem Boden stand oder in der Luft schwebte.« Verlust des Koordinatensystems, der den Einbruch einer anderen Welt, wechselseitiger, einander störender Beleuchtungen ankündigt, wie in anderen Geschichten Conrads die Augentäuschungen eines beginnenden Erblindens (*Das Ende vom Lied*, 1902), eines sich zur tödlichen Falle senkenden Betthimmels (*Das Gasthaus der Hexen*, 1912), einer scheinbar langsam kippenden Werkbank auf einem innen brennenden Schiff (*Jugend*, 1898). Gegen Schluß der Urwald-Novelle aber kommt es zu einem dramatisch dialogischen Auftritt zwischen Marlow und der ahnungslosen, in ersonnenen Idealwelten lebenden Braut des Kurtz in Brüssel, wo trotz aller Düsternis mit dem professionellen Vergnügen am Mißverständnis sowie der Prägnanz einer Shakespeareschen Komödie die Bedeutungen der Worte und Einzelwörter gefälscht werden. Das kulminiert, als der Beileidsbesucher und gierig nach den letzten Worten des Toten gefragte Augenzeuge Marlow anstelle des tatsächlich gesprochenen und später so viel zitierten »The horror! The horror!« in frommer Lüge behauptet, es sei der Name der Braut gewesen und damit die töricht Überglückliche für den Leser hinter ihrem Rücken zum »Grauen« ernennt.

Hierzu eine Fortsetzung und Paraphrase in der Wirklichkeit. Auf dem Seedeich von Oostende steht ohne sichtbare Erosionsmerkmale ein riesenhaftes Reiterstandbild von Leopold II. Zu seiner Rechten, aber noch weit unterhalb der Pferdehufe, jubeln Kongosklaven mit zerbrochenen Ketten über ihre Befreiung, nicht von Leopold, sondern, kaum zu glauben – durch ihn! Der zunächst empörte Betrachter beginnt sich nach einigem Nachdenken über soviel ungewollte bronzene Doppeldeutigkeit mehr als hundert Jahre nach *Herz der Finsternis* beinahe zu freuen.

Das Finale der Kongogeschichte aber nimmt teilweise eine Szene in *Lord Jim* vorweg, in der Jim Marlows Bemerkung über einen »Köter« irrtümlich auf sich bezieht und, laut ausgesprochen, eben dadurch seine Selbsteinschätzung, ein Hund zu sein, verrät. Nicht weniger sarkastisch agiert Conrad in *Der Geheimagent* (1907) mit dem Mittel der Ambiguität, wenn der Genosse Ossipon über den schwachsinnigen Stevie sagt, er sei »auf seine Art der perfekte Typus« und die blind liebende Schwester das zutiefst dankbar als Lobesworte begreift.

Obschon *Der Geheimagent* in mancherlei Hinsicht eine Ausnahme im Werk Conrads bildet, sind auch hier – fast – die erwähnten Bestandteile zu finden: das »kosmische Chaos«, symbolisch in Gestalt der Kreise, die Stevie zu zeichnen pflegt, sowie gleich zwei Personen, die jede konventionelle Moral überschreiten, Stevie durch ein uferloses Mitgefühl; der perfekte Anarchist durch dessen vollkommene Abwesenheit. Trotzdem existiert für ihn, den Bombenkonstrukteur, ein perverser Fixstern, an den er sich klammert, nämlich seine Idee einer Ausrottung der Menschheit. Nur, und das gerade macht das singulär Entsetzliche an ihm aus, er, der Übermensch in dürftiger Gestalt, besitzt kein Fleisch: Er ist jenseits jeglicher Ambivalenz, insofern der Tod selbst.

Man kann nur Vermutungen darüber anstellen, was bei Conrad zuerst da war, eine Vorliebe fürs Raffinement, für den unbestreitbar dekadenten Reiz des Zwiespältigen, aufgespürt im Leben wie in der Kunst, das er schließlich in der fundamentalsten Konfrontation, im Irisieren zwischen den neutralen Uferlosigkeiten des Universums und den behütenden, ehern geglaubten ethisch-moralischen Sitten der menschlichen Gemeinschaft wiederfand, wobei sich die Zweideutigkeit eben darin vollzieht und vollendet, daß eine endgültige Entscheidung zwischen den zwei einander ausschließenden Perspektiven niemals fällt. Oder ob jenes wuchtigste aller Exempel auch das initiierende war und sich erst dann, nachdem er einmal Blut geleckt hatte, für ihn in tausend banaleren, für den Weltbeobachter und Schriftsteller ergiebigeren Spiegeln brach und reflektieren ließ. Entscheidend ist am Ende, daß Conrad in seiner sehr konzeptuellen Konstruktion von Ambivalenz ein strikt existentielles Verlangen nach unveräußerlichen Tugenden mit Neigung und Zwang zu ihrem radikalen Bezweifeln in Einklang bringen konnte. Das eine am anderen sich wetzend, schärfend.

Vergleicht man die Afrika-Novelle mit der zu Unrecht kaum bekannten, und deshalb hier ausführlicher untersuchten, ursprünglich wohl recht erfolgreichen Erzählung *Ein Lächeln des Glücks* aus der Sammlung *Zwischen Land und See* von 1912, so stellt sich das mehr als zehn Jahre später geschriebene Werk als heller und rationaler, zynischer und als Präzisionsmeisterstück erster Klasse heraus, ohne deshalb auf eine teilweise betörende Sinnlichkeit zu verzichten. Es existieren darin nicht zwei nornische Strickerinnen wie in der älteren Novelle, aber es gibt immerhin eine, und die strickt wie rasend. Wenn man will, nicht weniger, aber diskreter symbolisch. Es wüten keine politisch merkantilen Mächte, aber es wirkt, sehr exemplarisch, private Händlerhabgier. Keine körperliche Bestialität großen Stils steht spektakulär im Hintergrund, dafür schiebt sich eine individuelle, gemüthaft-seelische Grausamkeit in den Vordergrund. In beiden Fällen erlebt man die kalkuliert verzögerte Annäherung an eine Art Legende, dort hieß sie Kurtz, hier heißt sie zur Hälfte Alice, die festgehalten im Herzen einer üppig wuchernden Natur und Finsternis sitzt. Die andere Hälfte hat sich schon auf Seite drei eingeschlichen, heißt Herr Jacobus, und die Gerüchte über und die diversen Perspektiven auf ihn werden nachgeliefert. Von ihm gibt es dann noch mal eine

Hälfte, den noch obskureren, aber offiziell respektablen Bruder. Überdies zeigt sich eine große physiologische Ähnlichkeit aller Familienmitglieder untereinander einschließlich eines unehelichen, nicht anerkannten Sohns dieses zweiten Jacobus. Berichtet wird durch den Mund eines Erzählers, leicht borniert, wie meist bei Conrad. Das gilt übrigens auch für den keineswegs stets souveränen Marlow und muß so sein, weil er, vom Reglement der bürgerlichen Gesellschaft wohl oder übel geprägt, derjenige ist, der durch den demoralisierenden Zauber des allen Zivilisationsvorschriften Entzogenen abgestoßen und angezogen werden soll.

»Fast durchsichtig, eine bloße Strahlung«, als »traumhaft schöne Vision« erscheint dem Ich-Erzähler, einem jungen Kapitän, aus der Ferne die Tropeninsel, wo er, in der Hoffnung auf hohe Frachtraten, eine Ladung Zucker übernehmen will. Damit ist das Generalthema auf der ersten Seite des Prologs bereits angestimmt, die perfide Verquickung nämlich von edler Utopie und Geschäftemacherei, anders gesagt: Was wird siegen, die Liebe oder die Kartoffeln? Das ist wörtlich zu nehmen und so ohne weiteres noch gar nichts Bedenkliches. Anrüchig daran ist, daß man es bald, wie die Protagonisten, nicht mehr recht auseinanderhalten kann, so schmiegt sich und schlingert das eine ums andere. Schlüpfrige Vermengung von Käuflichem und Nicht-Käuflichem, die sich bis zum korrupten Schluß und durch ihn immer enger ineinander drehen. Das »Grauen« moralischer Dekonstruktion wird nicht herausgeschrieen oder -gestöhnt, dafür um so konkreter verschwiegen.

Der Erzähler, kurzum, gerät über einige Verwechslungen und Vertauschungen in die Fänge des dubiosen Jacobus, eines wegen einer einmaligen unschicklichen Leidenschaft und ihrer Folgen, jener Alice eben, aus der heuchlerischen Inselgesellschaft ausgestoßenen Schiffslieferanten. In einem den Leser außerordentlich verunsichernden Hin und Her – was man natürlich gleichzeitig animiert zur Kenntnis nimmt – von Erwartung und prompter Täuschung, Hoffnung und auf dem Fuße folgender, grotesker Desillusionierung findet über allerlei auch amüsante Nebensächlichkeiten, deren geradezu mathematisch ausgeklügelte Funktion man bald zu ahnen beginnt, die Einführung in die merkwürdige Intrige statt, eine Introduktion, deren Haupteffekt der ist, den Boden, den sie bereitet, zugleich rutschig zu machen durch atmosphärische wie strukturelle Doppeldeutigkeiten. Ein geheimer Nebensinn liegt über allem, ohne nebulös zu sein. Man sieht dem Autor gebannt zu, während einem das Herz schlägt zu Gunsten der gezähmten Widerspenstigen, der von den beiden Männern für die erotische Erregung und das Feilschen um ein paar Tonnen Kartoffeln mißbrauchten Alice in ihrem Garten, bei den kühlen Schachzügen durch den Ich-Erzähler hindurch, der freilich etwas dümmer ist als der exakte Drahtzieher Conrad.

Und doch ist alles nicht so rechnerisch glatt mit den Parallelen und Gegensätzen, dem Duft des Mädchens und dem Gestank der Kartoffeln, mit der Gerissenheit des gesellschaftlich geächteten Händlers, diesem vom Leben bestraften, immer so schrecklich wehmütig dreinsehenden Vater, der nicht weiß, wie er seiner Tochter helfen kann, sie aber schamlos als Köder benutzt (für den Handel? Um einen Mann für sie zu gewinnen?), und dem beruflich ehrgeizigen, von der Aura des Mädchens, das aussieht, »als ob sie bei einem Feuerausbruch in wilder Hast gerade aus dem Bett gesprungen wäre«, berauschten, schließlich kommerziell übertölpelten, aber der Ehe immerhin entschlüpfenden Kapitän.

Niemand scheint ja am Ende ganz genau zu wissen, ob das Geschäft mit Jacobus, das den Kapitän zunächst zum Verlierer, dann zum finanziellen Gewinner macht, zustande kommt, weil die Leidenschaft für das Mädchen kurz vorher erloschen ist, oder ob Glut und Entzücken schwinden, als der Kapitän die aufgezwungene Schacherei akzeptiert. Was feststeht, ist seine ruckartige Erkaltung, und manches, wenn nicht letztlich alles, spricht dafür, daß sie in dem Moment eintritt, als das rätselhafte, widersprüchliche Zeichen aussendende Mädchen ganz gegenständlich wegen eines verlorenen blauen, hochhackigen Pantoffels hinkt, der zum unanständigen stillschweigenden Erpressungsobjekt zwischen den Männern wird. Eigentlich ein erotisches Bild, hier aber Signal, symbolische Geste ihrer endlich erfolgten Verwundung durch die Liebe. Fatal, sogar katastrophal! Damit ist sie für den durch ihre unbegreifliche (und eben deshalb von den üblichen Frauenstatuen verlockend abweichende) Vieldeutigkeit entflammten Verehrer eindeutig geworden. Sie reizt ihn nicht mehr auf, die schwelenden Farben des Gartens verdämmern zu Asche.

So schnöde amourös-lukullisch aber kommt er freilich nicht davon. Wie bei all den redlichen Gemütern, die jene Kränkung erfahren haben, die in der Einsicht besteht, daß ihre Fixsterne, ihre Visionen, kindlichen Ideale und Gefühle in keinerlei zuverlässigem Grund verankert sind, die also Kontakt aufgenommen haben mit dem Zweideutigen in sich selbst, mit dem Schillern und Schwanken bisher verborgener Möglichkeiten ihres eigenen Inneren, ist auch seine naive und jugendliche Sicht auf die Welt für immer vergiftet. Er bittet um seine Entlassung als Kapitän. Eine Selbstbestrafung, mit der er sich immerhin zurück in seinen Ehrenkodex rettet. Das Lächeln des Glücks, die Vision der Insel am Anfang entpuppt sich als maliziöse Gri-

II BÜCHER UND AUTOREN

masse, so wie für Marlow das von Kindheit an verheißungsvolle, ehemals noch unerforschte Gebiet des Kongo in einer schrecklichen Dunkelheit mit der allgemeinen Finsternis der Erde verschwimmt.

Bereits im viel früher erschienenen Großroman *Nostromo* schwanken alle Leit- und Nebenhelden samt Silbermine, Landschaft, Liebschaft zweideutig zwischen ihrer idealisierenden Legende und dem Einspruch der Realität. Auch die beinahe zum Programm erhobene Doppelzüngigkeit der Konstruktion von *Ein Lächeln des Glücks* schließt keineswegs eine sacht anzügliche, ja schwellende Atmosphäre aus. Conrad führt exemplarisch vor, wie Ambiguität und gewünschter Orientierungsverlust in Detail und Großstruktur durch Genauigkeit, nicht durch Vagheit und ein Aufgebot von Schauer- und Andeutungsvokabeln erzeugt werden. Im scheinbaren Paradox, nämlich im akkuraten Modell des wabernd Zwielichtigen, erwacht das »imaginierte Leben«, das aufgrund seiner mehr oder weniger dezenten, meist elegant verschleierten Künstlichkeit »verständlicher ist als die Wirklichkeit«, gemäß Conrads Forderung aus den im selben Jahr veröffentlichten Erinnerungen *Über mich selbst*. Pointiert zusammengefaßt heißt das:

Um die unendliche Vieldeutigkeit der Welt, des Realen, der Natur überhaupt darzustellen zu können, verkürzt und zwingt Joseph Conrad sie systematisch ins Muster der Zweideutigkeit.

Und nur, wie gesagt, wenn sie flackern, changieren, werden die Dinge für ihn ja überhaupt stimulierend, wenn sie mit einem Dunst oder Mondhof oder Nimbus versehen sind. Die auf den ersten und konventionellen Blick stabile Welt, so, wie jede bürgerliche Gesellschaft sie aus Sicherheitsgründen zu konservieren trachtet, bringt er durch wechselnde Beleuchtungen und Standpunkte, verunsichernde Hinweise, eingebaute Widersprüche in eine Schieflage, genauer: unser Denken über sie. Sie, die Wirklichkeit, kriegt ja dadurch nicht per Trick eine interessante Schminke. Es wird nur die Sicht auf sie, durch den Anschein hindurch, geschärft, ihr etwas stärker angenähert, wird realistischer, also aus den sie verunstaltenden Übereinkünften, d.h. aus der Statik der Monoperspektive befreit.

Realistischer für ein Weilchen schon, aber nie deckungsgleich mit der Welt. Immer bleibt die Vorlage – eine Selbstverständlichkeit – uneinholbar chaotisch und ungerührt allen Anstrengungen gegenüber, sie künstlerisch vollständig zu ergreifen. Und doch ist die Literatur wie jede Kunst der Versuch, »aus der Beschaffenheit der Dinge und den Geheimnissen des Lebens das Dauerhafte und Wesentliche herauszufinden, ihre *eine*, erhellende und überzeugende Eigenschaft – den Kern der Wahrheit selbst.«

Was war das? Ihre *eine* Wahrheit? So jedenfalls Conrad in seinem Vorwort zu *Der Nigger von der ›Narzissus‹*.

Keine sechs Jahre nach diesen kühnen Worten erschien unter dem im Englischen oszillierenden Titel *Romance*, der jetzt zum ersten Mal ins Deutsche übersetzte, deshalb hier eingehender erwähnte Abenteuerroman *Bezauberung* (Hamburg, Bremen, Friesland 2000), ein Gemeinschaftswerk von Conrad und Ford Madox Ford, der u.a. auch bei *Nostromo*, allerdings in viel bescheidenerem Maße, mitgewirkt hat. Die deutsche Ausgabe ist versehen mit einem fundierten, kritischen und über die Entstehungsgeschichte des »Wechselbalgs« wie auch über die jeweiligen Arbeitsanteile beider Autoren und ihre nicht nur für literarische Puristen teilweise haarsträubende Kollaboration informierenden Nachwort des Übersetzers Rainer G. Schmidt.

II BÜCHER UND AUTOREN

Angesiedelt ist die Piratengeschichte zwischen England und der Karibik, angeregt durch den authentischen Fall einer Entführungsgeschichte und, auf allerwenigstens triviale Weise, sehr spannend. Die partiell etwas ungeschlachte Romantik der Suche nach dem Abenteuer, so disparat das Puzzle der beiden Autoren sein mag, so auf Publikumserfolg schielend das Happy-End, ist über weite Strecken lasiert in den unverkennbaren Tönen Conradscher Melancholie, die sich angesichts der tröstlichen, aber unglaubwürdigen Paarvereinigung nach tausend Schrecken eher noch zu verstärken scheint. Es gibt eine Fülle poetischer Einfälle, geradezu ein Arsenal inspiriertester Bilder und Momente, um deretwillen schon die Lektüre lohnt, die nur leider oft nicht ausgeführt werden und ungenutzt im Strudel der Ereignisse untergehen. Ob sie gerade deshalb, als verschleuderte Juwelen, so im Gedächtnis haften?

Als Beispiel diene die glänzend unkommentiert bleibende Szene, wo Seraphina, die jugendliche, von Ford beigesteuerte Heldin, wenn der bereits von ihr faszinierte Ich-Erzähler noch kein Wort mit ihr gewechselt hat, mit aufgestützten Ellenbogen eine auf dem Tisch vor Angst erstarrte Eidechse fixiert, einen Begrüßungssatz flüstert und, während die anwesenden Männer höflich eine Todfeindschaft beginnen, das in seinem Schrecken reglose Tier berührt und, noch etwas später, aus Melonenkernen einen Ring um die im Lähmungsschock verharrende kleine Gefangene legt. Zwar ist Seraphina unter zarter Oberfläche erstaunlich widerstandsfähig, aber die Laszivität, ja der Hauch weiblicher Dämonie, der sich hier ohne den geringsten Lärm so vielversprechend andeutet, schimmert nie wieder auf. Insofern läßt gerade diese Ouvertüre die verheißungsvoll eingeführte Figur anschließend geradezu versanden.

Dann aber: »Die Erde glitt uns gleichsam unter dem Kiel weg und überließ es den Wassern der Bucht, uns zu tragen; sie waren so still wie die windlose Nacht. Mit diesem Boot abzustoßen war wie der Stapellauf in den freien Raum«, so setzt der vierte, fast ganz von Conrad allein verantwortete Teil des Romans ein, den eine von Feuerschein durchzuckte, nächtliche Szene auf dem Meer eröffnet, wo das Paar in einem undichten Boot, umlauert von seinen Jägern, im Schutz gewährenden und zugleich völlige Orientierungslosigkeit hervorrufenden Nebel zu flüchten versucht: »Dieses deutliche Bild wurde von einer dichten Feuer-Atmosphäre umfangen, in die wattiges, weißes Nebelgeflock wirbelnd stürzte – wie bei einem jähen Schneegestöber. Die Masse schloß sich wieder nach unten und verschüttete sogleich die hoch auflodernden Flammen ...«: Dem Übersetzer ist ohne Einschränkung zuzustimmen, wenn er diese lange Nebel- und die sich anschließende Höhlenszene als Höhepunkt und absolut ausreichende Begründung für die Übersetzung des hochinteressanten Bastards ansieht.

Die riskante Irrfahrt des im Unsichtbaren taumelnden Bootes, sein »Stapellauf in den freien Raum« (»Es war, als werde er in den Weltraum hinausgeschossen«, heißt es in *Nostromo* über eine ganz ähnliche Situation) bringt den Roman plötzlich in die atmosphärische Gesamttotale des psychisch-physischen Schwindels, die ganze Natur hilft mit und vergrößert die innerliche und äußere Verfassung der eben noch von Palastmauern kerkerartig, jetzt von Nebelwänden so zwiespältig umschlossenen Bootsinsassen zu einem elastischen Tableau. Abbild einer für sie in allem wankenden Welt. In der nächsten Wohnung der Verfolgten, wieder Schutz und Falle in eins, einer von flackernden Schattenrissen gezeichneten, in ihren Dimensionen wie

II BÜCHER UND AUTOREN

sich ständig wandelnden Höhle, erscheint die Ambivalenz, während man sie eben sozusagen riechen und betasten konnte, noch bedrohlicher, als abstrakte Konstruktionszeichnung. Beide Male hat man den Eindruck, daß die Liebe, einzige Konstante, die in diesem glücklich endenden Roman überdauern soll, einen Scheintod markiert, um das allseitige Infragestellen unbeschädigt durchzuhalten.

»Das Gefühl unserer Verwandtschaft ging daraus hervor wie ein neues Schrecknis«: Eine Verwandtschaft nicht der Liebenden oder Guten, sondern eine zwischen dem schwer geprüften Paar und ihrem abstoßenden Verfolger Manuel ist gemeint, der, gequält von unterschiedlichsten Empfindungen, zu denen auch noch die eines scheiternden Künstlers kommen, in der »monumentalen Gleichgültigkeit« einer Schlucht stirbt. Ein Extrembeispiel für die überall waltenden Aufweichungen und Anlösungen der bösen und edlen Figuren gegeneinander, mit denen sich Conrad für die selbst auferlegte Klischeehaftigkeit der Schmökerhandlung schadlos zu halten scheint. Der bewunderte und durchaus männliche Cousin Carlos aber schüttelt dem Ich-Erzähler John Kemp schon zu Anfang die Hand auf eine Weise, daß es ihn durchrieselt, »wie wenn es die Hand einer Frau wäre«. Als er geht, spürt er, wie sich »das Zauberlicht des Abenteuers aus meinem Leben entfernte«.

Dieses Zauberlicht ist nicht eins für das Agieren starrer Typen beim Chargieren innerhalb einer Räuberpistole, vielmehr dasjenige, das aus mindestens zwei Beleuchtungsquellen resultiert. Gerade »Bezauberung« demonstriert die allseits wirkende Janusköpfigkeit als das Abenteuerliche schlechthin, als das, was die immer absurdere Addition von Todesgefahren erst mit der Spannung des vorwärts lockenden Rätselhaften dynamisiert. Es ist dem Griff nach einem sich vorn und hinten entziehenden Horizont vergleichbar, wie es einmal über das romantisch Abenteuerliche – für den einen England, für den anderen die Tropen – heißt. Vom Hin und Her der Innensicht des Erzählers zu einer vorgestellten Außensicht reicht es und bis zum changierenden Vor und Zurück der erzählten Ereignisse. Patriotismus und Ideale, nichts bleibt flammend unbeschworen, nichts bleibt fest verankert ungeschoren.

Man erinnere sich noch einmal der zwiespältigen Bezauberung Marlows von der Legende Kurtz. Sie gründete in seiner sich grausenden Faszination für dessen riskantes Hinausgehen über die Claims bürgerlicher Konvention, ein Schritt, den Conrad selbst als junger Mann biografisch im Verlassen seiner polnischen Heimat vollzogen hat und der, im Spirituellen, den Künstler wesentlich konstituiert. In dem schon erwähnten Vorwort zu *Narzissus* gesteht Conrad die positive Variante dieses Vorstoßens über die Tradition hinaus, das furchtlose Forschen nach Wahrheit, auch dem Denker und dem Wissenschaftler zu, kommt aber zu der bemerkenswerten Äußerung, diese beiden letzten wendeten sich stets an unsere Leichtgläubigkeit, denn das Gelehrtenwissen sei ein unaufhörlich sich korrigierendes.

Die Früchte der künstlerischen Arbeit seien dagegen nicht eindeutig – und sehr viel beständiger. Den schwankenden Augenblick, die flimmernde Gestalt zu bannen, mit Farbe und Duft, Lächeln und Seufzer, das ist der Widerspruch, auf den Kunst zielt. Und hier erweist sich Ambivalenz nicht nur als Signum moderner Literatur, sie ist es, wenigstens unterschwellig, von Literatur schlechthin. Dieser der Zeit entrissene Moment stellt sich heraus als die plötzlich so bescheidene, groß annoncierte *eine* Wahrheit, scharf abgehoben von dem, was das Schicksal aller Menschen ist: die abgründig interesselose Dunkelheit dahinter. Da der Künstler das Wirkung steigernde, kontrastierende Schwarz totaler Negation immer mitsieht und nicht krampfhaft leugnet, wie es die Satzungen und tief verinnerlichten Normen der bürgerlichen – und jeder – Gesellschaft nach ihrer Weise tun, erscheint ihm die kurze Vision vor der »Rückkehr zu ewiger Ruhe« um so einzigartiger und von erstrebenswerter Magie. Das poetische Resultat ist kein Aphorismus, kein Begriff, keine Formel, sondern immer das unsere Anteilnahme weckende, zweideutige Fleisch, ist Figur gewordene Vieldeutigkeit, ist das »zarte Etwas, diese Luftspiegelung, dieser Zauber, der über einem abenteuerlichen Leben schwebt – der das Leben selber ist.« *(Bezauberung)*.

So erblickte Conrad, wie er in der Vorbemerkung zum Roman versichert, an einem Sommermorgen den inzwischen mehr als hundert Jahre lang vierundzwanzigjährigen »Lord« Jim: sonnengebräunt und schrecklich »romantisch« und nicht etwa als Idee, Konzept, Produkt eines dem Kopf des Autors entsprungenen Kalküls. Jim, schlichter Charakter, kein »perfekter Typus«, widersprüchlich – wie sein legendäres Gegenstück Nostromo, der, anders als der hinter seinem verlorenen guten Ruf herjagende Jim, von vornherein eifersüchtig über sein fabelhaftes Prestige wacht, beide aber fixiert auf das Glück eines unzweideutigen Renommees –, eine von der Umgebung abstechende, blütenweiß gekleidete Erscheinung (um die empfundene Ehrlosigkeit zu verstecken), aber »einer von uns«, im gereizten Blick an einen angreifenden Stier erinnernd (um die Hilflosigkeit seiner ganzen Existenz zu leugnen), aber geachtet, geliebt: Lord Jim, Conrads unvergleichliche Epiphanie der Ambiguität und ihr dauerhaftes Emblem.

Schützende Gebilde und verbotener Blick
Zu Joseph Conrads *Lord Jim*

»Sie müssen jede Empfindung, jeden Gedanken, jedes Bild aus sich herauspressen, unbarmherzig, ohne Einschränkung und ohne Reue; Sie müssen die dunkelsten Ecken Ihres Herzens, die entferntesten Winkel Ihres Gehirns durchsuchen ...« (J.C. an einen jungen Schriftsteller).

Der eine Protagonist des Romans ist, immer anwesend, ein unermeßlicher, vollkommen gleichmütiger Himmelsraum, der andere, meist hochgradig erregt und irdisch, Jim. Zunächst zu ihm.

Ein kleiner Irrtum bringt den noch nicht 24jährigen Ersten Offizier der »Patna« für einen Augenblick fast zum Weinen, und die Szene ist geeignet, auch dem Leser zwei, drei Tränen des Mitgefühls zu entlocken. Dabei geht es keineswegs um ein bewegendes Detail aus dem unmittelbar vorher verhandelten Skandal, der jenes Schiff betrifft, auf dem annähernd tausend orientalische Pilger befördert wurden und das, leckgeschlagen durch Karambolage mit Treibgut auf offener See, von den vier leitenden Europäern im Stich gelassen wurde. Eher um Beiläufiges.

Jim war unter den Vieren. Er allerdings steht als einziger, äußerlich seine Schande stoisch ertragend, vor dem Seegericht für sein ihm selbst unbegreifliches Verhalten gerade. Marlow, wie im 1899, ein Jahr vorher veröffentlichten *Herz der Finsternis* Hauptzähler der Geschichte, wird von Jim, dessen enorme Selbstbeherrschung oder an Debilität grenzende Ungerührtheit er während der Vernehmungen physiologisch studierte, aufgebracht angesprochen, beinahe angerempelt. Er braucht eine Weile, um zu begreifen, daß Jim die Bemerkung eines Bekannten über »diese elende Kanaille« auf sich bezogen hat. Der zu Unrecht Verdächtigte weist auf den gemeinten, völlig unmetaphorischen Hund. Ein dramatisches Erröten unterstreicht daraufhin die Demütigung des in seiner Selbsteinschätzung Bloßgestellten. Mit verzweifeltem Aufstöhnen rennt er davon.

Nach der Verurteilung, bei der ihm das Patent entzogen wird, am Ende einer nächtlichen Unterhaltung, kommt es zu einer peinlich-grotesken Gestikulation, weil Jim fälschlicherweise vermutet, Marlow verweigere ihm die Hand. Wieder flüchtet er, seine Selbstoffenbarung wider Willen bekräftigend.

Der Struktur nach wiederholt sich die Situation durch die Hälfte des Romans. Jim flieht vor der Offenlegung seines Ehrverlusts von einem Hafen zum nächsten, immer weiter nach Osten, in »romantischer« Übertreibung seiner Schmach. Die unpathetischere Gesellschaft, die ihn rechtmäßig und streng strafte, interessiert sich jedoch nur noch sporadisch und des Klatsches wegen für den dunklen Fleck seines Lebens. Prangend tragikomisch wird das deutlich in Bangkok, wo Jim, wie stets ostentativ weiß gekleidet, vor uns im Glanz allgemeiner Anerkennung erscheint, sein Geheimnis hütend, das doch im ganzen Hafen herum ist. Seine Ehre dauert so lange, bis er mit dem allgemeinen Wissen um seine Unehre konfrontiert wird. Wieder ist die Frist abgelaufen. Als er schließlich die Endstation Patusan erreicht, im Nordosten Borneos, gewinnt er auf triumphale Weise seine Selbstachtung zurück, genießt als »Tuan

Jim« (Lord Jim) Liebe und Verehrung der Bevölkerung. Beschleichen ihn Zweifel, genügt ein Blick ins Gesicht des erstbesten Mannes, und er ist aufgerichtet, aufgenommen in die Gemeinschaft der Menschen. Bis der Schwerverbrecher Brown instinktiv die verborgenen Tasten in ihm berührt, die Jim das Gefühl einer halunkischen Kumpanei mit dem Desperado geben, was katastrophale Folgen hat.

Ohne Jims Schicksal zu kennen, gelingt es Brown, seinen speziellen Mechanismus zu bedienen und sich dessen Schematik nutzbar zu machen. Bereits Marlow entdeckte, daß Jim etwas von einem Spielzeug hat, an dessen Hampelmannschnur er aus Versehen geraten ist, etwas Berechenbares, dessen System er nur noch nicht durchschaut. Und hieß es nicht schon anläßlich der Minimalaffäre mit dem verwechselten Hund wie zufällig, dieser habe plötzlich geschnappt, »mechanisch wie ein Automat, nach einer Fliege«? Glaubt man an Jims Ehre, kann er euphorisch leben, weiß man um sein Debakel, schwindet er ganz dahin. Alle Passagiere der »Patna« wurden gerettet, Jim, der Feigling, nicht. »Es ist gewiß, daß eine Meinung sehr viel gewinnt, sobald ich weiß, daß irgend jemand davon überzeugt ist, sie wahrhaft annimmt«, so lautet das von Novalis stammende Motto des Romans.

Ein Feigling? Dann aber ein tollkühner. Ideologe und Phantast der eigenen Ehre, rosig blond und Marionette. Ein Kind und ein Träumer, so genannt von sehr unterschiedlichen Leuten mit ambiguischem Zungenschlag. Im Gepäck hat er charakteristischerweise die biederen Ermahnungsworte des Pfarrervaters über unabdingbare Pflichten und Tugenden − und die Werke Shakespeares. »Einer von uns«, so Conrad in seinem Vorwort, so Marlow immer wieder, erwägend, beschwörend, anfragend. Erklärt das seine – auch sacht erotisch getönte – Anziehungskraft für beide, denen er, ohne Illustration einer Idee zu sein, bedeutungsvoll, symbolisch kraft Aura erscheint? *Nachgedacht* wird viel über den schattenhaft Umwölkten, im Kern vielleicht Unseriösen, *seziert* wird er durchaus nicht. Nichts ist Marlow heiliger als Jims Zwiespältigkeit. Das macht diese trotzige, hilflose, prahlerische Romanfigur, jenseits geläufiger Widersprüchlichkeit, einzigartig konturiert und zugleich instabil. Sobald sich in Patusan ein glückliches Leben abzeichnet, das Jims Doppelbödigkeit verharmlosen würde, verrückt Marlow ein wenig die Beleuchtung, und wir mißtrauen, wie gewünscht, der sogleich wieder lasziven Figur in ihrem strahlenden Weiß – spätestens seit Melvilles Wal keine unschuldige Farbe mehr – und der ihr möglichen Zukunft.

Jim ist in Einfalt verpackte Ambivalenz an sich. Nur das erklärt die Faszination, die er auf Autor und Erzähler ausübt. In der Abfolge seiner Romane hat Conrad ihn zwischen zwielichtige Helden, den diabolischen Kurtz aus *Herz der Finsternis* und den strauchelnden Prachtmenschen Nostromo plaziert: als den kindlichsten und daher, herzlos betrachtet, apartesten. Ihm den kurzen Prozeß zu machen durch Banalisieren oder Dämonisieren, hieße, ihn zu reduzieren auf bekannte psychologisch-philosophische Musterungen und abzuwehren: Keiner von uns! Es hieße, genau jene provozierende, stets austarierte Balance zu zerstören, der Conrads/Marlows Leidenschaft gilt. Denn geschrieben wurde *Lord Jim* zweifellos nicht um der Aufschlüsselung einer Persönlichkeit willen, eher um ein spezielles Exemplar zu schaffen, so wie die Natur ihre Geschöpfe hervorbringt, weder gut noch böse, aber wahr. Nur ist Jim weder Käfer noch Grashalm. Er ist unvollkommen und leidend, nervös schlingernd, an den Umrissen zitternd, aber als unnahbare Kreatur auch nicht zu enträtseln. Unter dem erforschbaren Apparat steckt etwas bleibend Enigmatisches, gemäß jener Einsicht, »daß die eigene Persönlichkeit nur eine lächerliche und sichtbare Maskerade von etwas hoffnungslos Unbekanntem ist.« (*Briefe* Bd. 1)

Der Schmetterlingssammler Stein sieht seine Gegenstände als »Inbild von etwas, das so vergänglich und unzerstörbar war wie dieses zarte, leblose Lamé«. Mit Abstrichen ist hier durchaus Jim gemeint. Conrads dezidiert perspektivische Erzählweise ist das Präzisionsinstrument, um die seemännisch-fachsprachliche Tatsachenwelt mit einem in objektiven Fakten nicht zur Ruhe kommenden Irisieren zu kontern. Nur Vieldeutigkeit nämlich verleihe den Dingen das Schimmern der Suggestion, und so stellt er seinen heroischen Versager Jim in einen Abenteuerroman, der eine Supermaschine des kalkuliert Vagen ist, in dem Ereignisse, lange bevor sie wirklich geschildert werden, im unsicheren Dämmerlicht ihrer Legenden auftauchen: besonders die Vorgänge auf der »Patna« und in Patusan als jeweils schicksalentscheidende Zwillingsherausforderungen an Jim, den Einzelnen und Europäer, einer ihm jeweils anvertrauten, nicht europäischen Menschenmenge gegenüber.

Die der Neuübersetzung angefügten Materialien zu den Vorlagen in der Realität bieten Anhaltspunkte dafür, wie der Autor sich die Tatbestände für das Uhrwerk seines Romans umschliff. Der widerwärtigsten (Kapitän der »Patna«) und der hochherzigsten Gestalt (der Sammler und Händler Stein), beide der Wirklichkeit in Teilen entnommen, verleiht er die deutsche, eine in diesem Umfeld exotische Nationalität, und rückt sie dadurch in deutliche Opposition und Nachbarschaft. Jim zwischen zwei extremen »Vaterfiguren«: Abschaum und Ideal. Ähnliche ambivalenzsteigernde Symmetrien und Polaritäten in der Haupthandlung: Durch Unterlassen eines Sprungs ins Boot zur Rettung Ertrinkender signalisiert der Schiffsjunge Jim zum ersten Mal seine Schwäche, vom Ruhm zu träumen, statt zu handeln. Durch einen Sprung ins Rettungsboot bekundet er, umgekehrt, auf der »Patna« sein Versagen. Mit einem Sprung erkämpft er sich in Patusan die Freiheit. Nach all den Fluchten legt er dort den Grundstein seines Ruhms mit einem riskanten Angriff. Was nun endgültig egalisiert zu sein scheint, steigert sich – ein wahrhaft grandioser Schachzug – im Gegenteil mit Aufnahme aller disparaten Motive zum Herzklopfen verursachenden Finale und zersetzt sich gleichzeitig in ein ratloses Hantieren von Jims Zuschauern, uns, mit jetzt untauglichen Begriffen: Ehre, Feigheit, Flucht, Standhaftigkeit, Hingabe, Selbstsucht. Jim flieht die Frau, die ihn liebt, der er Treue geschworen hat, um sich für eine nicht zufällige Täuschung im Charakter Browns hinrichten zu lassen. Oder hat, halb unbewußt, der Europäer zum Europäer gehalten? Analogie zum Geradestehen vor dem Seegericht, auch zum Davonstehlen von der »Patna«? Sein Tod ist Sieg und Niederlage, ununterscheidbar sind Tapferkeit und Verrat. Das eine spiegelt sich zweideutig im anderen. Es gibt für ihn keinen Weg aus der moralischen Klemme, selbst im Sterben nicht.

Beziehungsweise: nicht für uns. Er selbst akzeptiert, als ihn der Vater seines malaiischen Freundes erschießt, stürzend, die Kugel »stolz, unbewegt«. Wir aber, das gesellschaftliche Publikum, ahnen spätestens hier, was es mit Jim auf sich hat. Hinweise gab es von Anfang an. Als Jim auf der »Patna« von Glorie und Tugend träumt, ist die Wirklichkeit schneller. Das »Kind« wird von der Unerbittlichkeit menschlicher Regeln erschreckt. Es scheint in der mysteriösen Lücke zwischen Traum und Sprung, die auch der Roman nie aufhellt, eine grauenhafte Berührung mit dem zu geben, was jenseits der Abschottungen liegt, etwas Diffuses, Uferloses, ohne Grenzen, Maßstäbe, Gesetze, etwas, dessen Ansichtigwerden während der Gerichtsverhandlung – eine tödliche Kontamination mit jenem Quentchen »verteufelter Substanz« in Jim – den schneidigen, immer fraglos von sich und einer festgefügten Welt der Werte überzeugten Beisitzer Brierly in den Selbstmord treibt. Marlow identifiziert es als »Zweifel an der absoluten Macht einer festgeschriebenen Verhaltensmaßregel«. »Zweifel an der Allgewalt im ungeschriebenen Gesetz des menschlichen Anstands« übersetzte vorher Fritz Lorch. Gesetze, die vielleicht nur Konvention, sakrosankte Tradition, schutzgewährende Setzung sind, Palisadenzaun der menschlichen Gemeinschaft gegen ein Nichts, eine Leere und Gleichgültigkeit des Universums.

Jims Geliebte in Patusan bereitet Marlow beim Bericht vom barbarischen Tod ihrer Mutter ein ähnliches Entsetzen. Auch Marlow wirft kurz einen »verbotenen Blick« in ein Chaos, vor dem es rechtzeitig Zuflucht zu suchen gilt, und sei es in Worten, die »Teil dieser schützenden Gebilde aus Licht und Ordnung« sind, mit denen wir uns vor der Wüste jener anderen Welt ohne Wegmarken, ohne die Installation moralischer Vorschriften in Sicherheit bringen.

Moral, Ehrbegriffe, Grenzziehungen als Konstruktionen der Gesellschaft, »Maskeraden«, wie das vollkommen Zeremonielle tief in den Wäldern Borneos, mit denen sie normal, ohne deren Künstlichkeit zu bedenken, lebt. Man erinnere sich, unter diesem ganz anderen Aspekt, an den Novalis-Satz! Jim, kindlich und düster für sich allein existierend, bewegt sich in extremeren Gefilden. Seine Sonderstellung ist nicht Resultat eines Versagens, sondern das Versagen widerfuhr ihm, weil er ein unkontrollierter Träumer ist. Jims Lage ändert sich nicht, kann es nicht, weil er nicht abläßt von der Intensität seiner Verzückungen, die Normalwesen in sich beschwichtigen. Die von ihm befürchtete Verwandtschaft mit Brown ist die des Ausgestoßenen, der eine ist es im kriminellen, der andere im metaphysischen Sinn. Jim gefährdet, nichtsahnend, die Absprache der Gesellschaft, die er wegen seiner Schande flieht, in zweierlei Hinsicht: durch die Maßlosigkeit seiner Ideale und seinen Blick in den Abgrund. Das fahle Zwielicht jenseits scheinbar ewiger gesellschaftlicher Ordnungen, das alles in Zweifel zieht, wird von der Gemeinschaft verdrängt, treibt jedoch ihn dazu, sich in fanatische Ideen von Treue und Ehre um so wilder zu katapultieren, kopfüber ihnen nachzujagen. Es ist sein einziger Halt. Er ahnt, wie zerbrechlich er ist. Niemand begreift ihn besser als Stein, wenn er, nur an der Oberfläche frivol, die Pfefferhändler des 17. Jahrhunderts spöttisch bewundernd tragische Helden nennt, in denen die Passion für den Pfeffer wie eine Liebe loderte. Stringenz und Zauber der fixen Idee!

Der *Pflanzer von Malata*, der sich rettet, als er eben dies, seine Liebe, verloren hat, indem er ins Meer hinaus seinem »Stern« nachschwimmt, bis er ertrinken wird im Uferlosen, der philosophische Zweifler Heyst aus *Sieg*, der nicht aus Liebe, sondern, um seiner Skepsis ihr gegenüber zu entfliehen, zu seiner Geliebten ins Feuer springt, der Intellektuelle Decoud aus *Nostromo*, der sich ohne Überzeugung ins Abenteuer der Revolution stürzt: alle fliehen sie, wie Chaoten in die Ideologie, mit wild geschlossenen Augen wider besseres Wissen ins Eindeutige. Sie kennen das Grauen außerhalb der menschlichen Rettungsbojen –

und können doch nicht innerhalb ihrer leben. Für seine Bocksprünge sei die Erde zu klein, heißt es einmal von Jim.

Die Übersetzung von Klaus Hoffer ist sachlicher und filigraner als die frühere von Fritz Lorch. Allerdings leuchtet mir bei der älteren in ihrer hochgreifenden Melancholie noch immer sehr ein, wie die indifferente Schwermut riesiger Himmels- und Meereslandschaften, vor denen sich winzig die menschlichen Figuren zu behaupten suchen, in großen musikalischen Satzbögen gestaltet ist. Lord Jim, unmoralisch im Licht der Gesellschaft, ein Moralist vor dem gleichgültigen Gegenlicht kosmischer Hintergrundleere. Jim, »einer von uns« mehr denn je, in einem Roman, der im herrlichen Nuancenspiel des Melodramatischen und mit einem Raffinement kühl bis ans Herz die äußerst einsame und doch geheimnisvoll bleibende Position des Erdbewohners im desinteressierten Weltall ortet, und dieses »hoffnungslos unbekannte« Weltall außerhalb der tröstlichen Bannmeile konservativer Tugenden wiederum in der Brust des exemplarischen Protagonisten Jim, dessen Gefährlichkeit darin besteht, es dort erblickt zu haben.

Der Albatros regt seine Flügel
Herman Melvilles Roman *Mardi*

»Doch an diesem Morgen waren die beiden grauen Firmamente von Himmel und Luft anscheinend in eine unbestimmbare Ellipse zusammengestürzt. Und desgleichen schien die *Chamois* in der Luft wie im Meer zu treiben. Alles war in der Windstille ineinander verschmolzen.« Zwei Männer, der junge Ich-Erzähler und der alte Jarl, haben sich etwa sechzig Kilometer westlich der Galapagos-Inseln vom Mutterschiff gestohlen, um im offenen Walfangboot ohne Seekarten und Quadranten, ein riskantes Unternehmen, tausend Meilen quer über den Pazifik Richtung Polynesien zu segeln, in der Hoffnung, schließlich auf die Kingsmill-Inseln zu treffen.

Knapp tausend Seiten weiter, beim Showdown des Romans, geht die Fahrt dann in stürmischer Eile hoch zwischen die Sterne und Erzengel, tief in die Grotten der lasziven Königin Hautia und schießt – offenes Ende – in die Waagrechte eines finsteren Ozeans über alle Grenzen hinaus. Was liegt zwischen dem reiseabenteuerlichen Beginn und den strahlend-schaurigen Finalvisionen? Flut und Strom, Starre und Sturz, auch: Magazin der Bilder, Gedanken, Wörter bei Kalmen und schwerer See, die den Leser, je nachdem benommen oder begeistert oder beides zugleich, zurücklassen auf dem schwankend gewordenen Boden seiner fixen Tatsachen. Eine Jagd um den Globus herum, in die Menschheitsgeschichte und ins Innere des Ichs.

Um die Inhaltsangabe rasch zu erledigen: Nach konventionell spannenden Ereignissen auf See, herausragend dabei die Schilderung von Fischen, Meereslandschaft, Meeresleuchten, rettet der Ich-Erzähler die lilienweiße Yillah, die ihm als in frühester Jugend geahntes Seelenleitbild erscheint, vor ihrer rituellen Tötung. Er raubt sie ihrem priesterlichen Besitzer und ersticht ihn dabei. Von diesem Moment an wird er von drei Rächern verfolgt. Beim Landen auf der ersten Insel gibt er sich aus taktischen Gründen als Halbgott Taji aus und lernt dort den eingeborenen Halbgott und König Media kennen. Da Yillah ihm nach Tagen bewegungslosen Glücks spurlos entgleitet, macht er sich mit Media und einer programmatisch zusammengestellten Crew, dem Seneca zitierenden Philosophen Babbalanja, einem Chronisten und einem Poeten, auf die Suche nach der Geliebten. Die Besatzung garantiert unterschiedliche Perspektiven und Formenvielfalt.

Schauplatz ihres Forschens ist der gesamte, von weißen Riffs als Wall gegen die Unendlichkeit umgebene Archipel Mardi. Die von den Rächern gejagten Jäger Yillahs werden außerdem, als sporadischer Refrain an die kurzen Kapitel gehängt, von den per Blumensprache vorgebrachten Anträgen dreier Dienerinnen der Königin Hautia belästigt, die Taji lockend und drohend nachstellt. So viel zur Konstellation.

Schon mit dem Auftauchen Yillahs kündigt sich der Einbruch des Phantastisch-Spirituellen in den bis dahin dominierenden Faktenbericht an. Der Beginn der Suchexpedition bedeutet zusätzlich eine Verlagerung zum Philosophisch-Modellhaften.

Mardi ist die Welt. Jede angelaufene Insel zeigt eine besondere Landschaftsformation, eine ins Extrem getriebene, insofern auf Vorbilder wie Rabelais und Swift weisende Eigentümlichkeit ihrer Bewohner, eine radikale Staatsform oder religiöse Betätigung, teils gestützt auf polynesische Gebräuche und Legenden, größtenteils fiktiv. Besucht werden unter vielen anderen Dormira (England) und das junge Vivenza (Amerika), Diranda mit probaten Maßnahmen gegen Überbevölkerung, die stutzerhaften Taparier, die Insel Maramma, Reich kirchlicher Orthodoxie, und Serenia, Utopie christlicher Nächstenliebe, die alle Kameraden Tajis bis auf ihn selbst verändert.

Die Inseln sind bereits als gestaltgewordene Spekulation konstruiert und bieten darüber hinaus Zündstoff für Gespräche über Gott und Universum, Unterdrückung und Freiheit, Mensch, Seele, Gut und Böse, Mythologie und neue naturwissenschaftliche Erkenntnisse in lyrischer, allegorischer, philosophischer, vor allem satirischer Form bis zu akzentuiert irrsinnigen Verstiegenheiten. Man bewegt sich durch ein Stakkato von Fiktion, Historie, kaschierter aktueller Zeitgeschichte, Traum, Metaphysik. Daß dergleichen aus der Feder des noch nicht dreißigjährigen Autors nicht hundertprozentig gutgehen konnte, liegt auf der Hand. Dazu später. Was hier, in überwältigender Fülle, erstellt wird, ist ein riesenhaftes Weltgebäude voller Kammern, Waben, Höhlen, eine kosmologische Schau, die »Welt als Muster« einander widersprechender Systeme, aus unmittelbarer Nähe betrachtet – ein Wassertropfen, das Gesicht eines Leidenden – und zugleich wie durch ein Hochleistungsfernrohr, nach Bedarf scharf gestellt, aus großer Distanz.

In einem Brief an den Freund Nathaniel Hawthorne vom Juni 1851 schreibt Melville von seiner »unbarmherzigen Demokratie allem und jedem gegenüber«. Die angemaßte, exklusive Göttlichkeit Tajis verflüchtigt sich schnell zugunsten der Einsicht, daß Mardi voller Götter ist. Die Göttlichkeit, begreift er, erstreckt sich auf alle Wesen, einschließlich der Tiere. Alle haben ein Recht auf Ewigkeit, alle auf Souveränität. Welche Modifikationen das in der politischen Realität haben müßte, wird beharrlich an immer neuen insularen Herrschern diskutiert. Ein vollkommenes Modell begegnet ihnen nicht. Selbst die Utopie Serenia kann zumindest Taji keine Heimat bieten, da sie seinem unbändigen Streben, der Jagd nach einem Phantom, als Grundprinzip seines Wesens, und nichts anderes ist die verlorene Yillah, nicht genügt.

Eins der am meisten im Roman benutzten Adjektive ist das Wort »blind«. Jeder andere Mensch steht uns, den Blinden, fremd, »im Tierfell«, als Eingeborener gegenüber, versiegelt in seiner eigenen Wahrheit. Die überindividuelle Wahrheitssucherin Philosophie aber ist selbst Dichtung. Media: »Theologie oder gelber Amber oder graues Ambra, es ist alles das gleiche.« Und der Teufel Azzageddi, der aus Babbalanja spricht, wenn der seine Weisheiten satt hat, psalmodiert: »Gockel-Gackel, fackel-fö, fuchtel-fochtel-forum«, oder er doziert: »Es gibt verschiedene Arten vollkommener Dizibilien: Interrogative, Perkontative, Adjurative ... und zu guter Letzt Dubiose.« Dichtung oder Plunder.

Solche Relativierungen plazieren die Exkurse »demokratisch« nebeneinander. Das heißt: Den menschlichen Wesen ist kein wirklich überzeugender Ganzheitsblick auf die Welt möglich, schon gar kein undialektischer. Die Philosophie ragt nicht als objektivere, höhere Erkenntnisweise aus der Literatur in erleuchtetere Höhen, sondern wird, als Fiktion unter Fiktionen, in sie hereingenommen. Andererseits und ebenso wichtig: Melvilles gewiß von seiner Montaigne-Lektüre beeinflußte Skepsis bedeutet nicht Beliebigkeit eines ziellosen Jonglierens mit Spielformen aus dem Fundus der Kultur, vielmehr etwas Drittes und Zukunftsträchtiges, nämlich inbrünstige Toleranz, die durch Tajis leidenschaftliches Vorwärtsjagen die Suchrichtung auf einen imaginär bleibenden »goldenen Hafen« hin erhält.

Der teilweise erdrückende Aufwand an Bildungsstoff und die Masse an Systemen, die ein einziges Prinzip absolut setzen, resultieren also nicht aus einem Bemühen, darunter endgültige Wahrheiten zu finden. Im Gegenteil, bei aller Faszination von derlei Architekturen und prunkenden Aufbauten soll deren Nichtigkeit als einzelne, isolierte demonstriert werden, Entlarvung der fatalen menschlichen Schwäche, »universelle Anwendbarkeit eines vorübergehenden Gefühls oder Gedankens« (Melville an Hawthorne) zu postulieren. Babbalanja ahnt: »Dann schaut Mardi, obwohl es in manchen Dingen blind ist, als Ganzes die Wunder, die ein Augenpaar nicht sieht.«

Und das individuelle Ich, Eigentümer dieses jeweils eigenen Augenpaares? Noch auf dem Pazifik treibend, lernen der spätere Taji und Jarl den Eingeborenen Samoa, auf einem Wrack versteckt, kennen. Er hat sich nach einem Kampf den Unterarm amputieren müssen. Unfähig, ein Stück von sich im Meer zu bestatten, es aber auch in der Nähe fürchtend, hängt er den Arm eingewickelt hoch an den Mast. Das anschließende Mutmaßen des Erzählers, wer nun eigentlich Samoa sei, der oben?, der unten?, ist roh gezimmert wie das Exempel, das jedoch nur den Prolog darstellt zu den Empfindungen und Halluzinationen Babbalanjas vom parzellierten und doch alles umfassenden Ich. Der Philosoph spürt sich bevölkert von tausend Seelen, hat dunkle Kammern, in denen ein anderer haust, sein unberechenbarer Untermieter und Dämon Azzageddi. Er ist eine bemannte Fregatte, ein Orchester unzähliger Stimmen, Landschaften, Kulturen und fühlt sich durchlässig, durchweht von den Gedanken der Wesen anderer Sterne. Mardi, die Welt, ist gleichermaßen sein Ich! Er fährt es Insel um Insel ab, ein vieläugiges Ich, durch anteilnehmendes Wissen mit dem gesamten Globus vernetzt, ohne daß es ihm als zuverlässiges Bewußtsein von einem kompakten Ich greifbar wäre. Die aufgelöste Identität kennt nur eine Gewißheit, daß »mich etwas wie ein prickelndes Gefühl überläuft, das Leben genannt wird«. Nein, es läßt sich nicht leugnen, wir haben es in solchen Passagen, und nicht nur dort, mit einem modernen Roman zu tun, vor 150 Jahren geschrieben.

Ein derart vielgefältetes Ich kann nur ein dem Guten und simultan dem Bösen zugeneigtes sein. Wie Mardi, der Text und die Moderne steht es unter dem Gesetz der Ambivalenz. Die Windstillen sind ein Bild des Friedens, das Verzweiflung erzeugt. Das angenehme Leben auf der Insel des noblen Media basiert auf der Arbeit heimlich Geschundener. Das sich spreizende Wissen der kultivierten Schiffsbesatzung wird durch den oft erwähnten Defekt ihrer »Blindheit« korrigiert. Babbalanjas Entrückung in die Ewigkeit der Sterne macht ihn zum Melancholiker, da es dort neben Liebe immer auch Leid gibt, weil jene ohne dieses nirgendwo denkbar sei. Auf der Insel Flozella scheinen die wollüstige Hautia und die engelhafte Yillah miteinander zu verschwimmen. So nähern sich beide dem sagenhaften Wal Moby Dick, der dann zum Inbild der Zweideutigkeit werden wird, dem Höhepunkt gefährlicher Betörungsmacht. Yillah teilt mit ihm von vornherein die albinohafte, uneindeutige Farbe. Der letzte Satz des monumentalen Buchs zeigt noch einmal sein Wappen, die Ambivalenz: Die drei Rächer hetzen den das Phantom Yillah verfolgenden Taji aus den Resten der Eindeutigkeit in die sehr zwielichtige Freiheit ozeanischer Leere.

Melville bietet mit diesem Schluß in kühner Strukturierung der Stoffmassen eine Parallele zum Sprung aus der realistischen Welt des Reiseromans ins mardianisch Fiktionale. Sein Held verwirft die Hervorbringungen Mardis und vollzieht als weitere »Transzendenz« den Sturz ins Chaos, nur gehalten von der zur Not metaphysischen Klammer der Erinnyen hinter ihm und einer fragwürdigen Vision vor ihm. Was der Autor auf den ersten Seiten als handfestes Abenteuer anspielte, die Flucht per Diebstahl eines Bootes vom Mutterschiff auf eine vom Hörensagen bekannte Inselbarriere zu, radikalisiert er im Schlußsatz zur ebenso pathetischen wie knappen Bildformel der »condition humaine«, wohl eher des zwanzigsten als noch des neunzehnten Jahrhunderts.

Er ziele auf vieles und erreiche nichts: Die Reaktion der Kritiker und Leser war vernichtend, im besten Fall, von wenigen Ausnahmen abgesehen, ratlos. Der Autor des 1849 erschienenen Werks, das jetzt in deutscher Erstübertragung vorliegt (Verlag und Übersetzer sei Lob und Dank!), hat das schon bei der Niederschrift erwogen. Mit den Worten Lombardos, Mardis großem Dichter, sagt er: »Wer wird mich lesen? Bei tausend Seiten ...« Und an die Kritiker gerichtet: »Sie verehren einen mittelmäßigen Autor von früher, nur weil er alt ist, und verspotten den lebenden Propheten.«

Für den jungen, mit zwei Abenteuerromanen, *Typee* (1846) und *Omoo* (1847), rasch bekannt gewordenen Schriftsteller kam es dann im wirklichen Leben aber schlimmer als befürchtet. *Mardi* leitete eine Kette von

Mißerfolgen ein. Das zwei Jahre später erschienene Meisterwerk *Moby Dick* begegnete Unverständnis und Hohn, die folgenden Arbeiten nur noch Gleichgültigkeit. Als er starb, war er vergessen. 1883 besuchte der Sohn Nathaniel Hawthornes den Dichter, der gezwungen war, in New York als Zollinspektor zu arbeiten. Hawthorne traf einen erloschenen Mann, den Mann, der sich einst »ein Herz groß wie Asien« wünschte und das des Lesers noch heute weitet.

Melville verstieß mit *Mardi* offenbar in unverzeihlicher Weise gegen eine von ihm erwartete literarische correctness, die lautete: Schreib, wie wir es von dir kennen, und bleib gefälligst bei deinem Leisten! – Nur war Melville eben kein Schuster und auch kein ehemaliger Seemann, dessen Kapazität sich mit spannenden autobiographischen Reiseromanen und schönen Naturschilderungen erschöpfte. In seinem dritten Roman wollte er erstmals von den Fakten zur Fiktion, zur Erweiterung durch poetische Imagination vordringen. Diese Fähigkeit wurde ihm schlichtweg abgesprochen. Man ließ den »Propheten« durchfallen, lebenslang. Melville hat vorbeugend durch seine Gestalt Lombardo auf das Episodenhafte, Inkohärente des Werks hingewiesen und es mit dem Archipel Mardi verglichen. Man muß die Entschuldigung des Autors nicht annehmen, sollte jedoch bedenken, daß er wortwörtlich beabsichtigte, einen Roman mit formal wie inhaltlich erdähnlicher, also auch schroffer Tektonik zu schreiben. Traktathafte Dürre und illustrative Exotik wechseln ab mit filigranster, glühender Originalpoesie. Manchmal möchte man, wenn es zugeht, als hätte man einen allzu blumenallegorischen Jean Paul vor sich, unverblümt mit E. T. A. Hoffmanns Registrator Heerbrand unterbrechen: »Erlauben Sie, das ist orientalischer Schwulst.«

Meist jedoch läßt Melville eine seiner Figuren schon den spöttischen Kommentar liefern.

Mußte denn diesem Übergangswerk, mit dem das Genie Melville die Fesseln des Konventionellen, Nicht-Eigenen sprengt, um zwischen den Trümmern – ein erregendes Schauspiel – seine Schwingen unübersehbar zu entfalten, nicht notwendig, ja als Ausweis für die zu erwartende Spannweite seiner Flügel Homogenität fehlen? Während des Schreibprozesses, zunächst noch in kleineren Dimensionen planend, fühlte sich Melville ergriffen von einer anderen Bestimmung, der er als Sprachrohr, wie in Trance, ohne Rücksicht – aber das keineswegs ahnungslos – auf Karriere, gegen Zeitgeist, Verleger, Literaturkritik dient. *Mardi* ist partienweise die »hingekritzelte Abschrift« einer inneren Stimme, deren Diktat er schlafwandelnd folgt. Von surrealistischer »écriture automatique« freilich unterscheiden sich diese Momente, die sich aus den Real-Fiktionen zur Verzückung hochschrauben, schon durch die deutliche Ausrichtung auf die ehrgeizigen Konstruktionslinien des Gesamtgebäudes. Die Modernität ist dabei nicht beabsichtigter Avantgardismus. Sie ergibt sich konsequent aus der Hingabe an jene »Stimme«.

Im Kapitel »Das Weiß des Wals« aus *Moby Dick* schildert Melville seine erste, fassungslose Begegnung mit dem Albatros, dem weißen Vogel, der dem fast gleichaltrigen Baudelaire zum Symbol des Dichters wurde, der, auf Deck, unter Menschen, lächerlich plump, in der Luft königlich brilliert. *Mardi* ist noch nicht *Moby-Dick*. Aber es ist, den Höhenflug probend, die mitreißende und bewegende »Reise dorthin«.

Vier Deutungsversuche

FRIEDRICH RÜCKERT:
AMARA, BITTRE

Amara, bittre, was du tust, ist bitter,
Wie du die Füße rührst, die Arme lenkest,
Wie du die Augen hebst, wie du sie senkest,
Die Lippen auftust oder zu, ist's bitter.

Ein jeder Gruß ist, den du schenkest, bitter,
Bitter ein jeder Kuß, den du nicht schenkest,
Bitter ist, was du sprichst und was du denkest,
Und was du hast, und was du bist, ist bitter.

Voraus kommt eine Bitterkeit gegangen,
Zwo Bitterkeiten gehn dir zu den Seiten,
Und eine folgt den Spuren deiner Füße.

O du mit Bitterkeiten rings umfangen,
Wer dächte, daß mit all den Bitterkeiten
Du doch mir bist im innern Kern so süße.

Einer der Vorteile von Gedichtanthologien ist der, daß man ganz unerwartete Entdeckungen machen kann. Als ich eines Tages auf dieses Rückertsche Sonett stieß, war ich sofort von der ersten Zeile: »Amara, bittre, was du tust, ist bitter« amüsiert und in Bann gezogen, von diesem Schweben zwischen Vorwurf und zärtlichem Spott. Eine fintenreiche Werbung und eigentlich schon mehr als das, wie sich bald herausstellt. Zweifellos versteht der Verfasser etwas von den Frauen und von der Liebe. Außerdem belustigte mich natürlich die männliche, leicht überhebliche Siegesgewißheit.

In der letzten Strophe scheint der Herr Galan, allen Bitterkeiten Amaras Paroli bietend, glücklich aufzulachen – und man lacht ja mit angesichts seiner Schlitzohrigkeit: Das Kompliment zu Amaras süßem Kern ist schließlich nichts anderes als ein wohlvorbereiteter und doch überrumpelnder, schneller, ins Zentrum gehender Florettstoß, durch alle Sprödigkeit hindurch in Amaras erfolglos gepanzertes Herz. Er wird, im scheinheiligen Klagen über das abweisende Wesen des Mädchens so raffiniert eingeleitet, daß plötzlich der gesamte Aufwand an Bitterkeiten zu einer Verstellung Amaras und die sorgfältige Bitternisumhüllung, dieses Umzingeln jeder Geste, jedes Körperteils der Geliebten durch den Dichter zu einem doppeldeutigen Einwickeln wird. Er umkreist sie mit seinen Wiederholungen, als wäre es das Schutzengellied aus Humperdincks *Hänsel und Gretel*, von Kopf bis Fuß und an den Seiten, um dann, noch einmal zum theatralisch gespielten Jammerruf: »O du mit Bitterkeiten rings umfangen« auszuholen zur Entlarvung, Demaskierung oder, noch ein wenig erotischer gesagt – so, wie es ja auch gemeint ist –, zur Entkleidung Amaras auf einen Streich. Fort mit den Wächterengeln! Er reißt *ihr* die Hüllen weg, indem er *seine* Liebe gesteht. Der Umweg war die direttissima!

Das Gedicht entstammt dem *Amaryllis-Zyklus* mit dem Untertitel: *Ein Sommer auf dem Lande* und steht dort an sechster Stelle von insgesamt 15 Sonetten, alle an jene Amara gerichtet. Sie schildern den Verlauf einer Liebesgeschichte, vom Bitteren zum Süßen schreitend und vom Süßen wieder zurück zum Bitteren, wobei freilich die Bitternis am Anfang einer Liebe, anders als die am Ende, eine hoffnungsvolle ist: die normale Entwicklung einer Sommeraffäre. Aber *hier* durchzieht und durchzuckt ein- und dieselbe Spannung alle 15 Sonette als Grundatmosphäre. In jedem von ihnen stehen sich die entsprechenden Gegensatzpaare feindlich gegenüber. Ein wahrer Liebeskampf. Etwa Beleidigung und Schmeichelei im ersten, oder Drohung und Versprechen, Spott und Qual, Eis und Glut und im letzten: Todeszeichen und Rausch.

Auch das ist bei diesem Sujet vielleicht nicht allzu auffällig. Liest man jedoch, mit Sinnen, die der Kontext geschärft hat, die eben gehörte vorletzte Zeile noch einmal, bemerkt man: Es heißt da nicht »*trotz* all der Bitterkeiten«, sondern »*mit*«. Mit den Bitterkeiten! Und hier steckt der Teufel dieser Liebe. Amara, an der er nicht die Schönheit liebt, die sie auch gar nicht besitzt, wie es im Zyklus einmal heißt, sondern den »starren Sinn«, hat nur *mit* ihrer herben Verpackung den aufstachelnden Reiz für ihren Verehrer. Der also nicht allein ein Porträt der Geliebten, vielmehr und wohl vor allem eins *seiner* erotisch-sexuellen Neigung, seines speziellen Geschmacks zeichnet. Oder vielleicht, unter dem Lächeln der Schlußstrophe, sogar eins, und zwar ein bang melancholisches, der erotischen Liebe überhaupt, die nämlich in der Erfüllung, obschon nach ihr strebend, ihr Irisieren, ihr Flackern einbüßen muß.

Süße Umhüllung, *bitterer* Kern?

II BÜCHER UND AUTOREN

Franz Grillparzer:
Der Halbmond glänzet am Himmel

Der Halbmond glänzet am Himmel,
Und es ist neblicht und kalt.
Gegrüßt sei du Halber dort oben,
Wie du, bin ich einer, der halb.

Halb gut, halb übel geboren,
Und dürftig in beider Gestalt,
Mein Gutes ohne Würde,
Das Böse ohne Gewalt.

Halb schmeckt' ich die Freuden des Lebens,
Nichts ganz als meine Reu';
Die ersten Bissen genossen,
Schien alles mir einerlei.

Halb gab ich mich hin den Musen,
Und sie erhörten mich halb;
Hart auf der Hälfte des Lebens
Entflohn sie und ließen mich alt.

Und also sitz ich verdrossen,
Doch läßt die Zersplitterung nach;
Die leere Hälfte der Seele
Verdrängt die noch volle gemach.

Als stimmungsvoller Begleiter der Nacht, der Liebenden und Einsamen war der Mond bei Dichtern wohl seit jeher beliebt. Bei mir auch. Willig brachten sie seiner sensationellen Gestalt als Vollmond mit und ohne Wolken und seiner kühnen Ornamentik als scharfe Sichel ihre Ovationen dar. Die akkurate Mitte im Formenwandel des launischen Himmelskörpers haben sie eher gemieden, diese merkwürdig undynamische, steife halbe Scheibe oder Halbkugel, die weder Höhepunkt, noch auf Anhieb Anfang oder Ende signalisiert. Es ist die etwas unglückselige Figur einer Waage, deren eine Schale unsichtbar bleibt, also nicht ins Gewicht fällt. Selbst im berühmten: »Der Mond ist aufgegangen« des Hermann Claudius ist, nach meinem Empfinden, der Erdtrabant nur in der dritten Strophe belehrungshalber ein halber, ansonsten der typische gute runde Mond.

Grillparzer, der seinen Namen stets haßte, man kann's verstehen, erkennt dagegen in der Naturerscheinung des Halben seinen Bruder im Geiste. Der Gruß, den er zum »Halben dort oben« hochschickt, ist deshalb auch kein schwärmerischer, vielmehr ein aus Sympathie und Verachtung gemischter kumpelhafter.

Das Halbe als Prinzip eines ganzen Lebens, ein Beamtenleben als k.u.k. Archiv- und Hofrath unter Metternichs Konservatismus. Halb, so schildert er sich in der wahrlich Grillparzerschen Mondnacht, als Mensch, Mann und Künstler. »In mir bleiben zwei völlig abgesonderte Wesen«, sagte er von sich selbst, »ein Dichter von der übergreifendsten, ja sich überstürzendsten Phantasie und ein Verstandesmensch der kältesten und zähesten Art.« Hier nun, vor dem Bild des Halbmonds, hat er den Schlüssel, die Formel, nach der er in den drei Binnenstrophen mit schon beinahe schadenfroh wirkender, begeisterter Selbststrenge sein Leben mathematisch strukturieren kann. Eine halbherzige Existenz, die sich nie zu einem Extrem, zu einem Ja oder Nein steigerte, und nur das wäre die Moral gewesen, die er wirklich von sich verlangt hätte:

irgend etwas einmal voll und ganz zu sein, egal ob im Guten oder Bösen.

Dann aber nutzt Grillparzer unter der scheinbaren Statik des Halbmonds dessen geheime Dramatik. Der befindet sich ja stets zwischen zwei Möglichkeiten, der des Zunehmens und der des Abnehmens auf ein Extrem hin, hin auf die Perfektion der Fülle oder des Nichts. In einer sarkastischen Wendung entscheidet sich der Dichter für den abnehmenden, den alternden Mond. Die »Verdrossenheit« bewegt sich in der fünften Strophe endlich einer lichtfernen Vollkommenheit entgegen, derjenigen der Leere. Ende der »Zersplitterung«, ergo Ende der Betrübnis!

Gemäß dem Halbierungsprinzip reimt sich in seinem Gedicht nur jeweils die zweite mit der vierten Zeile, und auch das nur in zwei Strophen präzise, in dreien unsauber, nämlich assonantisch: kalt-halb, Reue-Einerlei, halb-alt. Konsequente Halbherzigkeit also auch des Reims. Die bilanzierende Schlußstrophe aber hält für das »nach« als letztes Wort des ganzen Gedichts das zunächst ja sehr gemütliche »gemach« bereit: »Die leere Hälfte der Seele / Verdrängt die noch volle gemach.« Ein so behagliches Adjektiv für den deprimierenden Prozeß, den er sich selbst macht, dermaßen zynisch tröstend zu setzen, ist allerschwärzester Humor, auf dem, wie sich erweist, alles Vorangegangene fußt. Nein, identifizieren kann ich mich an keiner Stelle mit Grillparzers Kummer, aber sein Gedicht lieben wegen des Kunststücks, im letzten Moment mit einem genau gewählten Wort die Schwere leichtfüßig zu machen, was das Poem zu seiner widersprüchlichen, sowohl finsteren wie glänzenden Vollendung bringt.

Des Knaben Wunderhorn: Ein neues Pilgerlied
Aus den Siebziger Jahren, mitgetheilt
von H. F. Schlosser.

An welcher Zelle kniet nun
Mein süsser Pilgerknab,
Ach wo! ach wo! in welchen Sand
Drückt er den Dornen Stab?

Wo drückt sein rother Mund ein Kuß,
Aufs heilige Gewand,
Und welchen Bruder grüsset er
Mit seiner frommen Hand.

Ihr Engel singt ihm alle gar
Wo er im Schlummer ruht,
Den Rosenkranz in seiner Hand,
Die Muscheln auf dem Hut.

Ach süßes Aug, so fromm und rein,
So schwarz als Holderbeer!
Ach dürft ich seine Schwester sein,
So heilig sein wie Er!

Fremd ist die Welt mir weit und breit,
Irr ich ohn Rast und Ruh,
Klein ist die Welt, und mein und mein,
Wenn ich Ihn finden thu.

Die Aussicht auf den Vortrag eines Pilgerlieds, liebe Hörerinnen und Hörer, mag nicht gerade verlockend sein, aber ich verspreche Ihnen, das hier gelesene aus der Sammlung *Des Knaben Wunderhorn*, als *Neues Pilgerlied* von den beiden dort vorausgeschickten, älteren, recht langen und frommen abgesetzt, ist nicht nur jünger als diese. Es fällt auch angenehm knapp und weltlich aus.

»Süßer Pilgerknab«? Verträgt sich eine solche Anrede mit Konvention und Kodex der Wallfahrer? Wohl kaum. Das geographische Ziel des hier zur Diskussion stehenden, auf Pilgerpfaden Wandelnden mag dagegen durchaus ein traditionelles sein, etwa, aufwendig und gefährlich, das Heilige Land, das Heilige Rom, Loreto mit dem von Engeln herbeigetragenen Haus Mariens oder Santiago de Compostela mit dem Leib des Heiligen Jakob, vorschriftsmäßig auf dem berühmt-berüchtigten Weg durch Alpen und Pyrenäen zu erreichen. Auch wird der besungene Pilgerknabe eventuell den geistigen Vorstellungen einer Wallfahrt um des Himmelreiches willen folgen, und ein rechtschaffen geistliches Lied verstände im weiteren dann das gesamte Leben als Wanderschaft ins jenseitige Vaterland und die konkrete Pilgerschaft wiederum als gestaltgewordene Metapher des menschlichen Lebens auf die Ewigkeit zu.

Hier aber nichts davon! Hier statt dessen »mein süßer Pilgerknab«, und nicht Sankt Jakob, Maria oder der Papst reklamieren ihn als Eigentum. Ein zweifellos entflammtes Mädchen führt sich den fernen Liebsten besitzergreifend vors Gemüt mit rothem Mund und Kuß, Engeln, die seinen Schlummer umflattern, süßen Augen, schwarz wie Holunderbeeren. Das sind freilich andere Attribute als die ebenfalls genannten, obligatorischen Pilgerkennzeichen wie Dornenstab, Gewand, Rosenkranz, Muscheln auf dem Wanderhut. Diese letzten erscheinen angesichts der umschmeichelten Körperlichkeit des Knaben eher wie eine zärtlich bestaunte – oder auch leise belächelte? – Kostümierung, die jedenfalls vom überzeugenderen Mund und Auge neutralisiert, ja eigentlich im Handstreich erotisch umgewidmet werden.

Ein Pilgerlied, das den Freund auf den Mühen seines schwierigen Weges andächtig begleitet? Ach was, ein als solches getarntes, in Wirklichkeit den Geliebten mit allen Fasern der Sinnlichkeit herbeirufendes Liebesliedchen, durchpulst und durchseufzt von lauter »ach« und »wo« und »ach wo« und »so«! Für die geforderte Spiritualität ist diese kleine Sängerin weiß Gott verloren, davon hat sie keine Ahnung in ihrer raffiniert trällernden Naivität. Wovon sie was versteht? Die heiligen Requisiten und Vorhaben erotisch zu durchflirren und zu durchkreuzen. Ja, nicht nur das, sich sogar gerade an der rührenden Staffage ganz explizit zu erregen. Durch Frömmigkeit und Keuschheit des Pilgerauges sieht sie hindurch auf die vielversprechende Schwärze der Holderbeere, deren Verheißungen sie, von den aparten Pilgerverfremdungen gesteigert, zuversichtlicher traut.

Das alles kulminiert im lasziv verschlagenen Wunsch: »Ach dürft ich seine Schwester sein / So heilig sein wie Er!« Was denn nun? Möchte sie so gern in den Stand der Gnade, daß sie sogar darauf verzichten würde, seine Liebste zu sein, nur um sakrosankte Schwester zu werden? Oder will sie nicht vielmehr sagen, heilig werden könne sie nur, wenn sie seine Schwester wäre und er damit erotisch tabu, – was aber gottlob unmöglich ist? Charmanterweise scheint das wie bloß gedankenlos, träumerisch unschuldig dahergeschwärmt.

Das ändert sich schlagartig mit der letzten Strophe. Plötzlich ist der Ton sehnend und herzlich, aufrichtig und schmerzlich, ein Klagelaut der Daheimgebliebenen. Oder vielleicht sogar dem Geliebten Nachirrenden? Das wohl

II BÜCHER UND AUTOREN

nicht, eher eine, ihre Verlassenheit zu Hause als ein Verlaufen in feindlicher Welt Begreifende, mindestens ebenso beunruhigend wie die Gefahren wörtlicher Pilgerschaft. Diese fremd gewordene Umgebung ist eine dehnbare, elastische, keine konstante. Ihre jeweils unübersichtliche Weite oder trauliche Enge hängt ausschließlich von Abwesenheit oder Präsenz des Liebsten ab, also von der Verfassung der Liebe und Liebenden überhaupt. Sie allein regiert die Materialität der Welt. Pilgern muß dieses Mädchen nicht erst, um ihre einzig wahre, von irdischer Geographie losgelöste Heimat zu finden. Sie entdeckt sie überall im Geliebten. Emphatisch antwortet sie auf das »Ach wo! Ach wo!« der ersten mit dem sieghaften »und mein und mein« der letzten Strophe. Und ausgerechnet dieses Geschöpf sollte, nur weil es einiges von Zauber und Macht der Physis weiß, nicht zugleich für die Metaphysik begabt sein? Sie argumentiert ja längst aus deren Zentrum heraus.

Das Manuskript des frivol-zierlichen, schließlich in reinster Innigkeit sprechenden Liedchens ist verschollen. Es soll ohne wesentliche Änderungen von Brentano in die Sammlung übernommen worden sein. Er, Brentano, muß hier eine sehr glückliche Hand gehabt haben. Achten Sie bitte besonders auf den Wechsel der Tonart: Wird in der vierten Strophe nicht ganz anders geseufzt als in der fünften und – im voraus triumphiert?

Des Knaben Wunderhorn: ICARUS
Mitgetheilt, wahrscheinlich nicht sehr alt.

Mir träumt, ich flög gar bange
Wohl in die Welt hinaus,
Zu Straßburg durch alle Gassen
Bis vor Feinsliebchens Haus.

Feinsliebchen ist betrübt,
Als ich so flieg und rennt:
Wer dich so fliegen lehrt,
Das ist der böse Feind.

Feinsliebchen, was hilft hier lügen,
Da du doch alles weist,
Wer mich so fliegen lehrt,
Das ist der böse Geist.

Feinsliebchen weint und schreiet,
Daß ich vom Schrey erwacht,
Da saß ich ach! in Augsburg
Gefangen auf der Wacht.

Und morgen muß ich hangen,
Feinslieb mich nicht mehr ruft,
Wohl morgen als ein Vogel
Schwank ich in freyer Luft.

Sie alle, liebe Zuhörerinnen und Zuhörer, kennen die betrübliche Geschichte des jungen Icarus, dessen Vater, der antike Künstler Dädalus, für sich und seinen Sohn mit Wachs bestrichene Flügel konstruiert, um so der Gefangenschaft des Königs Minos zu entfliehen. Icarus kommt, ob aus Über- oder Hochmut, der Sonne zu nahe, das Wachs schmilzt, er stürzt ins Meer. Ein offenbar besonders vielsagendes Bild, daher aber wohl, in zahlreichen Paraphrasen, auch reichlich überstrapaziert, und ich selbst, offen gesagt, höre und sehe immer weg, wenn es um literarische Reaktivierungsversuche der Affäre geht. Ich kann die damit verbundene Bedeutungshuberei, das muffige Pathos des Symbolischen, an dem der legendäre Pechvogel natürlich unschuldig ist, nicht ausstehen.

Um so verdutzter war ich, ausgerechnet in der Sammlung *Alter deutscher Lieder* der beiden sogenannten »Herzbrüder« Achim von Arnim und Clemens Brentano, *Des Knaben Wunderhorn*, auf ein Gedicht mit dem feierlich mythologischen und speziell in diesem Umfeld akademisch stolzierenden Titel *Icarus* zu stoßen. Eher aus Verblüffung als aus Neugier las ich mir den fünfstrophigen Vierzeiler durch.

Es wird einem etwas schwindlig von dessen scheinbar unverblümt alogischen Brüchen, und genau das gehört ja, ob sich einem der Kopf dreht oder nicht, wie die unreinen Reime, zum typischen Wunderhorn-, seinem grobinnigen Volksliedton. Desto befremdlicher sticht die Überschrift davon ab. Immerhin wird eines sofort klar: Auch hier findet ein Sturz statt, einer vom Traum ins Erwachen, vom Straßburger Feinsliebchen zum Augsburger Galgen. Sieht man genauer hin, handelt es sich sogar um ein Fallen von Strophe zu Strophe, um vier einzelne, jeweils schlimmere Unfälle, die dieser neue Icarus uns, seinen Zuhörern, zumutet.

Zunächst wird vom zwar bangen – aber das gehört ja zur Liebesempfindung klassisch und zunächst harmlos dazu – Traum erzählt, der den Liebhaber im Flug zum Haus der Liebsten führt. Die jedoch freut sich keineswegs, im Gegenteil, entsetzt rennt sie davon, weil sie teuflische Zauberkünste wittert. Zweite Enthüllung: Sie tut es nicht etwa aus übertrieben abergläubischer Ängstlichkeit, vielmehr gibt der Dahergeflogene seine Machenschaften mit dem »bösen Geist« und damit seine Schuld, ohne weiteres zu. Dritter Absturz: das Erwachen im Kerker. Endgültige Katastrophe: Im Schlußvierzeiler folgt das Geständnis, daß den Delinquenten am Morgen der Tod durch Erhängen erwartet.

Die ruppigen Sprünge erweisen sich als höchst geschickte Dramaturgie eines Sturzflugs von einem Alptraum in den nächsten, fast als wäre es des vom Ausbruch phantasierenden Todeskandidaten allerletzte Freude, ein imaginäres Publikum mit kleinen, nacheinander explodierenden Feuerwerksraketen schlechter Botschaften zu schockieren, bis zu den beiden Schlußzeilen: »Wohl morgen als ein Vogel / Schwank ich in freyer Luft«, die, nimmt man allein den Tonfall und vergißt das Vorangegangene, für den Anfang eines frohgemuten Wanderliedes gelten könnten, womöglich vom erwartungsvoll und noch arglos seinem Abenteuer entgegenfiebernden ursprünglichen Icarus gesungen.

Ein starkes und im Kontext schauerliches Bild. Und ein glänzend ironisches, das sich mit keinem Wort besser honorieren ließe als diesem: Galgenhumor! Galgenhumor des Galgenvogels in auswegloser Lage. Ein Wortwitz, der vom zunächst gemeinten Raben, volkstümlich auch: »Galgentaube« genannt, zum Kandidaten übergewechselt ist. »Wohl morgen als ein Vogel / Schwank ich in freyer Luft«. Furcht vor dem unerbittlich bevorstehenden Preisgegebensein den Lüften und ihren Bewohnern, hilflos in nutzloser Freiheit baumelnd, wird den rückwirkend noch makabreren Traum vom Fliegen evoziert haben. Ein Menschenopfer dem Windgott und Elementardämon Wotan, wie der Volksmund, übrigens überreichlich, den

Galgen bescherzte, »zum Lufttrocknen aufgehängt«, »mit den vier Winden zum Tanz gehend«.

Durch den per Titel angestellten Vergleich mit dem griechischen Icarus aber erhält die kontrastierende Lage des in freier Luft dauerhaft am Halse Arretierten nicht etwa die Würde des Mythologischen, sondern, imponierender und kunstreicher, den Adel des bitteren, zu Herzen gehenden Spotts!

Interessant ist die Plazierung innerhalb der Sammlung. Mit diesem Gedicht setzt eine längere Sequenz ein, in der gereimte Räubergeschichten mit Marienliedern alternieren. Der wahre Sachverhalt, die Herkunft des Textes betreffend, ist noch deutlicher Sache einer Inszenierung. Der Untertitel lautet: »Mitgetheilt, wahrscheinlich nicht sehr alt.« Tatsächlich liegt eine, in dieser Totalität im *Wunderhorn* seltene Textbetrügerei vor, in dem ja Glättungen, Restaurierungen, kräftige Überarbeitungen eingesandter Texte üblich waren. Was Sie hörten, war ein hundertprozentig gefälschtes Volkslied, der Untertitel ist pure Mystifikation. Der junge Justinus Kerner hatte es den Herausgebern zuspielen lassen: von ihm verfaßte Kunstdichtung im unscheinbaren Volksmundstil, dessen rauh-melancholischer Sound inspirierend auf den Dichter wirkte, der den treuherzigen Zungenschlag benutzt, um erneuert die alte, viel allgemeinere Geschichte durchschimmern zu lassen. Schwebend, nur ahnbar, bleibt etwas wohlweislich unausgesprochen, was unsere generelle menschliche Situation durchaus betreffen könnte, etwas Altes, Verborgenes im Jammer des zur paradoxen luftigen Freiheit am Stricke Erwachenden. Man kann seine eigenen Alpträume in diesem kleinen Stück unterbringen. Das garantiert unsere Anteilnahme, über Stimmung und Spannung hinaus, an diesem Extremfall, der sich, um sich stärker einzugravieren, jedes abstrakte Wort, jede Sentenz versagt.

Kleiner Beitrag eines Gerechten zur Vervollständigung der Todsünden
Zu Gerard Manley Hopkins

In seiner Geschichte *Das Rennen in Left Bower* erzählt der amerikanische Schriftsteller Ambrose Bierce vom Pferderennen zwischen einem als »wunderbares Tier« beschriebenen Reitpferd und einem anderen, das nicht allein »scheußliche Kracke« genannt, sondern auch in all seiner skandalösen Häßlichkeit ausführlich geschildert wird. Dieses zweite, gar nicht fähig zu rennen, siegt über das erste nur dadurch, daß es jedesmal, wenn jenes, dessen Reiter der Schindmähre einen Vorsprung gelassen hat, zum Überholen ansetzt, den grauenhaften Kopf wendet und den Gegner durch seinen schieren Anblick lähmt, bis der rassige Konkurrent schließlich mit, wie es heißt, »fast menschlichem Entsetzensschrei« querfeldein Reißaus nimmt.

Nun ja, ein Zuchtpferd des vorigen Jahrhunderts! Ihm sei Verdrängung des Abscheulichen, Feigheit und Flucht vor dem Grausigen, nach einer gehörigen Abmahnung, sich beim nächstenmal zusammenzureißen, verziehen.

Handelte es sich bei ihm allerdings um einen Intellektuellen oder Künstler, insbesondere des jetzigen Jahrhunderts, müßte über ihn unverzüglich die Große Bulle verhängt werden. Die Hölle sollte ihn ohne Umstände holen und alle Mächte der Finsternis. Was nämlich die Strafe ist für das unanständige und weinerliche Schwach- oder Stummwerden vor dem Grauen und dem Katastrophalen, wo es gilt, ihm unerschrocken wortreich, ohne daß es einem den Atem verschlägt, als schreibender Held, eventuell erst dadurch in Fahrt gekommen, jederzeit in die Augen zu sehen, erschüttert natürlich, aber munter.

Als abschreckendes Beispiel diene hier der englische Dichter Gerard Manley Hopkins (1844–1889), der Glanz und Kontur, Klang, Duft und Sprenkelung der Welt, wie nur wenige es vermochten, im Funkeln und in der Sprungkraft der Sprache wiederauferstehen ließ. Gut und schön! Und die Schattenseiten der Welt? Die »furchtbare, leere Wirrnis des Seins«, die wörtlich herzzereißende Trauer über das noch einmal evozierte »süße, besondere Bild« der 1879 gefällten Binsey-Pappeln, der Kummer einer kleinen Margaret über die fallenden Blätter, die damit unwissentlich schon ihr eigenes, zukünftiges Welken beklagt, das *Bleierne Echo*, das die Verzweiflung der Mädchen wiederholt, die nirgendwo »Schleife oder Spange oder Schnur oder Litze, Spitze, Riegel oder Haken oder Schlüssel« finden, um die fliehende Schönheit zu bannen, das alles hebt er auf in Gedichten, die das Untröstliche beantworten mit dem *Goldenen Echo* – wie im altdeutschen »schöns Blümelein« – einer jenseitigen, ewigen Herrlichkeit. Das schon und allerdings.

Was aber entschlüpft ihm im Brief an Robert Bridges vom 27. 4. 1881, wo er schreibt, nur die Musik bleibe übrig »als die einzige von allen Musen, die nicht erstickt an diesem schrecklichen Ort«? Der Ort ist Liverpool, und was hier über seine Kräfte geht, sein Lebensproblem, notiert er am 1. 5. des Jahres genauer: »… die gemeinen und schmutzigen Gestalten und Gesichtszüge der Liverpooler Volksmenge«, die ihn »mit Schmerz und Abscheu« erfüllen: die Arbeitslosen, Huren, Asozialen. Ein furchtbares Eingeständnis des Scheiterns – man bedenke, daß Hopkins, Jesuit, zu dieser Zeit Seelsorger im Liverpooler Armenviertel war – und zwar seines geistlichen, geistigen und künstlerischen Programms. Hilflos nimmt er Reißaus vor dem Anblick des Elends, kann nicht mehr dichten, möchte am liebsten die Augen zumachen. Pfui Teufel!

Wir aber lassen uns nicht bestechen, noch weniger rühren von der dafür um so verzweifelteren Inbrunst und, jenseits jeder Aus- und Abgewogenheit feurigen Pracht, mit der er Frühling und Herbst, Lerche und besonders den Falken »in seinem Reiten auf der stetig flach unter ihm rollenden Luft« zu preisen verstand, erst recht aber nicht von den – gottlob nicht allzu zahlreichen – jedes schickliche Mischungsverhältnis (maßvolles Licht und ordentlich Schatten) mißachtenden, pflichtvergessenen heutigen Artverwandten, die ihre Kraft an derart nichtige Gegenstände verschwenden, anstatt ...

Blenden und vierteilen!

Die Ikone als Heimat und umgekehrt
Zu Lou Andreas-Salomés Tagebuch
Rußland mit Rainer

Im Frühjahr 1800 reist August von Kotzebue, nachdem er brieflich beim Russischen Minister in Berlin und dessen Rat folgend auch beim Zaren Paul I. selbst um Erlaubnis angefragt hat, mit kaiserlichem Paß, begleitet von seiner aus Reval stammenden Frau und drei kleinen Kindern von Weimar nach Rußland, um sie für vier Monate in die Arme ihrer Verwandten und Freunde zurückzuführen.

Beim Überschreiten der russischen Grenze wird der arglose Familienvater verhaftet, in Mitau von Frau und Kindern getrennt und ohne Angabe von Gründen ins sibirische Tobolsk und von dort ins Städtchen Kurgan gebracht. Der Alptraum, nur wenig erhellt durch den immerhin überraschenden und schmeichelhaften Umstand, daß Gebildete, denen er während seiner Verschleppung begegnet, den renommierten westlichen Bühnenautor namentlich und teilweise auch aus seinen Werken kennen und selbst in Tobolsk mehrere Stücke des Gefangenen aufgeführt werden, verläuft letzten Endes glimpflich. Schon nach kurzer Zeit wird Kotzebue, wiederum ohne Erklärungen, zurückgerufen und in Petersburg, nicht ganz aus freien Stükken, Direktor des Deutschen Theaters. Nach der Ermordung des Zaren kehrt er nach Deutschland zurück, und bereits 1801 erscheint der außerordentlich erfolgreiche Bericht über *Das merkwürdigste Jahr meines Lebens*.

Kotzebues effektvoll geschriebenes, mit Spannung zu

lesendes Dokument einer begreiflicherweise von den Sorgen und schließlich Todesängsten des Verfassers um seine Person und Familie gefärbten Rußlanderfahrung wird zur subjektiv illustrierten Zeitgeschichte. Das Zarenreich, kurz nach der Französischen Revolution geprägt von allgegenwärtiger Geheimpolizei und Zensur, ist hermetisch abgeriegelt gegen den Westen, von dem die Ansteckung mit jakobinischem Geist seitens des Monarchen hysterisch gefürchtet wird. Eine Gefahr, die der nicht im geringsten revolutionär gesonnene Kotzebue naiv unterschätzte. Keine Ausreise für Russen, keine Einreise für Franzosen, für andere Ausländer Einreise nur mit kaiserlicher Genehmigung, Verbot jeglichen westlichen Buchimports. Sibirien als Riesenzuchthaus für alle, z. T. aus lächerlichen Anlässen, Verdächtigten. Einige deutsche Staaten helfen bei der Besiedelung Sibiriens durch Sträflinge bereitwillig mit. 1802 werden die ersten Gefangenen von Berlin nach Sibirien deportiert. Sie sollen von Buchhändlern umringt worden sein, mit der Bitte, ebenfalls einen Bestseller à la Kotzebue zu verfassen.

Genau 100 Jahre später, im Frühjahr 1900, unternimmt die 1861 in Petersburg, exakt 100 Jahre nach der Geburt Kotzebues im Jahre der Abschaffung der Leibeigenschaft geborene und dort aufgewachsene Lou Andreas-Salomé, Tochter einer deutschen Mutter und eines ebenfalls deutschstämmigen »Generals« im Dienst des Zaren, ihre dritte und diesmal wichtigste Rußlandreise, nachdem sie 1880 das Land verlassen hatte, um in Zürich Theologie und Kunstgeschichte zu studieren. 1883 charakterisierte ihr Theologieprofessor von dort in einem Brief an die Mutter seine Studentin folgendermaßen: Sie sei »von kindlicher Reinheit und Lauterkeit des Sinns und zugleich wieder von unkindlicher, fast unweiblicher Richtung des Geistes und Selbständigkeit des Willens und in beidem ein Demant.« Und in seiner Geschichte *1882. Eine historische Novelle*, in der es um die Begegnungen zwischen Lou, Paul Rée und Nietzsche geht, stellt sich und uns Helmut Heißenbüttel die junge Frau so vor: »… früh von der Macht der Libido gestreift, unsicher, aufbrausend, intelligent, kühl, wo es auf Verstand ankam, ehrgeizig und ungerecht, aber entschieden in dem, was den Unterschied zwischen dem Appetit auf Körper, dem Sentiment und dem Höhenflug des Geistes betraf.«

Diese offensichtlich kompliziert konstruierte Person also, inzwischen fast 40 höchst unkonventionell verbrachte Jahre alt, verheiratet, mit dem viele Jahre jüngeren Rilke liiert, macht sich daran, in etwas pathetischer Vorsätzlichkeit ihre Heimat wiederzufinden. Ein Rußland, das ihr gestattet, »unterzutauchen in Weihrauch und Gesang und Kindheitserinnerungen« (aus *Fenitschka*, 1898, bereits nach der *ersten* Rußlandreise geschrieben!), und von dem Virginia Woolf noch 1918 mondän herablassend in ihrem Essay *Der russische Standpunkt* sagen wird, in seiner Literatur begegneten dem Leser, zumindest in der englischen Übersetzung, »eine gewollte Einfachheit und Güte, die extrem widerwärtig ist«, und der Appell, uns in einer elenden, leidenden Welt als Mitleidende zu verstehen, liege »wie dichtes Gewölk brütend über dem Ganzen der russischen Literatur«.

L. A.-S. weiß, welche sozialen und kulturellen Verhältnisse sie in ihrem Heimatland erwarten. Mit Rilke, der sie wie 1899, doch diesmal ohne Ehemann, begleiten wird, hat sie sich aufwendig vorbereitet. Das Reisegeld wurde mit journalistischen und schriftstellerischen Arbeiten verdient. Ein Jahr vor dieser dritten Reise kommt übrigens Vladimir Nabokov, Enkel eines zaristischen Justizministers, wie sie in Petersburg zur Welt. Er wird 1917, bei der

Machtübernahme Lenins, mit seiner Mutter und den Geschwistern auf die Krim fliehen und von dort aus 1919 für immer in den Westen gehen. Die Bolschewiken bleiben zeit seines Lebens seine Erzfeinde. Das Rußland vor der Oktoberrevolution wird ihm Synonym vollkommenen Kindheitsglücks. Es ist in seinen Werken sakrosanktes Inbild einst erlebter, dann imaginierter und nie mehr erreichbarer Heimat geworden.

Die an den Ort ihrer Kindheit zurückkehrende L. A.-S., die sich im Gegensatz etwa zu Kotzebue und Nabokov für das sogenannte einfache Volk interessiert, ist gerüstet, in ein aus jugendlicher Anschauung noch kaum bekanntes Land zu kommen. Die europäisierte adlige Oberschicht lebt extrem abgetrennt von einer an die Welt der orthodoxen Kirche gebundenen Landbevölkerung, mit allmählich nach westlichem Vorbild sich formierendem Industrieproletariat. Ein Land, in dem Tolstoi die Dekadenz höherer Stände anprangert und die Bauern verherrlicht, in dem sich nationalistisch getönte Zweifel an den Segnungen des Westens regen und zugleich Aufklärer aus den Reihen der Intelligenz unter großen persönlichen Opfern als weltliche Missionare ins Volk gehen, um es mit den geistigen Errungenschaften des Westens vertraut zu machen. Die vorrevolutionären Strömungen, ihre Notwendigkeit und vorausgeahnten Schrecken gestaltet L. A.-S. im 1901 bis 1903 geschriebenen Erinnerungsbuch *Ródinka* und personifiziert sie in der Figur des bäuerlichen Intellektuellen Witalii.

In diesem Jahr 1900 reist der aus sibirischer Verbannung entlassene dreißigjährige Lenin in umgekehrter Richtung, aus Rußland in den Westen, um von dort aus die Revolution vorzubereiten. Stalin ist 21 Jahre alt.

Das Moment der Zeitzeugenschaft im *Russischen Tage-*

buch ist allerdings weniger ein politisches, sondern eins, auch in sozialgeschichtlicher Hinsicht, der Kulturgeschichte. Als roter Faden und wörtlicher Stein des Anstoßes fungiert durch alle Polarisierungen von West-Ost, Gebildeter-Bauer, Atheismus-Gläubigkeit, Individualisierung-Überpersönliches, Form-Inhalt: die Ikone.

Wie sehr L. A.-S. damit, jenseits aller subjektiven Weiterungen, ins Schwarze trifft, zeigt die Rolle, die dieser Inbegriff Altrußlands für die sich dann ab ca. 1907 artikulierende künstlerische Avantgarde spielen wird.

Der mit Dostojewski befreundete Wladimir Solowjow hatte bereits in seinem 1874 erschienenen Buch *Die Krise der westlichen Philosophie – gegen die Positivisten* scharfe Kritik u. a. am westlichen Fortschrittsglauben, Materialismus, an Vernunftgläubigkeit und dem Alleinvertretungsanspruch westlicher Kultur geübt. Solowjow, der als Student eine Ikone – als Emblem russischer Kulturunterlegenheit – aus dem Fenster geworfen hatte, rief hier dazu auf, sich auf die Ikone als Grundlage einer eigenen russischen Kultur zu besinnen. Er wurde für geisteskrank erklärt. Erst 1915 hängte Malewitsch ostentativ sein legendäres *Schwarzes Quadrat* als zeitgenössische Form der Ikone genau an die Stelle des Raumes, wo in der russischen Bauernstube üblicherweise ihr Platz war: in einer Ecke unter der Decke.

Malewitsch 1920: »Wenn jemand in seiner ergrauten Weisheit in dieses mysteriöse Antlitz des schwarzen Quadrates eindringt, wird er darin möglicherweise dasselbe erblicken wie ich.« Etwas, »was seinerzeit die Menschen im Angesicht Gottes sahen«.

Die Rehabilitierung der Ikone durch die künstlerische Intelligenz hat nationale und ästhetische Gründe. Selbstbewußte Abkehr vom Westen in der Tradition des Slawophilentums (schon Dostojewski propagierte die weltmissionarische Aufgabe des russischen Menschen), Wiederentdeckung der Gefühls- und spirituellen Energie der Volkskunst. Sie wurde als Quelle einer neuen, antinaturalistischen Bildsprache betrachtet (der westlichen Kunst seit der Renaissance unterstellte man zwecks Kräftigung am Feindbild pauschal Naturalismus) mit plötzlich hochbrisanten eigenständigen Darstellungsmitteln. Z.B. antimimetische Farbsetzung und fehlende Zentralperspektive als Ausdruck einer autonomen, hier: religiösen Weltauffassung gegenüber der realen Wirklichkeit. Neoprimitive, Futuristen, Suprematisten, Konstruktivisten, sie alle, eine Reihe von ihnen ausgebildete Ikonenmaler, bezogen sich auf die so lange vom gebildeten Russen als peinliches Relikt des Aberglaubens verachtete Ikone und nahmen sich das jeweils Ihrige, um sie, die einst besonders die frühen Mariendarstellungen Westeuropas bestimmt hatte, in ganz anderes, Säkularisiertes oder abstrakt bzw. grotesk Esoterisches zu transformieren.

Der historische Kultgegenstand erblühte zum ästhetisch aktuellen Objekt, das dem Publikum erstmals restauriert in den ursprünglich leuchtenden Farben auf der großen Ikonenausstellung von 1913 in Moskau präsentiert wurde. L.A.-S. jedoch sah die Ikone noch verräuchert, nicht gereinigt, im Dämmer von Jahrhunderten religiöser Verehrung, und nur in dieser Gestalt empfand sie – als westliche Intellektuelle zum letzten Mal? – deren Würde und Kraft. Oder, in einem hier zu untersuchenden Sinn, erstmals?

Das Tagebuch setzt ein mit der Lokalisierung des Standorts: »gegenüber der Iberischen Mutter«. Der nicht eingeweihte Leser kann nicht wissen, daß sie eine Ikone meint, jede Erklärung bleibt aus. Nicht anders verfährt die Autorin mit Personen, etwa mit »Schillchen«, der Schriftstellerin Sofja Schill oder mit »Kolja«, bei dem es sich um den mit Leo Tolstoi verwandten Grafen Nikolai Tolstoi handelt. Das Tagebuch ist offenbar nur für die Verfasserin selbst geschrieben, eine Art innere Diskussion, ein Fundus auch für spätere Bücher *(Ma, Ródinka)*. Der Name ihres jungen Begleiters fällt im Text ein einziges Mal, nur abgekürzt zudem: »R.«.

Gleichzeitig aber, und das ist das Verwirrende, wird man konfrontiert mit einer kalkulierten Struktur, mit einem, den programmatischen Auftakt der ersten Eintragung weiterführenden Höher- und Tieferschrauben des Hauptthemas bei aller scheinbaren Lockerheit der Impressionen und sporadischen Analysen, so, wie sie selbst es dem Ende der Rundreise in Moskau bescheinigt: »Es liegt ein unwillkürliches Raffinement darin, eine fast künstlerische Abrundung.« Für das zumindest halbwegs Geplante der Niederschrift spricht noch etwas anderes. Der auch sonst nicht eben galante Literatenchronist Friedrich Fiedler berichtet in seinem Tagebuch mehrfach, und zwar noch im Mai 1900, L.A.-S. spreche nach der langen Abwesenheit kein Wort Russisch, und zitiert weitere Augenzeugen: in der deutschkundigen Oberschicht kein Problem, aber beim Kontakt mit dem »Volk« muß sie im Groben vorher gewußt haben, welche Rolle sie ihm zuteilen wollte.

»Die Iberische Mutter fuhr spazieren«, so beginnt, parallel zum Tagebuch, in zarter Leichtfertigkeit der kurz nach der Rußlandreise geschriebene Roman *Ma*. Aus ihrer Kapelle im Kreml wurde jene schwarze Muttergottes, eine Kopie der griechischen vom Berg Athos und im Volk für wundertätig gehalten, feierlich durch die Straßen Altmoskaus geleitet. L.A.-S. schildert es als fromm betäubendes Schauspiel in einer Wolke aus Farben, Geschmeide, Gold und Licht, das schrill zerstört wird vom Dialog zweier Schwestern, die es vom Mietshausfenster aus betrachten. Die eine, frisch vom Studium im Westen angereist, findet die Prozession traurig und asiatisch, die andere, noch in Rußland lebend, aber schon in Aufbruchstimmung, nur zum Lachen und mittelalterlich. Das Entscheidende: Sie werden von der sich selbst so schnöde unterbrechenden Autorin keineswegs ausdrücklich ins Unrecht gesetzt.

Hier bereits deutet sich eine in ihren Werken immer wieder verblüffende Fähigkeit an, Einfühlung, östliche Gefühlsinbrunst, unerschütterliche Kindlichkeit ohne irgendeinen Abstrich mit Skepsis, Wissenschaftlichkeit, westlicher Aufklärung abzuwechseln bzw. in ihrer Person zu verbinden. Stilistisch heißt das auch, ein eventuell befremdlich hymnisches Sprechen, eine nicht immer nachvollziehbare, ein wenig hehre Begrifflichkeit und die wohl im Zusammenhang mit Rilke zu sehende Neigung zur getragen wirkenden Substantivierung von Verben und Adjektiven, durch unvermittelte Kühle, Kälte und bildhafte Schnoddrigkeit zu stabilisieren. Eine Spannweite von »intensiver Anteilnahme« und »sachlichem Interesse« und, ergänzend, der Gabe, »jeden Gegenstand eigentümlich seelenoffen und klar – und jeden Menschen wie einen Gegenstand« anzuschauen, wie sie die Hauptprotagonistin in *Fenitschka* charakterisiert.

Auch L. A.-S. selbst empfiehlt sich mit diesen vertrauenerweckenden Eigenschaften für ihre Interpretation des damals noch im Volk unangefochten verehrten Kultobjekts östlicher Orthodoxie.

Als »Bonbonniere« bezeichnet die Gastgeberin Schillchen, brav dem Zeitgeschmack ihrer Kreise folgend, das, was L. A.-S. unbeirrt »Gottes Wohngemach« nennt: die volkstümliche Pracht der Terems in den alten Palästen. Sie tut es mit strengem Unterscheidungssinn zwischen Ursprünglichem und Aufgedonnertem, wie auch zwischen den authentisch aus der Volksfrömmigkeit geschaffenen Ikonen und den nachempfundenen, zwischen westlichen Gebräuchen und etwa einer den Westen imitierenden Kargheit der Oberschicht, einer Gesellschaft, die Gefahr läuft, ihrer Bildung die ihr eigentümliche Innerlichkeit zu opfern und dem Irrtum einer Trennung von »starrer Form« und »von ihr befreiter innerer Stimmungskraft« zu verfallen, was weder der Bauer noch der wahre Künstler tue. Damit sind auch schon die drei Haupttypen ihrer Reflexionen benannt, erweitert um die hier vorgestellten Arbeiter, die sich in Kursen fortbilden und wie die Gebildeten eine nicht ungefährdete Zwischenposition einnehmen, wenn auch mit jugendlicher Kraft. Sie analysiert, könnte man sagen, auf folgende, zugespitzte Verkörperungen hin: Bauer gleich alter Osten; Gebildete und wissensdurstige Arbeiter: schwankend zwischen Osten und Westen mit verschiedenen Vorgaben und Annäherungsdistanzen; Künstler als Vertreter einer transkategorialen ewigen »Kindlichkeit«, die ihren Gott in den Dingen findet, im Sinn eines Einsseins von Heidentum und Religion. »Gottes ganz gewisse Kinder« aber sind sie als Russen allesamt.

Über ein Differenzieren zwischen Dogmen und Ritual läßt sie schließlich den Gedankengang in einer Definition der dunklen Ikonen, deren Gesichter und Gestalten kaum mehr auszumachen sind, gipfeln: »Hinter die goldenen Kleidchen kann jeder sich denken, was er will und mag; was er sieht, sind lediglich Farben, Symbole, Gefäße für das, was er hineinthut.« Im Unterschied zu einer Puppe aber bietet die Ikone einen ehrwürdigen kollektiven Fixpunkt.

Gefäß, Gewand, Haus, Mantel. Sie wählt immer diese Bilder des Bergens und Aufnehmens für die Terems, die

DIE IKONE ALS HEIMAT

Rituale, den Aberglauben und, als Inbegriff von allem, die Ikone. Unendliche Möglichkeiten interpretierender Animation und Projektion, ohne die konkrete, materielle Form zu verändern. Und sofort wird klar, daß man nur das zurückbekommt, was man hineinzufüllen hat.

Unermüdlich, in stets neuen Definitionen, umkreisen ihre Gedanken die Besonderheit des russischen Volkes, das noch nicht seine »eigene Kulturgestalt« gefunden habe und deshalb seine »aufgestaute Innerlichkeit« in seine Tradition, das Kunstgewerbe, die Ikonen fülle, in die starren, aber ihm selbst nicht erstarrten Formen seiner Gläubigkeit, die eine innige, unversehrte bleibe, selbst da, wo sie von einer korrupten Geistlichkeit mißbraucht werde. Der gebildete Russe jedoch, zwischen Seele und Aufklärung, könne nicht über Theoretisieren, über eine isolierte Verstandestätigkeit allein, ohne sein Wesen aufzugeben, eine westliche Fortschrittsexistenz werden, auch wenn er es vielleicht wünsche, weil »der russische Gott es nicht wollen kann«.

Zu ihnen zähle auch Tolstoi. Er verkenne das Volk eben deshalb, weil er in demselben nur seine eigenen Konflikte, die des russischen Gebildeten lese und über die spezifische Disposition des Bauern hinwegsehe. Anstatt bei ihm demütig zu lernen, predige er ihm seine eigenen Problemlösungen. Der Bauer nämlich sei, so die Autorin, eine noch intakte Ganzheit, in den Wurzeln unangetastet. Und nun wird ihr das Volk selbst zur lebendigen Ikone! Sie spricht es bildlich im Traum von den Weiblein aus, die sich hinter goldene Ikonenkleidchen schleichen. Dieses Zutrauen in die Unerschöpflichkeit dessen, der seine seelische Kapazität nur nicht aussprechen könne, erscheint in drei Höhepunkten des Tagebuchs. Es sind für mich seine klügsten, auch menschenfreundlichsten Passagen.

II BÜCHER UND AUTOREN

Erstens: Gleich zu Beginn in der Plastik einer alten, dem Augenschein nach nur noch häßlich zusammengeschrumpften Frau, deren mögliche letzte, das Leben resümierende Erkenntnis nach außen bloß nicht sichtbar sei. Zweitens: In dem nach Worten ringenden Greis, der seine konzentrierte Weisheit lediglich in übernommenen Fertigsätzen wie »Kindlein, liebet einander« äußern könne, und drittens, dazwischen, generalisierend: In der Vermutung, eine höchste, innerlichste Reife, Triumph über den äußeren Verfall, sei gar nicht mehr mitteilbar, könne sich allenfalls über Symbole artikulieren, identifizierbar in ihrer Schönheit allein für Gott, nach außen nur ein Kürzel, ahnungsweise als Fenster zu unbegrenzten Einsichten lesbar für den, der sich in die knöchernen, rudimentären Erscheinungsweisen vertieft mit dem Potential seiner eigenen Seelenkraft. Für solche Einsichten freilich benötigt sie, wie für die Landschaft, nicht allzuviel Russisch.

Auch hier wird L. A.-S. nicht ganz vom kritischen, zweifelnden Geist verlassen. Im *Lebensrückblick* drückt sie es in einer kurzen Bemerkung zu Rilkes »Übertreibungen« aus: Er sah »jedem begegnenden Bäuerlein erwartungsvoll« entgegen, wie »einer möglichen Vereinigung von Simplizität und Tiefsinn«. Ein bißchen wird sie sich auch selbst gemeint haben.

Mit der Einschiffung in Saratow vollzieht sich ein markanter Einschnitt. Vorherrschend werden jetzt das Landschaftliche, ein elegischer Gefühlston und endlich die entscheidenden Wörter: Heimat, Heimkehr. In diese Empfindungen sind einige Individualgestalten eingebettet, als unterschiedliche Prototypen des ländlich lebenden Russen. Die Makarowa im Dorf Kresta, der Bauerndichter Droshshin, Kolja. Wichtigster Gegenstand ist aber jetzt sie selbst und ihr bisheriges Leben, das sie in einem biografischen Bogen gliedert, als fasse sie, die beinahe noch einmal solange leben wird, im Überschwang den Abschluß ihres Daseins ins Auge. Zunächst das Verschmolzensein mit allen sie umgebenden Dingen in der Kindheit, dann die Abtrennung aus dem ursprünglichen Eingebettetsein zugunsten einer – westlichen – Entwicklung noch nicht erwachter Begabungen und zuletzt »Heimfindung« in ein »Ganzes«, das ihr hier, in der Wolgalandschaft, als sinnlicher und metaphysischer Ort begegnet.

Die gewöhnlich in Antinomien Denkende fühlt sich wie ein kleines Kind von den Fluten des Stromes zurückgewiegt in eine diesmal unvergängliche Ruhe und Erfüllung. Sie will nicht mehr benutzen und an sich reißen wie bisher, vielmehr die Resultate ihrer Existenz niederlegen »zu Füßen dessen, *was ist*«. Sie hat die private Ikone, vor der nun auch sie vorbehaltlos verehrend knien kann, aufgespürt. Ein neuer Zustand, der sein gegenständliches, von ihr unabhängiges, nicht allzu beliebig aufzufüllendes Bild in der Wolga findet und von dem sie glaubt, sich dauerhafter in ihm »einnisten« zu können – wieder die Haus-, Gefäß-, Mantelmetapher – als in den zuvor erwähnten Frühlingserlebnissen der Kindheit. Nun also ist sie angekommen und scheut sich nicht, bei der Beschwörung der Endgültigkeit dieser Heimkehr die religiösen Vokabeln eines Gottesdienstes zu wählen.

Hat sich, möchte man nach einer Pause der Ergriffenheit ketzerisch fragen, bei dieser Apotheose ehrfürchtig schlichten Seins auch ihr »westlicher« Intellekt zum finalen Schlaf niedergelegt?

Im Gegenteil! Die Finnlandreise, also die Entfernung von der eben entdeckten russischen Heimat und dem Geliebten, eröffnet das dritte Kapitel dieses Tagebuchs, eine unnachsichtige Überprüfung des jetzt aus der Distanz zu

Beurteilenden. In der Art, wie das geschieht, wird es nicht nur für sie, sondern auch für uns, die heutigen Leser, eine überzeugende Bestätigung ihres hingerissenen Zwischenfazits. Die Distanzierung beginnt behutsam und unbarmherzig, wenn sie den Park von Nowinki plötzlich als schöne, aber eben doch zum toten Gehäuse gewordene Form schildert, gerade nicht durch das Einfüllen der eigenen Seele wiederbelebbar. Auch die Bewohner betrachtet sie nun noch einmal. Deutlich erotisch gefärbt, beinahe schon als Romanfigur, Kolja, ebenso die Babuschka, und hier tritt plötzlich ein Schock ein, ähnlich gellend wie das Lachen der Schwestern in *Ma* über den Ikonenumzug.

Der östliche Aberglaube, die »rein souveräne Gottesbehandlung« der Mutter Koljas erscheint unter dem kalten Licht eines westlichen Analysierens, falls man sich auf die Zuteilungen der Nationaleigenschaften durch die Autorin einlassen will, wenn sie hinter dem »lose aufgemalten Himmel des Gottes« eine »zweite weit furchtbarere Maschinerie« ausmacht. L. A.-S. hat ihre »Heimat« nicht nur leiblich verlassen.

Als sei ein großer Zauber mit noch größerer Willensanstrengung zerstört worden, stürzt sie sich erneut auf ihre Gegenstände, nun mit dem Aufgebot ihrer nüchternsten Verstandeskräfte. Die paar eingestreuten Gedichtchen verstärken den Eindruck im Kontrast. Es ist nicht nur die Beleuchtung der aufgeklärten Westlerin, in der sie ihre Erkenntnisse überprüft, sie teilweise zu widerrufen scheint. Etwas noch Grundsätzlicheres kommt ins Spiel, das, was ihrer Meinung nach die Stärke der Russen nicht eben ist: das Dialektische. Etwas, das Ikone, Tradition, Ritual gefährlich in Frage stellt, nämlich der Geist der Unruhe, des Fortschreitens, des Individuellen, der Formsprengung. Nicht Wiege, Heimat, Nest und bergender Gottesdienst sind die Lösung für modernen Verstand und Seele, so begreiflich die Sehnsucht nach Ruhepausen im Eindeutigen für jemanden ist, der immer auch die Rückseite der Dinge kennen muß. Sie kann nicht aus ihrer – ja keineswegs durchweg altrussischen – Haut heraus, und gerade das heißt, daß sie sich von sich entfernen, von sich fortgehen muß ohne Angst um die eigenen Identitätsgrenzen.

So wird, in ihrem Loblied auf die Wonnen des Erkennens, das vielleicht etwas vorschnelle Preisen der »Ganzheit« einer Revision durch die westliche Hälfte ihrer Person unterzogen, und als hätte sie die eine Weile allzu heftig unterdrückt, reißt nun diese die Macht geradezu explodierend an sich, steigert ihre Forderungen, sich dem Unbekannten auszusetzen, den Schmerzen und Schrecken der Berührung mit ganz und gar Fremdem, dabei Konvention, Sicherheit, wenn es sein muß, Moral hinter sich lassend, um dem Nichtvertrauten zu begegnen. Erst aus diesem Zusammenstoß mit dem womöglich Entgegengesetzten entstehe das wirklich Schöpferische, Neue. Gott ist in diesem Gedankengang nicht der sich im Einfachen, Guten Bergende. Er ist der Dialektische, der Zusammenschluß von Schutz und Drohung, Entzücken und Entsetzen, das zur Synthese gebrachte Widersprüchliche. Kein Zurückzucken demnach vor dem manchem schon als Beweis für die Abwesenheit Gottes geltenden Fürchterlichen, sondern ein Einverständnis auch mit dem Äußersten. Erst dort beginne die Absolutheit des Gottes.

Aus all dem spricht ein Dürsten nach Erweiterung der Grenzen, nicht nach Rückzug, nach Großräumigkeit, Widerstand, Dynamik. Ideales Exemplar eines Menschen wäre, wie könnte es anders sein, der ein vielfältiges Potential realisierende, nicht der einseitig erhabene oder erhaben einseitige. Der wirklich große ist nur der, der alle

Möglichkeiten menschlicher Existenz, die edlen, die prekären, ja auch die bedenklichsten Triebe in sich trägt und sie an ihre richtigen Plätze in seinem Gesamtsystem verweist, sie assimiliert und harmonisch zu ordnen versteht, sie nicht unterdrückt, sie vielmehr an den ihnen passenden Stellen in Schönheit verwandelt. L. A.-S. selbst, die in Leben und Gedanken gezeigt hat, was es heißt, nicht konventionell zu sein (also alles andere als ein bißchen Bürgerschreckmummenschanz), stehen diese wild-vernünftigen Erwägungen und sachlich-verwegenen Steigerungen wohl zu Gesicht. »Harmonie«, »Ganzheit« sind überhaupt erst denkbar über das Erleben/Erleiden von Extremen. Schon verfliegt die trübe Wolke des Faden, Kastrierten, die über den beiden Begriffen hängt.

Was aber ist aus der frommen Einfalt geworden, der am Volk und seinen Ikonen so besungenen? Im Bild der aufsteigenden Fontäne und des Zurücksinkens in die Brunnenschale für intellektuellen Aufschwung und Akzeptieren ewiger Lebenstatsachen, für kulturellen Höhenflug und Seelentiefe liefert L. A.-S. die Veranschaulichung einer komplexen Entwicklungsmethode. Wenn auch innerhalb einer Persönlichkeit die Gesamtdynamik eines solchen fortwährenden Auf- und Absteigens das Wünschenswerteste ist – wie überhaupt als Stoffwechsel einer Zivilisations- und Kulturgemeinschaft –, so muß doch, meint sie, auch im bescheidensten Leben, in jedem Moment der Aufschwung einer nicht ausformulierten, aber vorhandenen Originalität und Ewigkeitsessenz möglich sein. Und vollkommener erscheint ihr ein Mensch, der sich in der noch ruhenden, stummen Kompaktheit seiner Seelenkräfte befindet, als die allgemein höher bewerteten, immer dünner sich ins Abstrakte verzweigenden, ausschließlichen Kulturexistenzen. Denn diese müssen, abgeschnitten von ihren Wurzeln, zugrunde gehen, während jene, als »Masse« in Ost und West eh wie je Unterschätzten, noch nicht verausgabten »Einfältigen« alle Ressourcen eines Seelen- und irgendwann vielleicht auch Geistesschauspiels in sich bergen.

Stehen sich nicht hier, und überhaupt in dieser Frau, Kleistscher Fechter und Bär aus dem *Versuch über das Marionettentheater* gegenüber? Spricht nicht aus jeder ihrer Polarisierungen die Sehnsucht der westlichen Intellektuellen, nach unendlicher Reflexion in jenen Zustand zurückzukehren, der eine alte Heimat und eine zukünftige wäre: die Grazie, deren japanische Version sie fasziniert zu Anfang erwähnt und die ihr angesichts der Wolga wieder in den Sinn kommt? Die Grazie der Unmittelbarkeit, Unschuld, Kindlichkeit, die sie im russischen Volk mit tiefstem Respekt und auf Teufel komm raus zu finden beschlossen hat? Und zwar mit der bedenkenswerten Rezeptur, das zu versuchen, was sich auszuschließen scheint. Abwechseln der Zustände: äußerste Differenziertheit, Bewußtheit zu entwickeln und immer wieder zu vergessen, überzeugt davon, daß unser Kunst- und Geistesleben vor der Unendlichkeit ohnehin nur eine kleine Gestikulation ist. Sie exemplifiziert das Paradekunststück, als Intellektuelle vor einer Ikone naiv und scharfsinnig knien zu können, auch sich selbst die Schaffung solcher Inbilder zu gestatten, in die man alles Wissen füllt, denen man alle Inbrunst entnimmt. Die spätere Freud-Schülerin und praktizierende Psychoanalytikerin hat sich mit den Gefahren einer Idolisierung der Kindheit, jener Phase der »All-eingeborenheit« kritisch auseinandergesetzt und doch nicht gezögert, bis hin zum *Lebensrückblick*, die dritte Rußlandreise als entscheidende Gefühlsfeier und Erkenntnisexerzitium unverrückbar für sich zu stilisieren. Wie es für ihren

II BÜCHER UND AUTOREN

»Pagen« (Fiedler) Rilke das Erlebnis der Sprach- und vorübergehenden Gottfindung war, so für sie die zurückgeschenkte Kindheit/Heimat, jedenfalls deren Sinnbild, Symbol. Allein im Tagebuch konzipiert sie zweimal die Abrundung ihres Lebens und gibt ihm prophylaktisch den Befehl, dabei zu bleiben: »auf weiten Wegen ... zur inneren Heimath der Einfalt« zurück. Daß es sich als ein weiterhin unruhiges, westlich wißbegieriges herausstellte, ist nur die andere Seite der Medaille.

»Wie schön«, denkt der Bischof in Anton Tschechows 1902 beendeter gleichnamiger Geschichte, als er von seinem nahen Tod erfährt. In kindlichem Alter, erinnert er sich, ging er hinter der Ikone, und ihm war, »als zittere die Luft vor Freude«. Und er, der nun Kindheit, einfachen Leuten und Mutter durch Amt und Bildung so sehr Entrückte, der dieser Stellung immer müder wurde, sehnt sich mit großem Heimweh zurück und sieht sich auf dem Totenbett, schon nichts mehr verstehend, als ganz gewöhnlichen Menschen, »rasch und froh und dann und wann mit einem Stöckchen auf die Erde stoßend« unter dem russischen Himmel durchs Land gehen.

Ernst Pfeiffer überliefert die Abschiedsworte der Sterbenden: »Das Beste ist doch der Tod.« Zweifellos ein ambivalenter, ein schwebender Satz. Nach allem, was wir von ihr ahnen, hat sie ihn erwartungsvoll, nicht bitter gemeint, wie, diesmal im endgültigen Ernstfall, »einer Heimath zu«.

Ob aber das russische »Volk« im kapitalistischen Jahr 2000 erträglicher leben wird als im antiwestlichen Jahr 1800 oder im schon vorrevolutionären 1900?

Die Kapelle der »Iberischen Mutter« wurde 1929 auf Sowjetbefehl zerstört. Das Wort »Ikone« ist am Ende dieses Jahrhunderts wohl irreparabel zu einer der abgedroschensten Vokabeln des Feuilletons degeneriert.

Die zwei Seiten der Medaille
Zu Lou Andreas-Salomé

»Eine Geschichte, die er für sein Leben hält«, vermutete Max Frisch, erfinde sich jeder irgendwann selbst. Die kühnere, ebenso einleuchtende Binsenweisheit spricht Lou Andreas-Salomé aus, indem sie behauptet, das Leben selbst sei Dichtung, es dichte uns, nur seien wir uns dessen nicht bewußt. Mit viel Sinn für Höhepunkte im Schaffen des anonymen Lebensdichters schildert sie in ihrem *Lebensrückblick* eine seiner humoristischen Spitzenleistungen: Friedrich Nietzsche, später weltberühmt als Gott-Töter und Herold des Übermenschen, 37 Jahre, geht in der römischen Peterskirche auf eine ihm bis dahin nicht bekannte, aber als geistesverwandt empfohlene Russin zu. Es ist L. A.-S., 21 Jahre, die schon als Kind kühlen Blutes »den Gott« abschaffte. Nietzsche wählt, dem kosmischen Augenblick angemessen, allen Ernstes folgenden Eröffnungssatz: »Von welchem Stern sind wir uns hier einander zugefallen?« (und schreibt ein halbes Jahr später: »Unsere Intelligenzen und Geschmäcker sind im Tiefsten verwandt.«) Währenddessen macht sich in einem Beichtstuhl der mit ihm befreundete Philosoph Paul Rée, 33 Jahre, Entdecker der Historizität des Gewissens als reiner Überlieferung und lediglich sozialer Institution, Arbeitsnotizen. Beide Männer bitten andernorts die junge Frau um ihre Hand, die sie als erotische Partner abweist zugunsten eines spirituellen Dreierbundes.

Noch in diesem Jahr, 1882 in Luzern, kommt es zum wohl berüchtigtsten Foto aus dem Leben der L.A.-S.: Rée und Nietzsche sind mit Stricken vor einen Leiterwagen gespannt und werden von ihr, einer reichlich linkischen Femme fatale, mit einer wohl kaum überzeugt erhobenen Peitsche angetrieben. Die Legende von der Muse und Verschlingerin großer Männer läßt sich zwar mit dieser Ablichtung, einer Inszenierung des Dichterphilosophen Nietzsche, wunderbar illustrieren, nur sind Foto und Fama gleichermaßen täuschend.

Wer weniger an Nietzsches aufschlußreicher Projektion als an der jungen Person selbst interessiert ist, sollte ihr Gesicht ansehen, deutlicher noch auf einem Zürcher Atelierfoto ebendieses Jahres. Da lehnt sie im selben strengen Küsterinnenkleid, das aber zugleich den Körper gewaltsam übertreibend in weiblich modellierende Formen zwingt, zwischen klassischem Salonambiente. In ebenso schreiendem wie rührendem Kontrast zu den konventionellen Kurven steht die männlich markante Denkerstirn. Durch das hier noch uneitel zurückgekämmte Haar tritt deren extreme Höhe und Breite ohne gefällige Kaschierung zutage. Darunter ein Blick, den sie schon als kleines Mädchen hatte und behalten hat, als sie eine alte Frau war: tiefernst forschend und unversehrt kindlich.

Im März 1882 schreibt »die Russin« aus Rom einen Brief an ihren Petersburger Freund Gillot mit dem hingefeuerten Satz: »Wir wollen doch sehn, ob nicht die allermeisten sogenannten ›unübersteiglichen Schranken‹, die die Welt zieht, sich als harmlose Kreidestriche herausstellen!«. Der »frisch-fromm-fröhliche Krieg«, der jetzt »losgehen« werde, ist einer gegen Konvention und Gesellschaft, verordnetes Erwachsenen- und Frauendasein, zunächst gegen die Mutter, die das junge, an seiner hemmungslosen Arbeits- und Studierwut bereits erkrankte Mädchen sicherheitshalber begleitet.

Damit ist das biographie-obligatorische Dreigestirn des Jahres 1882 (Peterskirche, Peitschenfoto, »Kreidestriche«) komplett. Der briefliche Fanalsatz aber ist ernst zu nehmen, nämlich die Zentralparole dieses Lebens, von Anfang an.

Lou Andreas-Salomé wurde 1861 in St. Petersburg geboren. Sie ist einzige Tochter unter insgesamt sechs Kindern hugenottisch-deutschstämmig-baltischer Eltern. Die Familie wohnt gegenüber dem Winterpalais, der Vater gilt als General. Mit 17 Jahren löst sie sich von der protestantisch-reformierten Kirche und besucht die undogmatischen Predigten des Niederländers Hendrik Gillot, der auch Erzieher der Zarenkinder ist. Er unterrichtet, zunächst heimlich, seine 25 Jahre jüngere Schülerin in Philosophie und logischem Denken und wird für sie eine Art Gottersatz. Die Beziehung gilt als ihr erstes, wenn auch nicht sexuelles Liebeserlebnis, eine Art geistiger Raserei ihrerseits. Als der Familienvater Gillot ihr einen Heiratsantrag macht, ist sie schockiert und reist mit der Mutter nach Zürich, um das Studium der Kunstgeschichte und Religionswissenschaft zu beginnen. In Rom lernt sie Rée und Nietzsche kennen, mit Rée reist und lebt sie längere Zeit zusammen. Er übernimmt, was bleibt ihm anderes übrig, die Rolle des großen Bruders, vor allem in Berlin, wo er Lou Zutritt zu einem Kreis junger Wissenschaftler (u.a. Hermann Ebbinghaus, Ferdinand Tönnies) verschafft. In Distanz zu Nietzsches affektgeladenem Philosophieren genießt sie hier das programmatische Streben nach größter Sachlichkeit. 1887 heiratet sie den 15 Jahre älteren Iranisten Friedrich Carl Andreas. Die Ehe wird physisch offenbar nie vollzogen. Inzwischen veröffentlicht sie, nach ihrem ersten, bereits beachteten Roman *Ein Kampf um Gott*, Kritiken, Rezensionen, Aufsätze. Sie schreibt ein Buch über den in Deutschland gerade erst bekannt werdenden Ibsen und ein wohl einzigartiges über Nietzsche, reist ohne Ehemann nach Paris, in die Schweiz, nach Wien, begegnet dort Schnitzler, v. Hofmannsthal, Beer-Hofmann, Altenberg und sieht sich konfrontiert mit einem Fluidum von Geist, Kunst und Erotik in verwirrender und wohl erstmals verführender Mischung und Grazie. Davor und danach unternimmt sie wichtige Heimkehr-Reisen nach Rußland, zweimal mit Rilke, den sie, 36jährig, als 21jährigen durch Jakob Wassermann kennenlernt. Das Liebesverhältnis dauert einige Jahre, die Freundschaft, das bezeugt ein bewegender, nicht selten das Komische streifender Briefwechsel, bis zu Rilkes Tod. Sie veröffentlicht die Romane *Fenitschka, Ma, Ródinka*, zieht mit Andreas nach Göttingen, kommt, entschwindet, kehrt stets zurück, hat diverse Liebesaffären, geht ab 1912 bei Sigmund Freud »in die Schule«, führt schließlich selbst Analysen durch und schreibt psychoanalytische Aufsätze, darunter die in vielerlei Hinsicht glänzende Arbeit *Mein Dank an Freud*. 1930 stirbt ihr Mann. Sie übergibt ihren literarischen Nachlaß dem Göttinger Philologen Ernst Pfeiffer. Ihr Leben endet 1937, wenige Tage vor ihrem 76. Geburtstag, in Göttingen, wo sie die letzten Jahre an der Grenze zu finanzieller Not verbracht hat.

In erster Linie scheint sich die genuine Unkonventionalität dieser Existenz auf den Lebensstil und das Verhältnis zum anderen Geschlecht zu beziehen. Schon das wäre interessant genug. Sie muß ein harter, irritierender, ziemlich unwiderstehlicher Brocken für die Männer gewesen sein. Vom anziehenden Äußeren abgesehen: hochintelligent, kühl, phantasievoll, bei keiner noch so gewagten

Gesprächskurve und -spirale passend, aber nach dem normal heuchlerischen Verhaltenskodex für Erotisches völlig unkalkulierbar. Dazu eine symptomatische Anekdote, die in *Fenitschka* nachzulesen ist: In Paris verbringt sie einen Abend und schließlich die Nacht, in Gespräche über Prostituierte vertieft, in den »Hallen« mit Frank Wedekind. Als er sie schließlich zu einem Kaffee in sein Hotel einlädt, willigt sie ein. Es kommt zu einem scheiternden Verführungsversuch. Wedekind entschuldigt sich korrekt am nächsten Tag. Dabei ging es wohl kaum darum, seine, Wedekinds, männlichen Spielregeln ausdrücklich zu mißachten, sondern die einen solchen Abend auf den schematischen Annäherungskatalog reduzierende Etikette einer ganzen Gesellschaft gar nicht erst in Erwägung zu ziehen. Das Aufreizende besteht zweifellos in dem unumstößlichen, für all die ihr begegnenden Berühmtheiten schwer zu begreifenden Faktum, daß L. A.-S. einen offenbar gefräßigen, nicht zu betäubenden Geist besitzt, auch wenn sie mit noch so üppigen Lippen spricht. Die sexuelle Leidenschaft, von der sie im Laufe ihres Lebens viel verstehen lernt, zuerst theoretisch, dann, mit einiger Verzögerung, praktisch, ist etwas ganz anderes, Abgetrenntes. Mit entwaffnend unschuldiger Rigorosität denkt sie überhaupt nicht daran, diese deutlich unterscheidende Empfindung und die daraus resultierende Freiheit herkömmlicher Geschlechtskoketterie zu opfern. Dazu gehört allerdings beträchtlicher Mut, vor allem die Courage zu enttäuschen: Auch bei Freunden und Liebhabern besteht sie auf dem Recht, zu wählen und zu gehen, wenn sie es für richtig hält.

»... konnten ein mir begegnender Schuljunge und auch ein mir begegnender Greis, ein Keimling und auch ein breiter Baum, Altersklassen der nämlichen Person darstellen – als gehörten sie ohnehin ineinander«: So erinnert sich L. A.-S. an Imaginationen ihrer frühen Kinderzeit. Kein schlechter Einstieg für eine zukünftige Schriftstellerin. Im *Russischen Tagebuch* gibt es dazu eine Art Replik, wenn sie unter der geschrumpften, verknöcherten Erscheinung und der erstarrten Artikulation sehr alter Leute, die Schranken des Augenscheins überwindend, ungeahnte Möglichkeiten einer nur nicht mehr äußerbaren Fülle vermutet. Es sind erlebte Symbole, Bilder für die, stets konventionelle Absprachen identifizierende und auflösende, unermüdlich vorwärtstreibende Weise ihres Denkens, das übrigens in der Lage war, später den väterlich kategorischen Einspruch Freuds – er sah ihren Schwachpunkt, wird aber auch ihre Um- und Anverwandlungsgewalt gefürchtet haben – gegenüber ihrer Neigung zu eiligen, eigenmächtigen Synthesen seiner psychoanalytischen Funde als disziplinierendes Stimulans und keineswegs als Entmutigung zu begreifen. Dazu ist ihr das »helle ernste Jugendglück am Erkennen« zu treu geblieben bis in ihre späten Tage. Als Exempel könnten hier etwa Beweisgänge dienen wie der des einzigen Überlebens Gottes in seiner Verneinung in *Vom frühen Gottesdienst* oder des, im Vergleich zur überschwenglichen Sinnenliebe, irdischeren Charakters der geistigen Liebe in *Psychosexualität*: Sie arbeitet sich im Denkprozeß vor bis zum Erreichen des Widerspruchs. Man gewinnt den Eindruck, auf nicht endenden, elektrisch brennenden Gehirnkorridoren und Wendeltreppen mit immer wieder verblüffenden Kehren zu gehen.

Nur in einem Punkt verhält sie sich – schriftlich – provozierend konventionell. Immerhin hat das frauenbündlerische Anbiederungen verhindert. In ihrem Aufsatz *Zum Typus Weib* (1914) stellt sie – man sehe ihr das damals noch übliche, rubensartige Donnerwort »Weib« nach – diesem, als Verkörperung naturhaften Seins, das männlich kulturschaffende Werden gegenüber. Ein oberflächliches Ärgernis, das sich zum Teil erklären mag aus Trotz und Verzagen über ihr noch zu untersuchendes »Scheitern« im kreativen Hervorbringen, wesentlicher aber daraus, daß man nicht konstatiert, wie stark sie immer und unverzichtbar aus ist auf Extrem, Trennung, Gegenpoligkeit, Entzerrung und Isolation der Phänomene, zunächst also auch auf Typisierung als Zwischenresultat. Eine Sache des Temperaments, der Rhetorik, Dramaturgie und der Denktechnik. Dialektik als Basis für die eventuelle Synthese. Außerdem sind ihre Arbeiten zur weiblichen Sexualität exzellente Tiraden, die das scheinbar Widersprüchliche im erotischen Verhalten der Frau als durchaus logisch verästeltes System enttarnen und, noch entscheidender, das Männliche und Weibliche souverän und ohne Verlust an Sinnlichkeit, ja Wollust, ins Menschliche überführen.

In ihren literarischen Werken kann man das schroffe Umspringen von Gefühl in Kälte, von Subtilität in Robustheit, von Pathos in Komik schätzen und immer wieder kleine, suggestiv konkrete Szenen, die Darstellung eines Pferdchenspiels, einer Brille, eines abgespreizten Fingers und deren sichere Plazierung. Ihre Gedankengänge sind durchweg originär, die vor allem weiblichen Figuren modern, nuanciert, mit wie eben erst erforschten Seelenregungen ausgestattet. Eine große Schriftstellerin ist sie dennoch nicht, da sie ihre Gegenstände nicht prinzipiell in poetische Sprache übersetzt und, noch gewichtiger: Es fesselt sie, mehr als die Erscheinung, das Fazit, die Erkenntnis, die sie dann illustriert. Gelegentlich schwülstig ist sie wegen zu viel, nicht zu wenig Gedankentiefe. Da hilft auch eine nachgelieferte Ironisierung der Traktate nichts. Aber wissen, ja wissen tut sie alles über Kunst! Etwa: »... das Neue und Reizvolle in Peter Altenbergs kleinen Gestaltungen beruht auf dem Rätselhaften, wie er gleichsam beide Geschlechter am innern Erwachsenwerden verhindert, indem er ihr Infantilbleiben dichterisch zu einer Spezialität verarbeitet, die sich auch in seiner personellsten Besonderheit voll ausdrückte.« Generell poetologisch: »Und ebenso muß fürs Gelingen nicht nur das Stoffliche des Anlasses in Vergessenheit gesunken sein, sondern verbraucht.« Oder, ein Beispiel präzisesten künstlerischen Instinkts und Urteilsvermögens: Am 18. 7. 1903 schreibt Rilke, nach vielen Ergüssen enervierender Schwärmerei und des Jammerns an L.A.-S. einen Brief über einen an Veitstanz leidenden Mann in Paris. Zum ersten Mal bemerkt man in diesem Briefwechsel seine künstlerische Qualität. Und zum ersten Mal zufrieden und hingerissen, kommt punktgenau die Antwort: »Nun ist Dir's gekommen: der Dichter in Dir dichtet aus des Menschen Ängsten.« Früher habe und hätte er »die Dinge veitstänzig betrachtet: heute schilderst Du ihn.«

Der Nietzscheforscher Karl Löwith urteilte über *Nietzsche in seinen Werken* (erschienen 1894!), in dem sie, einfühlsam und analytisch, Nietzsches Philosophie und deren Entwicklung aus seinem geistigen Naturell und der Tragik eines »religiösen Genies« in der falschen Zeit erklärt und die psychologischen Riten und Formschritte seines Denkens darlegt: »Es ist in den darauffolgenden 50 Jahren keine zentraler ansetzende Darstellung erschienen, aber auch keine, die jetzt so wenig beachtet wird.« Und wo würdigt man etwa ihren Beitrag zum Narzißmus und den Essay *Mein Dank an Freud*, eine Durchblutung Freudscher Terminologie und ziselierende, respektvolle Korrektur aufgrund ihrer Erfahrungen in Philosophie, Kunst, weiblicher Sexualität, die Freud in dieser Intensität nicht besaß, so daß er selbst gestand, diese Arbeit sei »ein unfreiwilliger Beweis ihrer Überlegenheit über uns alle«? Pure Vergeßlichkeit?

Die Frage jedoch ist: Wenn sie als Philosophin, Schriftstellerin, Wissenschaftlerin eine – hat man sich erst einmal an einige Sprachticks gewöhnt – teils brillante, inspirierende Kommentatorin war, aber keine originäre Schöpferin, wo steckt dann ihre eigene, wenn sie eine hat, Genialität? Es soll hier nicht einmal darum gehen, ihr Gerechtigkeit widerfahren zu lassen, es geht um die Frage: Was versäumen wir, wenn wir sie, gönnerhaft und bestenfalls, hauptberuflich als intellektuell-erotische Begleiterin berühmter Männer zur Kenntnis nehmen?

Die »personellste Besonderheit« der L. A.-S., die deren lebenslängliche, gelassene Unkonventionalität bloß zur Folge hat, wird von vielen bezeugt: Sie war »von kindlicher Reinheit und Lauterkeit des Sinns und zugleich wieder von unkindlicher, fast unweiblicher Richtung des Geistes und Selbständigkeit des Willens«, »ein energisches, unglaublich kluges Wesen mit den mädchenhaftesten, ja kindlichen Eigenschaften«, »scharfsinnig wie ein Adler und mutig wie ein Löwe und zuletzt doch ein sehr mädchenhaftes Kind«, »ein Freund warst Du wie Männer sind, ein Weib so warst Du anzuschauen, und öfter noch warst Du ein Kind«, »was man so ›dem Leben gewachsen sein‹ nennt, war ich gewißlich nie: ich fing offenbar gar nicht erst damit an, und nur dies freche Stück Infantilismus hielt mich fröhlich« (der Zürcher Theologieprofessor Alois Biedermann, Rée, Nietzsche, Rilke, L. A.-S.).

Es handelt sich um die zwei fundamentalen Pole ihres Wesens. Überrascht hat wohl die, die ihr begegneten, nicht die offensichtliche Intellektualität, darauf waren sie vorbereitet, sondern die daneben sich zeigende Kindlichkeit, beides nicht zur Norm gemischt, vielmehr Geist und »Infantilismus«, bis hin zum »wunschlos-vorweltlichen Wohlsein« ohne Mittelgrund in ihrer Spannung ausgehalten und als Gegensätze gleichermaßen wirksam. Bemerkenswert ist nun, wie sie diese Disposition erkennt und daraus ein alle ihre Werke bestimmendes Denk- und Lebensprinzip schafft.

Ihre Rußlandreise von 1900 hat L. A.-S. im Zeichen der Heimkehr einer westlichen Intellektuellen in ihre Kindheit gesehen, wenn nicht zelebriert, und das heißt hier: Bewußtwerdung der kraftspendenden Vorzüge von Einfalt, Naivität, »unbewußt liebender Identifizierung mit allem«, argloser Verflochtenheit mit der Welt noch vor exaltierter, aber unvermeidlicher Individualisierung in der Jugend. So kommt es zu einer Gleichsetzung von Wolgalandschaft, russischem Volk, Kindhaftigkeit, Lebensinbrunst, natürlich nicht als endgültiger Aufenthalt im Glück einer, objektiv betrachtet, Ich und Welt verwechselnden, subjektiv erlebten »All-eingeborenheit«, jedoch als Wiederentdeckung eines ja schon immer anwesenden und sich in alle Aufgeklärtheit einmischenden Potentials in ihr selbst.

In der Kraft einer nicht abgedankten Kindlichkeit ist der Künstler seinem scheinbaren Antipoden, dem Bauern, näher als den sich ins immer Abstraktere differenzierenden Kulturexistenzen, die schließlich, wie sie später schreibt, als »recht ausgemergeltes Menschentier« dastehen, während »die Kreatur in ihrer unbeschnittenen Kulturlosigkeit nahezu als Großgrundbesitzer imponieren könnte«. Prinzipiell aber sei die Infantilität, durch die Erinnerungsleistung des Gedächtnisses, Basis jeglichen Glückserlebens und das, keineswegs exklusive, Grundreservoir aller.

Wenn auch, so lernt sie aus Freuds Studien, ein zwiespältiges, mit der Gefahr nämlich, durch eine Fixierung ins Pathologische abzurutschen, wobei nicht sie in Gefahr ist, ihre Gedankengänge der Freudschen Terminologie zu opfern, es sind allenfalls sie, die Freudschen Begriffe, die, unter den energischen Durchformungen und interpretierenden Behauchungen der L. A.-S. erblüht, ihren ursprünglichen Umriß zu sprengen drohen. Rilke, kurz vor seinem Tod, meinte, durch sie hätten die Freudschen Funde – hier der primäre Narzißmus – vielleicht erst die »weiteste und gültigste« Bedeutung angenommen. Kein Wunder, denn was sie über die Funktion der Kindheit als Heimat, Depot, Totalität der Wahrnehmungen für den Künstler sagt, ist vielleicht nie bezwingender formuliert worden, über das »Superlativische, über alle Erfahrung Hinausfliegende« wie auch »mit einer geringfügigen Einzelheit Verklammerte« der Kindheitseindrücke, wo noch der geringste Teil für das Ganze steht »als Statthalter und Machthaber unverkürzten Lebenswunders und diese Befrachtung, Überladung der Dinge nicht mit vielem nur, sondern mit gleichsam allem« Quelle künstlerischer Arbeit bleibt.

Und nun, der nicht unterdrückbar dialektischen Struktur ihres Charakters, ihrer Rede- und Denkbewegungen gemäß, der Riesensprung ins Gegenteil! Vom Kind zum Erwachsenen, aus der Gläubigkeit in die Aufklärung, vom Ganzen in die Differenzierung, aus der Geborgenheit in die tabulose Relativierung. Die sich mit ihr seelenverwandt fühlenden Rée und Nietzsche haben die junge L. A.-S. eventuell nur in einem schon kräftig entwickelten Skeptizismus bestärkt. Es wird bei ihr daraus ein Mißtrauen gegenüber jeder Eindeutigkeit, Einseitigkeit, Idolisierung, jeder Frömmigkeit wie auch Gottabschaffung und Selbstvergottung (»Wie unter den Philosophen abstracte Systematiker ihre eigenen Begriffe zu einer Weltgesetzlichkeit verallgemeinert haben, so verallgemeinert Nietzsche seine Seele zur Weltseele«), gegenüber den Täuschungen der Erotik und der scheinbaren Naturgegebenheit von Ethos, Moral, schließlich des Erkennens selbst als entschiedener freigeistiger Werterfindung und trotziger intellektueller Illusion. Nie gibt sie eher Ruhe, als bis sie auch hinter das Ding sieht und es als Konstruktion und Setzung, als Ikone, die das ist, was man in sie hineinfüllt und ihr andächtig entnimmt, identifiziert hat. Was bleibt übrig?

Nichts.

Nur ist sie radikal oder weise genug, um zu wissen, daß man eine Sache, wenn man sie »erkennt«, damit keineswegs erledigt, auch wenn man sich das wegen der Euphorie des zügigen Voranschreitens im Erkenntnisprozeß gern einbilden mag.

Das heißt, sie gibt, spielverderberisch, auch dann noch nicht Ruhe, wenn sie gewissermaßen hinter dem jeweiligen intellektuellen Hochaltar steht, »weil nichts Frommes uns von Gnaden unserer aufgeklärtesten Ansichten kommt, sondern allemal nur von der Gewalt unserer infantilsten«. Frömmigkeit hier verstanden als inbrünstige seelische Produktionskraft von Inbildern, wie sie von selbst in der Kindheit, naiv-poetisch in Naturreligionen und in der Kunst geschaffen werden, von keinem Forschungsergebnis überholbar oder zu zersetzen.

Die geniale Leistung der Lou Andreas-Salomé, besteht sie nicht in einer widersprüchlichen Gleichzeitigkeit? Beziehungsweise in einem, in ihren Werken jederzeit nachzuspürendem Akrobatenstück des Auf- und Absteigens oder gelenkigen, sich wechselseitig befruchtenden und kritisierenden Hin- und Herspringens zwischen allzeit präsenter Kindlichkeit und allzeit gegenwärtiger Rationalität, Hin- und Herwenden der Medaille der eigenen Existenz? Hier unersättliche intellektuelle Unterscheidungsgier, dort narzißtische Glückseligkeit der Identität von Innen und Außen, Einschmelzen von Ich in Welt und Welt in Ich, Aufsuchen unserer allerersten und dauerhaftesten Heimat nach den rechthaberischen Abmagerungskuren der Verstandestätigkeit. Ohne diese im geringsten zu mäßigen, zu desavouieren oder für verzichtbar zu halten: Balance und Abwechslung mit jenem rehabilitierten, infantilen Zustand, dem ausgewachsene Menschen etwa in der Liebe, zu ihrem unvergleichlichen Glück – das macht die erotische Begeisterung so beliebt –, ganz von selbst wieder anheimfallen in Gestalt einer »geselligen Selbst- und Weltverwechslung à deux«. Vorübergehend, versteht sich.

Brief an das Pferd des Lord Chandos
Zu Hugo von Hofmannsthals *Ein Brief*

»... starb mit verzerrten Zügen, die Lippen so verrissen, daß Zähne und Zahnfleisch entblößt waren und ihm einen fremden, bösen Ausdruck gaben«:

Pferd, das seinen Lord brav und kaum erwähnt an den vergitterten Stubenfenstern seiner Bauern vorüberträgt! Gemeint ist im Zitat nicht Deinesgleichen, aber es soll doch offensichtlich Deine Spezies assoziiert werden und zwar die Grimasse eines tückischen Kumpels von Dir, der einem Menschen, eben dem oben geschilderten Sterbenden, mit augenscheinlich mörderischem Vorsatz gerade per Hufschlag den Todesstoß versetzt hat.

Das Opfer ist ein Mittzwanziger wie Dein Herr Chandos, hat aber schon sieben Jahre früher als dieser, also 1895, das Licht der literarischen Welt erblickt. Beide Männer, jung und reich, stecken in einer Lebenskrise. Wie Dein Lord hat der müde, müde Kaufmannssohn des *Märchens der 672. Nacht* durch vergitterte Fenster in eine fremde Welt, nämlich in die Behausungen von Leuten der Unterschicht gesehen, er allerdings abgestoßen von der armseligen Oberfläche der Dinge und nicht sehnsüchtig nach ihrer »Offenbarung« spähend wie Dein Lord.

Da liegt eventuell der Unterschied: Der Sterbende verharrt trotz seines Elends ratlos im Elitären seiner Klasse, der Lebendige verläßt, zumindest innerlich, die seine und begibt sich mit einigermaßen vollem Risiko ins nicht erwünschte, jedoch notgedrungen Elitäre der Kunst, das allerdings ein klassenunabhängiges ist.

Was solches Abrakadabra nun aber Dich, Roß, undämonischer Heufresser und selbstverständlich dienstbarer Vierbeiner, angeht? Geduld! Von Beginn der Geschichte an strebt der Kaufmannssohn, der so sehr zum Genuß der Schönheit neigt, jedoch von Deinesgleichen, bescheidenes Pferdchen, nichts versteht, seinem kläglichen Ende entgegen. Nur scheinbar geleiten ihn die Dinge, die Diener und Gegenstände seines Besitzes in den speziellen Untergang mit geheimnisvollen Winken, mit Signalen, denen er, ohne sie zu enträtseln, widerstandslos folgt.

Was hättet ihr, Rappen, Schimmel, Füchse, ob nun Hengst, Stute oder Wallach, auch wohl für ein Interesse an diesem müden jungen Greis! Er selbst und kein anderer hat die Fußangeln gelegt und das Netz geknüpft, in dem er zugrunde geht. Er verstrickt sich in dem, was er einem Blick und einem Lächeln, einem Schmuckstück und einem Mehlsack an Bedeutung unterlegt. Ihn interessieren nicht die Dinge selbst, sondern allein, in welcher Weise sie Diener eines erdachten Sinns und parfümierten Tiefsinns, einer großartigen überlieferten Idee, einer Gedichtzeile sind – bis er darin umkommt.

Das Gegenteil ist Deinem Herrn passiert, und er macht zunächst ein großes Geschrei um seine neue Not und Freiheit. Er nämlich fällt raus aus der schönen Bequemlichkeit zwischen Individuum und Tradition, Kunst, Rhetorik, moralischen Übereinkünften und Phrasen. Sogar das simple Hü und Hott der Wörter verweigert sich ihm, nachdem er einige Jahre lang ein wahres Monstrum an frühreifer Virtuosiät und alter nobler Formenakrobatik gewesen sein muß – und sich dabei für einen Dichter gehalten hatte. Jetzt steht er, bis eben noch Mutter-

und Mustersöhnchen erlesener Überlieferungen, plötzlich Hund und Käfer, Ratte und Gießkanne ohne Prothesen gegenüber, keine Rollenvorgabe, kein Kostüm, keine Rangordnung und, offenbar das Allerschlimmste, keine Absprache, beziehungsweise Sprachregelung.

Die Literaturwissenschaft hat ein Riesengeschrei darüber angestimmt, lauter als der Lord Chandos selbst, ganz so, als hätte sie den Brief gar nicht zu Ende gelesen. Sie hat, vierbeinig dienstbarer Geist, den Kummer Deines von seinen frischen Umständen verdutzten Herrn zum Lesebuchwappen der Moderne stilisiert (dabei, Pferd, was wäre schon Schlimmes daran, wenn im verkommenen Sprachlärm jemand wirklich einmal verstummte und begriffe, daß man mit einem dezenten Zucken des Fells oder der Ohren sehr vielsagend reden kann). »Das Vertrauensverhältnis zwischen Ich und Sprache und Ding ist schwer erschüttert. Das erste Dokument, in dem Selbstbezweiflung, Selbstverzweiflung und Verzweiflung über die fremde Übermacht der Dinge, die nicht mehr zu fassen sind, in einem Thema angeschlagen wird.«?? So glaubt voll sogenannter Sprachskepsis, dafür ohne Selbstzweifel – und vertritt damit die offizielle Interpretation – die berühmte Lyrikerin Ingeborg Bachmann.

Dabei müßte gerade sie es besser wissen. Dein guter Chandos, Rößlein, macht, und sei es auf Biegen oder Brechen, die unerläßliche und keineswegs gefahrlose Krise eines jeden ernstzunehmenden Künstlers durch. Ein Schock, erst recht, wenn er bis dahin Wunderkind und -jüngling war! Was einmal allzu schmiegsam von der Hand ging, als würde die Welt von ihrer Artikulation als einer Art Emulsion umschlossen, stellt sich heraus als befristetes Geschenk. Dauerte es länger, würde es schimmeln und Stockflecken kriegen. Das wie geschmiert funktionierende »Vertrauensverhältnis zwischen Ich und Sprache und Ding« muß sich eben irgendwann zersetzen, damit aus souverän und mit großem Kunstverstand verwalteten Erbschaften neue, persönliche Eigentumsverhältnisse entstehen.

»Fremde Übermacht der Dinge«? Die Moderne ist doch den genau entgegengesetzten Weg gegangen, nämlich den in die Abstraktion, in Simulation, Virtualität als sehr dünne Karikatur von Metaphysik (oder deren Substitut?) und platzt darüber bis heute vor Stolz, jawohl, Du gottseidank leibhaftiges Pferd mit dem schönen, epochenlang von allen möglichen Künstlern so prächtig gemalten unspirituellen »göttlichen, tierischen« Hinterteil! Nein, ausgerechnet als Emblem für das 20. Jahrhundert und seine unermüdlichen Sprechproben, ich meine Sprachproduktionen, in denen die plastischen Gegenstände beinahe verschwunden sind und jedermann wie verrückt geworden Bücher verfassen will, taugt die gut beschriebene Krise Deines Lords absolut nicht.

Mit anderen Worten: Es geht Deinem Herrn gut, es geht ihm glänzend, selbst wenn er wirklich nie wieder ein Versehen schreiben sollte. Er fängt sogar eben erst richtig zu leben an. Auch wenn er den Kopf, der noch vor kurzem schwärmte von einer Darstellung der Verbundenheit aller Wesen, hängen läßt, weil er diese Verwandtschaft, die er sich anders ausmalte, jetzt, sporadisch aber brutal, in Fleisch und Blut *erfährt*.

Du wirst es längst gemerkt haben, an den Wegen, die er wählt, an der Weise, wie er auf deinem Rücken sitzt. Was hat er gewonnen (und Du mit ihm, ob Du nun ein Rassepferd bist oder eine Schindmähre wärst)? Statt Dryaden und Sirenen den Anblick eines Krüppels, Hundes, womöglich Pferdeohres in der Sonne, der ihn vor Entzücken für den kurzen Moment seiner Offenbarung (nicht fotografierbar! So was!) fast aus dem Sattel stürzen läßt: die Gegenwärtigkeit, die mehrdimensionale Gewalt der Gegenstände in ihrem einmaligen Erscheinungsmodus, sei es dem der Prallheit oder Zerknitterung, unabhängig von irgendwelchen Albereien einer Bedeutungshierarchie, ob die nun adlig, ästhetisch, biederbürgerlich wäre. Die Leere zwischendurch? Mein Gott, das Übliche nach der Euphorie. Die gibt es doch nie in Permanenz. Eine geradezu physiologische Notwendigkeit. Fühlst Du Dich nicht auch nach einem Höchstgeschwindigkeitsritt ausgebrannt und fängst doch schon bald wieder an, nach einem neuen zu gieren? So etwa stell Dir das vor! Eine Dich und den Reitersmann dabei »durchwebende Harmonie«? Gewiß. Nur so kommen ja Berauschung und Tempo zustande.

Nicht entscheidend also ist, daß der so eloquent Verstummte zu seinem Kummer nicht weiß, in welcher Sprache er dauerhaft mit den Dingen und Geschöpfen, vor denen er zum ersten Mal in seinem Leben in die Knie geht, und zwar tiefer als ehemals vor den Kunstheroen, reden soll. Er hat eine Ahnung von ihr, das genügt. Das genügt vollkommen als schmerzhafter Antrieb. Nicht Du, Pferd, begrifflos redende Kreatur, gehörst ihm. Du bist es, der nun ihn besitzt.

Zwei Jahre bevor Dein Lord seinen Brief schrieb, starb jener Philosoph, der vermutlich wie kein zweiter das damals gerade eingeläutete Jahrhundert beschäftigte. Circa ein Jahrzehnt vor seinem Tod hatte er in Turin auf offener Straße in aufwallendem Mitgefühl einen geschlagenen Kutschengaul umarmt – der ehemals so Sprachgewaltige verabschiedete sich respektgebietend in die Geistesverfinsterung. Trage Du, Pferdchen, den glücklicheren, den angeschauten Gegenständen lauschenden Herrn Chandos, der irrtümlich vom 20. Jahrhundert als seinesgleichen vereinnahmt wurde, ins 21., damit in ihm Glamour, Glanz und Würde der »stummen Dinge«, damit endlich der herzbewegende Tief- oder Hochsinn der konkreten Oberfläche (Pferdeauge, Pferdeapfel), allen anderslautenden Prognosen zum Trotz, – –

Roß, wir verstehen uns?

Little Nemo in Slumberland
Zu Winsor McCay

Mein erster Eindruck, als ich Anfang der Siebziger in einer Hamburger Buchhandlung die große italienische Ausgabe von Winsor McCays Comic *Little Nemo* nichtsahnend aufschlug? Ein Konfettiregen und Feuerwerk aus Menschen, Kostümen, Tieren, ein Purzeln, Stürzen, Ausrutschen gestreifter und gepunkteter Körper, ein Zusammenkrachen und Explodieren ganzer Straßenzüge. Fontänen und Sturzbäche bunt wirbelnder Dinge, abgelöst von ordentlich marschierenden Umzügen, Paraden, Festformationen, von Palastarchitekturen und monumentalen Treppenfluchten, bevor sie ins Rotieren geraten.

Schnell zeigte sich dann das überaus einfache Schema des wilden Gewusels.

Jede Seite stellt, im Stakkato gezeichneter Schnappschüsse fixiert, einen Traum Nemos dar, der, sehr niedlich jedes Mal anders ausstaffiert, ohne Ausnahme im letzten Bild rechts unten erwacht. Nämlich immer dann, wenn etwas auf die Spitze getrieben ist, wenn er rund zum Platzen, dünn zum Sterben, riesig oder winzig, in die Länge gezogen, zum Großvater gealtert oder vervielfältigt, gefroren, geschmolzen, zersplittert, plattgemangelt, zwischen die Sterne katapultiert oder, seltener, glücklich mit seiner kleinen Freundin, der Prinzessin von Slumberland, vereint worden ist. Häufig sind es die Eltern, ältliche Vernunftinhaber, die ihn wecken und die von den wahnwitzigen Eskapaden – ohne ihre Aufsicht, ohne ihren Beistand – des ein wenig mädchenhaften Sohnes keinerlei Kenntnis besitzen. Nicht davon also, warum er so oft, einen Alptraumsturz in die genau ein Kästchen große Realität verlängernd, aus seinem Bett fällt.

In einer über das gesamte Blatt fegenden Dynamik sind die Einzelzustände der fantastischen Metamorphosen festgehalten. Das Faszinierende dabei ist die wechselseitige Steigerung von unsolider Nachgiebigkeit der Raum-/Zeitdimensionen und, egal was geschieht, ihrer Bannung in sture Rechteckigkeit. Ob der Fußboden zum Meer wird, sich öffnet oder emporhebt, ob Vulkane ausbrechen, Eisdecken reißen, Wasserfluten sich ergießen, die unerschütterliche Kästchenreportage zwingt die Katastrophen in Schach und Zaum, ebenso wie es die Monotonie oder Schlußpointe tut. Man sieht, was passiert, wenn die Kategorien – schrecklich! begeisternd! – außer Rand und Band geraten, und was wir mit ihnen zu bändigen suchen.

Das Hin und Her von Vergrößern und Verkleinern, Zeitdehnung und Zeitbeschleunigung verraten McCay als frühen Zeichentrickfilmer. Manipulieren, Simulation, Häufung von Naturschrecknissen und Aushebelung ihrer Gesetze, vor allem desjenigen der Schwerkraft: Bilder, Strukturen, hektischer Atem eines verzauberten 20. Jahrhunderts. In unermüdlicher Euphorie läßt McCay seine Geschöpfe trudeln, torkeln, vom Rutschen ins Schweben geraten, durchs Universum taumeln, mit Vogelschaublick auf Wolkenkratzer. Die Erde wird als Kugel und schwankender Grund erlebt. Die konventionelle Wirklichkeit, deren Hausmeister die Eltern sind und gegen die das alles aufrührerisch anbrandet, steht wortwörtlich im Abseits – auch wenn sie im letzten Moment stets das magere letzte Wort behält.

II BÜCHER UND AUTOREN

Wo so viel geträumt wird, bleibt Freud nicht fern. Bitte, wem's Spaß macht! Mir genügen vollauf Originalität und subtile Zweideutigkeit der Hauptfiguren, des Muttersöhnchens Nemo, des, wenn es darauf ankommt, aber ebenso mutigen wie galant-graziösen, der eleganten und im zarten Alter schon reizend matronenhaften Prinzessin, des törichten kleinen Urwaldwilden (nichts für strenge Antirassisten!). Vor allem Flip, Störenfried, halb Clown, halb Uncle Sam, durch und durch unseriös, Wichtigtuer, nie ohne Zigarre, notorischer Spielverderber, durch nichts zu erschütternder Optimist. Flips schwer zu kalkulierendes Alter (seine fragwürdige Behauptung: 23) macht ihn noch ambivalenter als seine Feind-/Freundschaft zu Nemo. Der Statur nach scheint er ein vorpubertärer Sechziger, dann wieder ein frühreifer Zehnjähriger zu sein. Ein Generationszwitter, daher auch seine unterschwellige sexuelle Unentschiedenheit.

Winsor McCay hat zunächst von 1905 bis 1911 jeweils eine Seite für die Comic-Sektion der Sonntagsbeilage des *New York Herald* gezeichnet. 1920, als Kind, sah ein gewisser Woody Gelman zum ersten Mal einige der Bilderfolgen. Ein halbes Jahrhundert später, nach Jahren des Suchens und Sammelns der verlorenen, verstreuten Blätter, konnte 1969 *Little Nemo* als Buch bei Aldo Garzanti erscheinen (Jahrgänge 1905 bis einschließlich 1910). Die passionierte Unbeirrbarkeit eines Einzelnen, der das geniale Werk vor dem Vergessen rettete, macht es zu einem doppelten Säkularexempel.

Eine Liebeserinnerung, als Wiese verkleidet
Zu Vladimir Nabokov

Dürfte man überhaupt nur zehn Sätze als Trost und Stärkung im Kopf behalten, dieser, aus der im Jahr 1937 entstandenen kurzen Erzählung *Wolke, Burg, See*, gehörte in meinem Fall dazu: »Eine Liebeserinnerung, als Wiese verkleidet.« Er hat mir, als ich ihn zum ersten Mal las, einen Gemütszustand und Gedankengang in Ruhestellung blitzartig erhellt und dieses Licht dauerhaft erhalten.

Nabokov plaziert ihn zwischen zwei nicht allzu auffällige Begleiter: »Die blaue Feuchte eines Hohlweges« und »Wuschelige Wolken-Windspiele des Himmels«. In der Mitte der Satz, der, kühn, komplex, bündig, den Kern der ganzen Geschichte birgt und darüber hinaus das, was mich an diesem Autor am meisten interessiert und meine Zuneigung und Bewunderung für ihn ausgelöst, auch nachhaltig begründet hat: keine Welt-, aber sehr wohl eine Ich-/Naturerklärung.

Übrigens verleitete er mich, ihn sofort umgedreht auszuprobieren. Eine Wiese, die sich als Liebeserinnerung verkleidet? Das stimmt gegen Schluß der Geschichte mindestens ebenso wie die ursprüngliche Behauptung, beschreibt vielleicht sogar, mit dieser gemeinsam changierend, den heimlichen Weg, den Wassilij Iwanowitsch, ein russischer Emigrant, zurücklegt. Nicht die Landschaft erinnert in erster Linie an eine Liebschaft, sondern die Liebe ist der Anlaß für eine Affäre mit der Naturszenerie. Diese, aus den drei Ingredienzien gemacht, die der Titel nennt, gilt Iwanowitsch zunächst als der Inbegriff eines seit Beginn der (gewonnenen) Reise diffus bebend erwarteten Glücks, dann als letzte Zuflucht jenseits der »Menschheit«, der fürchterlichen. In diesem Fall ist es eine Reisegruppe, ein besonderes Exemplar der Spezies Mehrheit, aus dem nationalsozialistischen Berlin: Peiniger von das Klischee übertreffendem, fröhlich barbarischem Format.

Allerdings kann das Naturstück ja nur für einen zerbrechlichen Augenblick, den – überlegt man es richtig – einer Vision gelten. Die im See sich spiegelnde Wolke wird es nicht immer tun, ist aber für die »einzigartige Harmonie« der Szene unerläßlich, freilich auch für deren erotische Bedeutung im Zusammenhang von reflektierendem Wasser und ragender Burg.

Gegenüber der dreimaligen, abrupten, rasant verkürzten Gleichsetzung von Landschaft und der Geliebten: »Es kam vor, daß an einem Hang ... ein bezaubernder Fleck auftauchte ... auf immer zu Dir, Geliebte«, »... der Duft von Jasmin und Heu, Geliebte«, »... es gab viele solcher Ansichten in Mitteleuropa, aber gerade diese ... Geliebte! Gehorsame! – war etwas so Einzigartiges ...« verblaßt die Tatsache, daß zu Beginn des Ausflugs für Wassilij Iwanowitsch die Erinnerung an die hoffnungslose Liebe zu einer verheirateten Frau stand und auch, daß er gegen Ende ihre Fotografie an den eben entdeckten, wie auf ihn gemünzten See holen will. Es scheint, als hätte er durch die Frau hindurch ahnend schon immer – ein verwegenes Negieren kulturell-zivilisatorischer Prioritäten – diesen jetzt endlich gefundenen Zusammenklang gemeint: Wolke, Burg, See, um »fortan in den Wäldern selig verschollen« (Eichendorff) zu leben.

»Wenn ich bedenke, daß diese milde Glut der Sonne,

der schwermüthige Himmel und die freundlichen Sterne, daß die ganze rührende Melodie des Bildes nur die aufgelöste Annonciata ist, und Annonciata nichts als die menschliche Gestalt dieser Umgebung«, heißt es bei einem anderen Romantiker, der etwas mehr Wörter benötigt als Nabokov, nämlich in Brentanos Roman *Godwi*: Das Erotische, nahezu süchtig Eskapistische, Bürger- und Erwachsenenpflichten beiseite Schiebende des Sicherinnerns an die magische Welt der Kindheit wird von Nabokov dann schließlich zur Kulmination gebracht: in der 1955 erscheinenden *Lolita*, als Sexualität gegenüber einem kleinen Mädchen, wird zur Figur also gebündelt. Von ebendieser *Figur* sollte man sich nicht täuschen lassen.

Aber wie hier, Sonderfall und Extrem, eine Person Kindheit und Landschaft evoziert und deren Inbild wird, so genügt in der Regel eine Einzelheit, um als Sesam-öffne-Dich für verborgene, darunter liegende Reiche zu wirken. »... diese beständige Unruhe, die einen zwingt, diese oder jene Einzelheit unauslöschlich festzuhalten«. Die Verfallenheit an die Zauberkraft der Details wird im Roman *Die Mutprobe* (1932) als der Todesfurcht verwandtes, heftiges Verlangen des Schriftstellers beschrieben – ex negativo führt Nabokov es als deren grauenhaftes Fehlen, ein Versagen der Wahrnehmungskraft, in der Erzählung *Entsetzen* (1926) vor. Und hier scheiden sich die Geister endgültig zwischen den Autoren, Dichtern usw., die aus Detailbesessenheit, sogenannter Genauigkeit, nicht »politisch« sein und denen, die wegen politischen Auftrags nicht genau sein können. Nabokov selbst konstatiert auf der letzten Seite der *Mutprobe*, wie ein eben beerdigter Russe auf bestimmte Art schüchtern lächelte, wie sein Jackenknopf so charakteristisch am Faden hing, »seine Art, eine Briefmarke mit der Zunge abzulecken, bevor er sie auf den Briefumschlag klebte und mit der Faust festhämmerte. In diesem Sinne war das alles von größerem Wert als die sozialen Verdienste.«

Natürlich setzt Nabokov, ästhetisch überaus reizbar, seine Beobachtungen bewertend, ungeniert parteiisch ein. So stark wie seine Fähigkeit, sich zu entzücken über eine Wangenlinie, so unbezähmbar ist auch die, sich zu ekeln, z. B. über die »ziegelroten Knie mit goldenen Härchen darauf« des faschistoid-kleinbürgerlichen Reiseführers aus der eingangs erwähnten Erzählung, was der Außenseiter Iwanowitsch, etwas unglaubwürdig, bereits in der ersten Sekunde des Treffens bemerkt, nicht anders sein Chef, der uns das Ganze berichtet. Dieser polemische Umgang mit hochzurechnenden Einzelwahrnehmungen, in sehr pointierter Isolation, ist literarisch völlig legitim.

Nicht nur für kleinlich, auch für höchst bedenklich halte ich es jedoch, wenn sich Nabokov, wie es häufiger in seinen autobiografischen Erinnerungen geschieht, über die Ungeschicklichkeit, den schlechten Geschmack, die mangelnde Sicherheit in Tischmanieren von armen Hauslehrern, Gouvernanten, von Leuten einer unteren Gesellschaftsklasse, die sich schämen sollten, das Tennisspielen nicht auf elegante Weise gelernt zu haben, aber, pfui Teufel, so tun, als könnten sie's, in einer schon hysterischen Weise belustigt, die Verdammungsurteile über die ganze Person suggeriert. Das sind künstlerische Fauxpas, die man ihm, ausgerechnet ihm, dem ziemlich unvergleichlichen Entdecker und Erzeuger sinnlicher Subtilitäten, dem Meister des Schwebenden, Atmosphärischen übelnehmen muß. Ich jedenfalls tue es, weil er sich hier als borniter Ästhet erweist, der mit seiner künstlerischen Begabung undiszipliniert tändelt, obschon doch gerade er wissen müßte, daß er erlaubtes *literarisches* Manipulieren mit Signalen naturalistisch auf die Wirklichkeit überträgt und im Sinne seiner Idiosynkrasien oder schlicht aus partieller Schnöselhaftigkeit pauschalisiert.

Etwas ganz anderes und wieder versöhnend aber, wenn er etwa in der Erzählung *Ein Märchen* (1926) einem extrem schüchternen Erwin die ganze Formulierungsfinesse nicht der Sprache, aber der Sinne eines Vladimir Nabokov zur Verfügung stellt, als wäre sie die normalste, jedem zugängliche Sache der Welt, oder wenn er, in *Erinnerung, sprich* (1967), die »Mademoiselle«, jene alte, oft beschriebene heikle Gouvernante aus der Schweiz, aufsaugt und verschwinden läßt in dem auch mir unvergeßlich bleibenden Anblick eines greisen, hilflosen Schwans, der nachts auf dem Genfer See versucht, schwerfällig und ohne Erfolg, in ein vertäutes Boot zu klettern, »Schauder und Schwan und schwellende Welle«, und ihr in diesem Bild nicht nur die Aufbewahrung in seinem Mitgefühl und persönlichem Gedächtnis schenkt, sondern eine befristet ewige Heimstatt.

Tierlos
Zu Elias Canettis Tierbuch

Canetti-Leser werden mühelos in der vorliegenden Auswahl die Lebensthemen des Autors aufspüren. Etwa unter der empörten Zurückweisung einer absoluten Sonderstellung des Menschen gegenüber dem Tier den generellen Ekel des Autors vor Machtanmaßung; das Interesse für die Dynamik von Mengen und Massen bei der Darstellung großer Tierherden; die Weigerung, sich trotz des unwiderleglichen Augenscheins mit dem Faktum des Todes abzufinden, also im Schlachthaus das Schlachten nicht zu akzeptieren, nicht zu glauben, daß etwas (hier die erschlagenen Schlangen im Sack) »ganz tot sein könnte«, als frühe Ankündigung eines lebenslänglichen kindlichen Eigensinns.

Mir selbst hat sich Canetti, davon unabhängig, gleich zu Anfang als vertrauenswürdiger Tierberichterstatter aus anderen Gründen empfohlen, nämlich durch zwei ungewöhnliche, ja aufsehenerregende Formulierungen, vielleicht die schönsten, zu Herzen gehendsten des Buches. Er spricht von der »tierlosen Welt der Mutter«, und er sei als Kind »ausgehungert nach Tieren« gewesen. Wer durch frühes Zusammenleben mit Tieren oder den Wunsch danach, durch regelmäßige Zoobesuche, durch die magischen Konfrontationen mit ihnen in Märchen oder von den idealisierend treuherzigen in Jugendbüchern geprägt wurde, weiß sofort, um welchen Schmerz es sich handelt.

Was zählt eine Kindheit ohne Tiere? Nichts, so Canetti, sie sei nicht wert, gelebt zu werden, und zweifellos meint er ein Manko, das weit hinausgeht über den Mangel an praktischer Lebenserfahrung mit andersgearteten Lebewesen als den Zweibeinern. Die bis in die Träume reichenden Schrecken, die jede andere Art der Vertrautheit überschreitenden Gefühlserlebnisse angesichts von Tieren, das Ahnen einer geheimnisvoll in ihnen sich äußernden Zeichenwelt, die den einzelnen Hund, das einzelne Schwein, Rind, Pferd übersteigt und sich doch nur im jeweiligen Individuum offenbart, haben in der noch nicht durch Begriffe wehrhaft gewordenen Kinderseele volle poetische Gewalt, die dem Kind zugleich konspirative Kraft gibt, sich gegen jene schon wartende, viel abstraktere, zivilisierte Welt der Erwachsenen instinktiv zu wappnen und so einen volleren Klang der Wirklichkeit möglichst unvergeßlich in sich auszubilden. »Er denkt in Tieren, wie andere in Begriffen«, heißt es. »Er« wäre hier das Kind an sich. Wenig später ist es erwachsen: »Die Pflanzen hielt er für beschränkt, die Tiere für überholt.«

Überholte Tiere? Im Gegenteil, sie sind, so scheint es, in Mode gekommen. Die spektakulärsten Motive für das zumindest rhetorische Interesse an ihnen (Genforschung samt den bereits praktizierten und möglichen Konsequenzen, Rinderwahnsinn und Massenvernichtung sowie, weit abgeschlagen, Veranstaltungen wie die Cites-Konferenzen zur Regelung des internationalen Handels mit bedrohten Tieren und Pflanzen) kennt jeder. Tiere sind im Feuilleton, das schnell wegen Übersättigung ein Thema ad acta legt, so sehr à la mode, daß einem angst und bange werden kann.

Canetti hat das ganze Ausmaß publizistischer Zuwendung gegenüber der Fauna nicht mehr erlebt. Die Fragen,

II BÜCHER UND AUTOREN

die er aufwirft, sind wesentlich an ihn selbst gerichtete, sind alte und unveraltete. Was den vorliegenden Querschnitt durch sein Gesamtwerk auszeichnet, ist der Perspektivenreichtum seiner Einwürfe und ihre Widersprüchlichkeit jenseits der ohnehin großen formalen Vielfalt von Auszug aus Roman und wissenschaftlicher Abhandlung, von Erlebnis und Aufzeichnung, wobei letztere häufig den Eindruck von Einfällen zu Grundkonzeption und Figurencharakteristik geplanter Erzählungen erwecken: »Ich kannte ihn noch, wie er aus lauter schönen Tieren bestand. Jetzt ist er zum Schachtelhalm herangewachsen.« Oder: »Sein Lebtag hat er sich bei den Tieren angesagt, vergeblich.«

Die allzeit bereite Systemfalle philosophischer, ethischer, ästhetischer Linearität, Rigorosität, Ideologie vermeidet Canetti. Unsere unterschiedliche, kulturgeschichtlich bestimmte Beziehung zum räuberischen Wolf und wirtschaftlichen Huhn, zur lästigen Fliege, zum emblematischen Pferd, alles gleichermaßen Naturgeschöpfe und vor der Natur gleichberechtigt, muß in dieser Welt offenbar selbst als Utopie eine unlogische, zweideutige bleiben. Das wird in einer Weise belegt, die dazu zwingt, im Nachvollzug von Reflexion und Empfindung eigene, auch lange vergessene Beispiele lesend, erregt oder melancholisch, beizusteuern.

Dabei sammeln sich Canettis Betrachtungen um zwei Pole, die das Gesamte seines Verhältnisses zu den Tieren in ein angespanntes, wenn auch keineswegs jederzeit austariertes Gleichgewicht bringen. Es ist die Nähe hilflosen Mitgefühls und die Distanz einer kühlen Faszination durch Formen. Beides hält sich, manchmal brüsk wechselnd, gegenseitig in Schach und rettet einerseits vor sterilem Spekulieren, andererseits vor Sentimentalität.

Sehr schnell gerät ja unser Verhältnis zu den Tieren in eine folgenlose Gefühlsdumpfheit. Ob man noch immer Kant zustimmt, der in ihnen »Sachen« sah, da sie nicht mit Vernunft begabt seien, oder den älteren Märchen, deren scharfe Unterscheidung von guten und bösen Menschen sich an deren Verhältnis zu den Tieren orientiert: Wir fühlen uns ihnen gegenüber trotz vieler Verdrängungsstrategien auf unklare, ratlose Weise schuldig – und finden uns im Großen und Ganzen mit den Leiden, die wir ihnen zufügen, bedauernd ab. Aber ebensowenig erlischt unsere mal schläfrige, mal akute Anteilnahme und steigert sich gelegentlich, je mehr die Verlierer der Evolution durch die ominöse »Vernunft« Schaden nehmen, angesichts ihres Schicksals zu einem schmerzlichen Schrecken, wie ihn die Beschwernisse der Menschen nie in uns erwecken. Was eigentlich nicht sein darf und was Kinder, wie Canetti zeigt, noch unbefangener erleben und äußern als die den sorgfältigen Abgrenzungen gegen das Tierreich verpflichteten Erwachsenen. Der Debile rührt uns wie der scheiternde Lehrer nicht obwohl, sondern weil er mit einem Hühnchen oder Kanarienvogel, ähnlich der »Pferdedunklen«, verschwimmt. Ambivalenter noch die hundegleich das Bild ihres Mannes ableckende Frau. Sie alle erhalten durch die jeweilige Tierähnlichkeit bedeutungsvolle Schatten, die unauslotbare Dimension des Abgründigen und eben nicht die des Vernunftlosen!

Unmittelbar daneben die Abstraktion, die kaltblütig professionelle Arbeit an den offiziellen Tötungsstätten, die vollkommene Fühllosigkeit von Kindern, die Schlangen amüsiert zu Tode quälen. Hier kann von der Gefahr uferlosen Mitleids keine Rede sein, eher von einer instinktiven Angst, die zuviel Identifikation mit dem Animalischen ablehnt, weil die Konsequenzen unabsehbar wären.

Etwas Drittes, zwischen spontanem Mitgefühl und Verdinglichung, ist die Projektion. Die Betroffenheit des Autors über die zum Tode verurteilten Kamele, die von ungewöhnlich sublimer Grazie sind, führt zu einer lange nachwirkenden Betrübnis durch das Inbildliche, nämlich des Schönen, das ungeachtet seiner Anmut sterben muß. Es ist dieselbe, das unerschlossene Wesen des Tieres übergehende, aber seinem Anblick gehorchende interpretatorische, symbolisierende Verfügungsgewalt, die aus dem Blakeschen Tiger das Böse macht. Die Tiere schweigen dazu, wie die Natur zu allen Projektionen auf sie schweigt. Zumindest die großen, emblematischen Tiere sind nicht nur, wie der ehemalige Frankfurter Zoodirektor Grzimek vor fast einem halben Jahrhundert in seinem Dokumentarfilm *Serengeti darf nicht sterben* behauptete, für uns von gleicher Wichtigkeit wie die Kulturdenkmäler – eine etwas knallige Version brachte kürzlich das polnische Wochenmagazin *Polityka*: »Der Wisent ist immer etwas gewesen, auf das wir in der Welt stolz sein konnten wie auf Kopernikus oder Chopin« –, sie sind längst als ungefragte Protagonisten unserer Kultur ein bis in unsere Träume reichender Teil von ihr!

Das gilt natürlich auch für die Religionen und dabei besonders für die dort stattfindende Liaison von Mensch und Tier. Dabei interessiert sich Canetti wenig für die Kombinations- und Verwandlungsfiguren, die von der angeblich so tierfeindlichen Bibel angeboten werden, über die Engel mit den Tierflügeln, den Heiligen Geist als Taube, Christus als Lamm bis hin zu den grotesken und neuerdings höchst modern erscheinenden Synthesen und verqueren Züchtungen der Apokalypse. Canetti richtet sein Augenmerk auf die Wurzelgründe außereuropäischer Naturreligionen mit ihren fließenden Grenzen zur

Tierwelt. Unmittelbares Erlebnis und für den Überlebenskampf genutzte Übertragungen mit symbolischen Handlungen gehen dort unauflösliche Verbindungen ein (»Büffeltanz«, »Springbockgefühl«).

Es sind Manifestationen der Nähe zur Fauna, rituell zelebrierter Einfühlungsgabe wie auch einer Erlesenheit gegenüber weniger ahnungsvollen Mitgliedern des Stammes, die zu mythischen Anverwandlungen, aber auch zu einer provozierenden Gleichsetzung von Mensch und Tier führen können. So heißt es über die Mongolen: »Sie schlachten Menschen wie Tiere. Töten ist ihre dritte Natur, so wie Reiten die zweite. Ihre Schlächtereien von Menschen gleichen aufs Haar ihren Treibjagden, den Schlächtereien von Tieren.« Wäre es frivol, selbst das noch als paradoxes Indiz eines archaisch naiven Verwandtschaftsgefühls zu sehen, das sich freilich mitleidlos äußert wie die Natur selbst?

Das in der Tat verlockende Konstatieren einer frappierenden Tierähnlichkeit in der Physiognomie von Zeitgenossen (Werfel!) bleibt in diesem Zusammenhang nur eine karikierende Seitenlinie. Als ernster, von der Vergangenheit auf die Zukunft projiziert, erweist sich für Canetti zweifellos eine unheimliche, im Individuum maskierte Tierhaftigkeit. Jenes »jüngste Tier«, das »wilde, saftstrotzende und heiße Tier in uns allen«: die Masse. Sie gleicht dem blutgierigen Tiger des chinesischen Märchens, der den Gelehrten täuscht, eines Tages seine Mädchenhaut abwirft und das Herz des Mannes zerreißt.

Eine zweite Art der Täuschung ist die des Esels im Tigerfell, und Canetti leitet aus ihr ein »kleines Lehrbuch der Verstellung« ab. Er meint im weiteren, hier sei die Trennung von Mensch und Tier vollkommen. Das Tier sei passives Opfer, nur der Mensch sei der bewußten Verstellung fähig. Inzwischen weiß man, daß selbst winzige Lebewesen zu Schutz und Angriff raffinierteste Tarnungsmanöver einsetzen. Vermutlich haben wir ihnen die Tricks und Schliche sogar teilweise abgeschaut. Wie bewußt die Tiere allerdings täuschen, ist noch Geheimnis und vielleicht gar nicht so erheblich. Auch die Menschen haben ihre blind übernommenen Traditionen.

Eine möglicherweise beklagte »vollkommene Trennung von Mensch und Tier« hat aber noch eine ganz andere Seite. »Tiere, sagst du. Was meinst du? Du meinst alles Lebendige, das du liebst, weil du es nicht verstehst.« Ein Motto, ein Fundamentalsatz der späten Aufzeichnungen und Bilanz der Sammlung!

Ein gewaltiger Weitsprung weg von allen Einfühlungs- und Identifikationsanwandlungen?

Es ist nur die Bedingung jeder erotischen Beziehung. Das mißachten all jene, die sich als Besitzer von Ehemännern, Ehefrauen, von ihnen anvertrauten Tieren fühlen, weil sie die ihnen zu Gebrauch stehenden Objekte vollständig zu durchschauen glauben. Keinesfalls nur die exotischen Großtiere verfügen ja über jene fesselnde und unbesiegbare Verschlossenheit, die als Stachel und sine qua non der Erotik fungiert. Auch die auf den ersten Blick anspruchsloseren tierischen Hausgenossen bewahren verstockt ihre Rätsel. Das ältere Verständigungsmittel einer rein sinnlichen Kommunikation aber verlangt von uns eine – nahezu verlernte – Aufmerksamkeit und den Willen, das zwischen Nähe und Andersartigkeit aufreizend Changierende zu akzeptieren.

Ein heute neben der Verdinglichung der Tiere (Haltung, Handel, wirtschaftliche Nutzung, Tierversuche) vorherrschendes, scheinbar weniger pragmatisches Bedürfnis, die Grenzen von Tier und Mensch wissenschaftlich wie gefühlsmäßig zu verwischen, ist aber unter Umständen auch nur eins, das keine Komplikationen will. Es raubt dem Tier sein Spezifisches, den Menschen aber im Umgang mit Tieren das Wunder des plötzlich aufblitzenden und wieder verlöschenden tief Bekannten inmitten des Unbegreifbaren – so wie eine Eule kurz den Kopf herumwirft, uns frontal in die Augen sieht und sofort wieder den Hinterkopf zuwendet.

Nur das Beharren auf der Fremdheit der Tiere und die Lust an ihr gibt uns die Möglichkeit, sie als Kontur, in der Fülle ihrer Formenvielfalt wahrzunehmen, ihre äußere Erscheinung als optischen und psychischen Abdruck in uns und als Innengestalt, das heißt als das, was sie uns von unserem eigenen Innenleben sichtbar machen, als wäre das »Denken in Tieren« der einzige Garant dafür, daß Verborgenes beim Transport ins Bewußtsein vor einer entstellenden Begrifflichkeit gerettet wird.

»Bei allem, was ich über Tiere gesagt habe, komme ich mir wie ein Schwindler vor, weil ich so wenig mit ihnen *erfahren* habe.« Aber: »Wenn es etwas Göttliches in meinem Leben gegeben hat, so war es diese scheue Verehrung für Tiere«, sagt Canetti an seinem Lebensende. Würde man den Aspekt der Form, bei dem sich der Autor von der allgemein menschlichen, mitfühlenden Betrachtungsweise löst, als ausschließlich ästhetischen bezeichnen, wäre das zu wenig. Es ist die Sicht des Künstlers, für den die Gestalt ein Höchstmaß an Konkretheit und gleichzeitig Geist ist, also Ausdruck. Es ist das, was der englische Lyriker Gerard Manley Hopkins mit den Wörtern inscape (Ingestalt) und instress (Inkraft) zu fassen versuchte, das, bei dem sich Künstler und Kinder wohl am nächsten kommen. Nie wird Canetti inständiger als bei diesen Bekenntnissen. Wenn er sich hier gelegentlich ins Spekulieren, sogar Spintisieren versteigen mag, ändert das nichts an der Fruchtbarkeit seiner Gegensicht zu den wenig überraschenden Verlautbarungen in der gegenwärtigen Pro- und Contra-Diskussion über Recht und Nutzen von Kaninchen und Elefant, weil sie eine nie oder selten bedachte und freilich nicht simpel in ein neues Tiertransportgesetz und eine »Mitgeschöpf«-Erörterung umzumünzende Erkenntnis liefert, in deren Helligkeit Natur und Kultur nicht vermengt, aber untrennbar ineinander verzahnt sind.

Auf die menschliche Arroganz konzentriert sich gegen Ende der Anmerkungen Canettis Zorn mit wachsender Verzweiflung. Bitter registriert er deren unumschränkte Macht über den Standort von Bäumen, über Fortbestand und Tod nicht-menschlicher Lebewesen. Er nimmt Zuflucht zu einer, wie er weiß, ohnmächtigen Hoffnung auf eine Rebellion, auf eine Umkehrung der Verhältnisse, bei der das Tier sich gegen seinen Domestizierer und Vernichter auflehnt. Das Interesse an Menschen habe er zu Gunsten der Tiere verloren. Deren Nichtgebrauch der menschlichen Sprache, landläufig als ihr entscheidendes Defizit angesehen und bis heute bequemes Argument für jegliche Willkür bis hin zur mangelnden Würdigung tierischer Schmerzfähigkeit, erscheint ihm zunehmend als ihr Kostbarstes, als treuer Hüter sehr alter Geheimnisse – unter der Wissenschaft und Industrie selbstredend eher grob Rentables oder wenigstens letzten Endes auch materiell Nutzbringendes verstehen –, Mysterien, die, damit sie nicht untergehen, den längst fälligen Aufstand wert wären.

Aufstand der Tiere! Der walisische Schriftsteller Arthur Machen hat 1917 in seinem Roman *The Terror (Furcht und Schrecken)* die Fiktion eines solchen Klassenkampfes geliefert, bei dem die Geflügelten und Vierbeinigen, von den Motten bis zu den Kühen, also keineswegs die von Natur aus schwer Bewaffneten, vorübergehend erfolgreich den Gegenangriff auf die Menschen riskieren. »Sie haben sich einmal erhoben – sie mögen sich wieder erheben«, lautet das trotzige Finale. Der kindliche Rest in jedem Leser wird ihm begeistert zustimmen, der andere Teil weiß es besser. Die Insekten werden uns vielleicht überleben, die tierischen Großgestalten nicht.

»Das Gedeihen der Welt hängt davon ab, daß man mehr Tiere am Leben erhält. Aber die, die man nicht zu praktischen Zwecken braucht, sind die wichtigsten ... Nur angesichts ihrer Gestalten und Stimmen können wir Menschen bleiben.« Hier und bis zum letzten traurig drohenden Satz der Sammlung verrät sich, daß Canettis Klage nicht allein den eingebürgerten und neuen Untaten an den Tieren gilt, sondern dem, was sie in Wahrheit für die Menschen sind und was ihr Verlust bedeuten wird.

Es wäre Schlimmeres als eine Kindheit, die tierlos ist, nämlich das Absterben zu einer Gesellschaft, die ihre Kindheit und Kindlichkeit unwiederbringlich verloren hat.

Der poetische Augenblick
Zu Hans Boesch

»Mit kleinen Schritten, schon tanzend, führte Vater Mutter zum Wandschrank neben der Tür, dorthin, wo eingelassen ins Gestell das große, bauchig-runde Kupferbecken unter der Zinnkanne mit dem Hähnchen stand. Und er hob das Becken aus seiner Einfassung und stellte es vor Simon auf den Boden.

Der Bub wußte, was Vater meinte. Er rutschte vom Kanapee und hockte sich ins Gefäß. Es wackelte, und er mußte sich abstützen, um nicht herauszukippen. Mit den Händen stieß er sich ab. Das Becken drehte sich mit ihm über den Stubenboden hin, immer schneller. So schnell wie die Platte auf dem Grammophon, dachte er.«

Es gibt Leute, die können noch zwanzig Jahre nach der Lektüre eines Romans dessen intellektuelle Grundproblematik und sogar seine komplizierte Handlung wiedergeben, obendrein Namen und Eigenarten des Personals acht weiterer Werke desselben Autors, der nicht einmal einer ihrer Favoriten sein muß. Ich bin vergeßlicher. Was mir im Gedächtnis bleibt von einem Prosawerk, ist etwas anderes, und nur dann, wenn sich dieses Spezielle, nämlich die Kraft eines poetischen Moments, einer unauslöschlichen Szene, als kondensierte Atmosphäre des Romans, als Atem oder Herzschlag des Autors rekapitulieren läßt, hat er sich in meinem Bewußtsein wesentlich verhakt und eventuell lebenslänglich eingeprägt. Solche eingravierten

Bilder gehören ab dann zur Wirklichkeit, färben sie tröstlich – selbst wenn sie eher Untröstliches verhandeln – mit. Wie es bei Gedichten einzelne Zeilen tun aufgrund eines unwiderstehlichen Klangs der Worte.

Offensiver gesagt und ohne hier aus meiner Not eine Tugend machen zu wollen: Mit der Fähigkeit eines Schriftstellers zu derartigen Kristallisierungen entscheidet sich nicht nur, ob er – neben allen sonstigen Qualitäten, Verwandtschaften, Kontrasten und der Respekt heischenden Stringenz eines Gesamtwerks – zu meinen Lieblingen zählen wird, ich halte es auch für seine wichtigste, weder durch stilistische Finesse noch irgendeine Art von menschenfreundlichem Engagement zu ersetzende und in keiner Lebens- und erst recht keiner Schreibschule zu lernende Gabe, die ihre Wurzeln entweder in der prägenden und bewahrten Erlebnisintensität der Kindheit hat, natürlich nicht in einem plan anekdotischen Sinn, sondern als im Kern frei erfinderisch arbeitende Energie – oder gar nicht vorhanden ist. Deshalb haben solche, ohne Scheu gesagt: dichterischen Augenblicke auch immer etwas von einer kindlichen Totalität an sich, etwas objektiv Privates, wunderbarerweise jedem fremden Interessenten gastlich offeriert. Sie sind das Ur- und Erzpoetische schlechthin. Eine Zeitströmung und literarische Mode mag hier anregen oder entmutigen, ändern kann sie daran nichts.

Um bloß »schöne«, elaborierte oder einfach geglückte Stellen handelt es sich hier natürlich keineswegs, vielmehr liegt die starke Wirkung derartiger, unter Umständen ganz lakonischer Passagen in ihrer kunstvollen, kalkulierten Situierung innerhalb des Romangeschehens, das sie nämlich erst unter den richtigen Druck setzt und auf das sie als Hallraum angewiesen sind, auch wenn zu ihren unerläßlichen Qualitätsmerkmalen gehört, daß sie auf Anhieb einleuchten und gefangennehmen.

Das oben angeführte Zitat aus dem Roman *Sog* von Hans Boesch, der für mich der Einstieg in seine Literatur war, ist Exempel eines solchen Moments, und auch dieser beispielhafte fällt selbstverständlich nicht vom Himmel: Wenn man zu ihm vorgedrungen ist, hat man noch deutlich den circa 25 Buchseiten entfernten Romanprolog im Ohr, der in verzaubernder Bedächtigkeit Schritt für Schritt und Kreis um Kreis, von einer alten Brunnenmulde ausgehend die nächste und fernere Landschaft der Geschichte entwickelt. Entworfen wird eine geordnete Welt von zuverlässiger Stabilität, ein Vertrauen einflößendes Orientierungsfundament, dessen ausgebreitete Räumlichkeit sich zuletzt in einem großartigen Handstreich füllt mit dem bisher wirkungsvoll Ausgesparten und Lebensnotwendigen: mit Licht, Wärme, Duft, Geräuschen.

Auch im angeschlossenen ersten Kapitel wird sogleich weiter vermessen. Das Kind Simon betrachtet Rillenquadrate auf einer Betonplatte, die teilweise unakkurat ausgefallen sind. Er hält sie – erster Wechsel von Dur zu Moll – für krank, »ohne Füße, ohne Beine«. Und sogleich wird ihm eine andere Lädiertheit bewußt, die eigenen abstehenden Ohren, und dem Leser dämmert schnell die dritte und gravierende: die Mutter, die ihm die Ohren mit Pflaster anklebt und ihn zu schlagen droht, wenn er beim Abreißen weint. Durch Aufkleben eines Wegerichblatts versucht der sich mit dem Quadrat identifizierende Simon dessen beschädigte Gestalt zu restaurieren, die Geometrie wieder intakt zu machen.

In zwei Anläufen – davor, dazwischen, danach die Rufe der Mutter – baut er sich aus Dreiecken Zug um Zug eine übersichtliche Welt, es sind die Dreiecke ausschreitender

Beine, einmal die von Musikanten, dann die kleiner Mädchen. Beide Male schrägen sich die Beine beim Tanzen zu Dreiecken, und schließlich mündet alles in die reale Dreiecksmütze aus Zeitungspapier, abgerundet noch durch ein sachtes Einschlafen unter den jetzt mit den Sinnen des Kindes wahrgenommenen atmosphärischen Reizen des Prologfinales.

Aber wie die ersten Worte, die man von der Mutter hörte, »Buben weinen nicht« lauteten, so fährt nun, das zweite Kapitel kategorisch einläutend, ihre brenzligere Variation: »Männer weinen nicht« gleichsam aufschreckend in den Schlaf des Jungen. Es hat sich ausgeträumt, das auf dieser Ebene vom Kind sehr wohl registrierte Eheproblem der Eltern ist formuliert und wird gleich mit zwei Beispielen belegt. Die Mutter will nicht einen Mann, der lustig und traurig ist, sie will eine unbewegte Festung, hat den Falschen geheiratet, auch den falschen Sohn gekriegt.

Und umgekehrt. Die schöne, etablierte Ordnung von eben ist vollständig verdreht.

Kein Wunder also, daß der Vater die Mutter ausgerechnet mit einem Tango, Inbegriff, Genuß und Feier der konventionellen Rollenverteilung, herbeilockt. Für Simon ein ambivalentes Vergnügen. Mitkreiselnd im traulichen Fahrzeug, wird er in das Treiben der Eltern auf reizende und probate Weise einbezogen, doppeldeutig aber, denn er ist andererseits – im rotierenden Becken wie die Quadrate ohne Beine und Füße und kein kühner Navigator zwischen den Stuhlbeinen – seiner kindlichen, sich Schritt für Schritt die Welt erschließenden Souveränität beraubt: ein kleiner Schiffbruch am Ofen, ein Scheitern schon fast das vorzeitige Enden der elterlichen Tanzmusik im Wehmutston. Erste Einstimmung auf den Romanschluß. In der perfekten Harmonie der Darbietung steckt der unheilvolle Mißklang von Anfang an. Der Vater ironisiert, tanzend, die Machorolle, die Mutter verlangt sie, allen Ernstes, von ihm im Leben.

In der kurzen Szene gleiten Süße und geahnte Bedrängnis dieser besonderen Kindheit wie von selbst, und diese spezielle Kindheit weit übersteigend, ineinander. Sie schwingen nach im doppelten Schiffbruch, den das nächste Kapitel bringt, in dem Simon wieder ein eigenes Reich ersinnt. Er verwandelt sich selbst in Eisenbahnzug, Lokomotive und Lokomotivführer zugleich, prallt in seiner Emphase vor einen gegnerischen Baum – die kleine poetische Welt geht in Scherben. Ludwiga, die junge Schwester der Mutter, verspricht, den Baum zur Strafe zu fällen. Simon spürt, daß sie lügt, so verstellt er sich, ein Bravourstück an glaubwürdig kindlicher Heuchelei aus Diskretion, um seine Entdeckung zu verbergen.

Ähnlich der Einfüllung von Atmosphäre in das zu Beginn entfaltete Ambiente werden Lüge und Leidenschaft, Tücke und Politik, die offiziellen Schicksalsereignisse der Erwachsenen in diesem Raum angesiedelt, von Simon halbbegriffene Geschehnisse, die ihn, als wären es zusätzliche Landschaftsmarkierungen – zunächst nicht mehr und nicht weniger als beschädigte Quadrate, versperrende Bäume, ins Trudeln geratene Zimmerwände – behelligen und schwindlig machen bei seinen eigensinnigen, Stück für Stück voranschreitenden Vergewisserungen der Gegend. Eine Eigenschaft, die der erwachsene Simon als Geometer im zweiten Roman der Trilogie, *Der Bann*, professionalisiert hat, wenn er unsichtbare Dreiecke über die Berge und Seen legt (»Triangulation«): die kindliche und sehr Stiftersche Praktik einer unbeirrt schrittweisen, absichernden Erkundung der Welt, die wohl kaum allein aus angeborenem Ordnungssinn, erst recht nicht aus Pedanterie, vielmehr aus dem empfindlich wahrgenommenen Grauen jenseits der Maße kommt, die neben der Lust am planvollen Abgehen von Strecken und Konstruieren von Verhältnissen – im Roman *Der Kiosk* mißt Boos vor dem Liebesakt und als ein Teil von ihm minutiös und rituell, in rührender, feierlicher Gründlichkeit eine Landschaft aus, die nun der entblößte Körper einer Frau ist –, stets auch existentielle Notwehr signalisiert und insofern die Vorgehensweise Simons aus dem Episodenhaften eines Lebensalters heraushebt ins Generelle.

Während des elterlichen Tangotanzes hatte sich Simon eine kleine Weile eingebildet, durch sein Beckenkreiseln die Dauer des Ganzen in der Hand zu haben. Ähnliches passiert ihm gegen Ende des Romans auf einer Fahrradfahrt mit dem Großvater. Ihm ist für kurze Zeit, als sei er es, Simon, der das Velo lenkt, sei Herr der im Tempo durcheilten, in Dynamik versetzten Landschaft, in der sich nun objektive Geographie und kindliche Irrtümer, Gemütsbewegung und Geschichte in geschwinder Reihung zu einem atemlosen und doch wie in träumerischen Stillstand gebannten Panorama verbinden.

Hans Boesch ist ein im Gespräch überaus höflicher, ja liebenswürdiger, aber unerbittlich auf dem Primat der Literatur vor der Politik bestehender Schriftsteller, zumindest für seine Person. Jedes Ereignis, sagt er, müsse erst durch ihn hindurchgewandert sein, bevor es in seinem Text auftauche. Das, was Kunst wohl immer auszeichnet, Inbrunst und Form, empfundene Form und lapidare Inbrunst, möglichst beides zu gleichen Teilen, zeigt sich bei Boesch vielleicht am eindrucksvollsten, wenn er seine unvergleichlichen Landschaften erstehen läßt, deren Innigkeit ihrer Modernität keinen Abbruch tut, und wo er unwiderlegbar beweist, daß eine mit dem technischen

Wissen und dem zeitgenössischen Vokabular des Ingenieurs versehene Perspektive nicht im geringsten jene heiße Zuwendung ausschließen muß, die inzwischen auch viele und gerade die in naturwissenschaftlicher Hinsicht eher halbgebildeten Literaten in Sachen Natur pauschal (und ideologischer als sie glauben!) für unmöglich halten. Freilich kommt es dabei nicht unbedingt auf das alleraktuellste Datum und das Topwort des Jahres im Bereich Kommunikation an, sondern (»Von den jungen Männern dort am Tisch, denen die Vermessung des Schienenstranges wie das Aufspüren des Lebenspfades war ...« heißt es in Joseph Conrads *Nostromo*) auf die grundsätzliche, bilaterale Betrachtungsweise:

»Genauso arbeiten die Ingenieure, habe Urgroßmutter gesagt. Nur sei da kein Sandhaufen, sondern ein Berg ... da sei ein Geometer, der über den ganzen Berg hin ein Netz von Linien lege. Visuren, nenne man die Linien. Von Pflock zu Pflock, von Bolzen zu Bolzen, über Fels und Wasser und Schnee hinweg sei das Netz von Linien gespannt, und jede Linie sei berechnet, wie lang, wie hoch, wie schräg, was weiß ich. Und diese Linien seien eigentlich nichts anderes als der Brustkorb des Geometers.«

So die Urgroßmutter, zum noch heute staunenswerten »Wunder« des Kehrtunnelbaus bei Bergün im Trilogieabschluß *Der Kreis*, bevor sie den Uhrmacher Geckeler mit tiefstem Abschiedsschmerz im Schneegestöber zum Hospiz des Albulapasses bringt. Während sie aber ihren Liebsten auf diesem Weg für immer verliert, legt der Schriftsteller Boesch uns, den Lesern, präzise jeden der berührten Orte bei seinem zaubrischen Namen aufrufend und sachlich notierend: La Punt, Alp Proliebas, Alp Nova, Val d'Alvra ..., diese in so großem Kummer durchlaufene und durchstiegene, geheimnisvolle und im weiteren von einer legendären Ingenieurskunst veränderte, real geographische, aber vor allem in Buchstaben neu erbaute, durch ihn selbst hindurchgewanderte Landschaft als womöglich unverlierbare Liebe ans Herz.

Und was zählt, wenn es wirklich darauf ankommt, und wie schon eingangs gesagt in der Literatur erst recht, eigentlich sonst?

Lob der Lakonie
Zu Hans Boesch

Die Macht des Sternengefunkels in einer Eichendorffschen Sommernacht zieht im Roman *Der Kreis* den sehr gewissenhaften Uhrmacher Geckeler unwiderstehlich und verhängnisvoll über die Berge nach Italien. Liest man, wie ihn diese Sterne, zusammen mit dem Föhn, verrückt machen vor Sehnsucht, möchte man sofort jemand sein, der »da mitreisen könnte«. Allerdings bleibt bei Boesch nicht unerwähnt, daß die Föhnsterne Kühe zu früh kalben lassen und sie dann eingehen und erschlagen werden, daß die Männer sich manchmal erhängen und die Großmutter das Kind, dem sie davon erzählt, schließlich fragt, damit beide wieder Boden unter die Füße bekommen nach diesem Gefühlsansturm, der auch die alte, davon entbrannte Frau noch einmal mitreißt: wieviel vier und vier sei. Und dieses letzte ist vielleicht das Rührendste.

Es ist auch das Vertrauenerweckende. Die Inbrunst der Naturbezauberung – und ich kann nur solche Bücher dauerhaft ins Herz schließen, wo sie zumindest einmal blitzschnell als eine Art Erkennungswort zustande kommt – verhindert nicht neuzeitliche Gehirnaktivität. Vor allem aber gilt umgekehrt: Der Ingenieur Boesch versteht sich auf die »Zahlen und Figuren« (Bergwissenschaftler Novalis) so gut, daß er sie, wohlüberlegt, wie die Großmutter instinktiv, zwar einsetzt zur strukturierenden Kontrolle sinnlicher Phänomene und Überflutungen, aber keineswegs die Gewalt der Natursensationen aus intellektuellem Lakaientum vor der hübsch designten Abstraktion des Digitalen als nicht à la mode (außer bei Reklame für Deo, Tabak, Fun) unterschlägt.

In diesem Zusammenhang nun das auffälligste Stilmittel von Boesch: Kurzsatz und Wiederholung. Normalerweise habe ich eine deutliche Abneigung gegen kurze Sätze als Programm (O heile Welt und Neuauflage Hemingwayschen Virilitätsgetapses! O Hofieren sich breit machender Leserfaulheit, das sich als Treffsicherheit brüstet!). Warum ich Hans Boesch, einen erklärten Freund und Feind des Rauschhaften, ganz anders lese und immer zugeneigter?

Weil er im Gitterwerk seiner knappen Sätze eine unersetzliche Substanz, den betörenden Strom von Wahrnehmung und Gefühl härtet – die »Notizen zu Form und Rausch« im eben erschienenen Essay-Band bestätigen ausdrücklich diese Vermutung – und also poetisch konterkariert.

Weil überhaupt die Lust am Ergreifen von Gegenmaßnahmen angesichts von Strömungen seinem Charakter eingestanzt scheint.

Anspruchsvolle Verlierer
Zu Otto A. Böhmer

Schwer denkbar ist ein Mensch, sehr verehrte Zuhörerinnen und Zuhörer, der über das, was wir üblicherweise sorgsam verschweigen, über Mißgeschicke, ja Unglücke, Blamagen und Verlegenheiten seines privaten und beruflichen Lebens bei möglichst ansehnlichen Tortenstücken, Bieren, Zigarillos freimütiger plaudert als der Schriftsteller Otto A. Böhmer. Man lacht darüber Tränen, unersättlich, völlig wehrlos. Kennt man ihn ein bißchen, tut man es sogar fast guten Gewissens, denn er scheint mit dem Effekt hochzufrieden zu sein. Die erzielte allgemeine Heiterkeit garantiert ihm offenbar eines: Es ist ihm gelungen, erzählte Niederlagen der Aura des Katastrophalen zu entrücken in eine andere als die landläufige Hierarchie, nämlich in die seine, die in der Tat philosophische, wo Sieger in ihrer strahlenden, neuweltlich zähne- und victory-zeigenden Einfalt sich sehr davor hüten müssen, nicht allein albern, sondern sogar ein bißchen irreal zu wirken, weil das lauernde Reale in den menschlichen Verhältnissen, verdeckt oder nicht, letzten Endes unerbittlich das Verlierertum ist und sein muß.

Nur beim Fußball sieht Böhmer, der auch einschlägige Kolumnen verfaßt, das allerdings, wenn ich mich nicht täusche, gerade wegen der euphorisierend strotzenden, tief entspannenden Eindeutigkeit der Spielhandlung, etwas anders. Anscheinend sehr anders: nämlich passioniert und parteiisch. Wenn aber der entschlossen taumelnde Held seines zweiten Romans *Das Jesuitenschlößchen* den Namen eines legendären Stürmers der Frankfurter Eintracht, Hölzenbein, trägt, dann ist das zwar zweifellos eine Reverenz an den leibhaftigen Ballvirtuosen, zeigt jedoch ebenso, was beim Eingang in die Böhmersche Literatur passieren mußte: Aus dem allseits gefeierten Sieger ist ein etwas dubioser Intellektueller und Versager geworden, jemand, der überall beinahe schon unverschämt und entgegen seinen anders lautenden Behauptungen nicht den Treffer, sondern mit viel Alkohol und untrüglichem Instinkt das Scheitern sucht, im gesellschaftlichen Leben, im Beruf, in der eigentlich dringend erhofften Liebe.

Schon sind wir aus dem Leben mitten in Böhmers Werk gesprungen, wo, in den Essays wie in den Romanen, vorherrscht, was man vorsätzliche Schwermut oder besser: Melancholie? oder manchmal noch exakter (und schöner sowieso): Wehmut nennen könnte. Zunächst handelt es sich wohl einfach um eine Wesensneigung, um eine ästhetische Vorliebe für komplizierte Pechsträhnen und sachte Untergänge, so wie jemand Geschmack an einer bestimmten Instrumentenmischung findet oder etwa subtile frühherbstliche Witterungsverhältnisse gegenüber den deftigen Reizen anderer Jahreszeiten favorisiert.

Es geht aber auch um die Einsicht und das gestrenge unausgesprochene Urteil, daß der, der im Leben fabelhaft siegt, das nur tut, weil er zu wenig ersehnt hat, schändlich unberührt von dem Gesetz, »daß das Ich, allen seinen Weit- und Höhenflügen zum Trotz, immer wieder im Körper landet, ja von dort eigentlich nie wegkommt. Dies unentwegt neu bedenken zu müssen, ob man will oder nicht, kann krank machen – und in einer Weise verzweifelt, die nur hypochondrisch, d.h. höhnisch-heiter und mit boshaftem Wohlgefallen an der mangelnden Eigenbefindlichkeit zu ertragen ist.« So Böhmer in einer Funksendung über Schriftsteller und Hypochondrie, womit er die Grundverfassung seiner Helden beschreibt, auch wenn die noch fragwürdigere Arbeitsfelder haben sollten als die der Literatur. Übrigens erhält sogar die Philosophie erst da, wo sie sich zur »reizvollen Eigenbrötlerin«, wie es in einem Text zu Epikur heißt, mausert, für Böhmer die eigentliche Interessantheit, und es beschwert ihn wenig, daß sie heute offenbar gänzlich abgedankt hat. Eignet sie sich, vermutet er, nicht gerade deshalb als »Verständigungsprogramm ... für anspruchsvolle Verlierer«, wenn auch eben nicht in Gestalt der heutigen »wendigen Sinn-Designer«?

Als wüßten die von Böhmer ins Gefecht geschickten Protagonisten, unsichere Kandidaten sie alle, genau, was ihre Tauglichkeit für den Autor ausmacht, gestehen sie sich ihre Verwirrtheit, ihr Stolpern, ihre Ausrutscher, ihr würdevoll-lächerliches Ausgleiten in der Welt, das auch ein tödliches sein kann, ein. Sie tun es wohl auch für uns durch ihren stillschweigenden Einspruch gegen den immer barscheren, allgegenwärtigen Befehl zum Erfolg und seiner vulgären Präsentation, tun es selten beschämt, häufig fast flegelhaft und annähernd immer in gut trainierter Eloquenz. Sie sind vielleicht im Detail überrascht von neuen Winkelzügen der Mitmenschen und des Schicksals, aber nicht von der Sachlage an sich. Eine fatal gewappnete Erwartungshaltung, die sich gelegentlich nahezu selbstzerstörerisch gegen sie wendet in Widerrufen solcher Art: »Alles war in Ordnung. Nichts stimmte«, in einer wie von ihrem Erbauer schon vorab entmutigten Dramaturgie der Handlung, in der stärker an Kreisgänge – das kann selbst ein Mord nicht ändern – als an vorwärtsschnellende Storybewegungen geglaubt wird, auch das ist versteckte, mentalitätsgestiftete Programmatik, sowie in einer Dehnbarkeit ihres Bewußtseins durch Tagträume, die an den Gesetzen von Zeit und Raum zumindest kräftig rütteln.

Alle Helden Böhmers sind uneindeutige Kameraden, deren einzig zuverlässige Schwerkraft ihr Verlierertum ist. Sie fühlen sich ab und zu triumphal und oft schwach, voll Eifer, an irgendein Werk zu gehen, und bald wieder erschlafft, bequem, träge. Wie wollte man entscheiden, wie es momentan verstärkt und in unheiliger Einfalt von der gesamten Erdkugel verlangt wird, ob sie der Welt des Guten oder Bösen angehören? Menschenfreundlich oder nicht, sittsam oder unanständig, im Recht oder im Unrecht, glücklich oder leidend? Noch einmal: gut oder böse? Natürlich, und hier verzichtet Böhmer um der Wirklichkeit und Wahrheit willen auf die beliebten holzschnitthaften Tricks von Dämonisierungen in eine der beiden Richtungen, sind sie beides zugleich, wie wir alle es sind.

Wie wir es jederzeit und an jedem Ort zunächst einmal prinzipiell alle sind. Wir unterscheiden uns in erster Linie nur darin, ob wir es zugeben, vor uns, vor Zeugen oder lieber unterschlagen, verhehlen, dementieren. Die nicht besonders politischen, launischen Böhmerschen Figuren aber bewegen sich unter anderem deshalb ständig zwischen kleinen und größeren Debakeln, weil ihre Um- und Mitwelt etwas mehr bürgerliche Contenance, disziplinierteres Aufrechterhalten einer stabilen, positiven Kontur verlangt, private Staatsräson, gewissermaßen.

Das könnte auch der Leser fordern. Böhmer kümmert sich trotzdem nicht darum, entschädigt aber durch Komik, die, zuverlässig verfügbar und robustierend, seine Helden bei ihren selbstmitleidigen Capricen und mutwilligen Ausuferungen zurechtweist. Sie entsteht bei deren

Zusammenprall mit der Realität und zeitigt dabei schönste Ergebnisse. Böhmer: »Schließlich ist die Welt der Gedanken im Kopf unsere vertrauteste und zugleich auch unsere unheimlichste Welt. Allerdings stößt sie sich immer wieder an der anderen, uns überragenden und belastenden Welt, die wir genötigt sind, als real zu begreifen.«

Die Komik ist Stilmittel und zugleich ein bitter notwendiger Trost beim Crash mit der Alltäglichkeit, die jegliche Art von Höhenflug zum Erlöschen bringen will, als, noch einmal Böhmer, »der wahre Feind – für die Liebenden, für die Visionen, für die großen, unbändigen Gewißheiten.« Wir nähern uns dem zentralen Punkt, von dem aus die Verlierer im Werk dieses Autors in ein neues Licht geraten. Sie alle sind Gesellen und Meister in der Technik der unermüdlichen Aufschwünge und des ebenso unvermeidlichen tiefen Falls, jener Abstürze, die kein Beweis sind für die Unsinnigkeit der vorangegangenen, rauschenden Emphasen. Weshalb die von ihnen periodisch Ergriffenen auch unbelehrbar bleiben, als nähmen sie in solchen Augenblicken teil an einer richtigeren Welt mit sehr begrenztem Aufenthaltsrecht. Dabei können sie völlig inaktiv, bewegungslos verharren, ohne Handeln, ohne spektakuläre moralische Konsequenzen. Solche Sternminuten aber sind ihr Lebenselixier und zugleich die Grundlage ihres Versagens im bald schon wieder grob sich einmischenden Reich der Banalität, der Verstaubung und Abnutzung.

Unmäßiges Schlafbedürfnis und übermäßiges Schwitzen, übertriebene Speiseaufnahme, Erbrechen, Aderlassen, Wasserlassen, Kopfschmerzen, Bedürfnisse des Sexualtriebs, Stürzen, Spucken, Schreien, Prügel: So stellt sie sich dar, die Irrenhaus- und Körperwelt, in der Friedrich Nietzsche, der Obermeister unter den Höhenfliegern, gefangen ist, wenn er ihr nicht gerade im Zuge einer Euphorie entkommt, jedenfalls in Otto A. Böhmers Roman *Der Hammer des Herrn*, der betitelt ist nach einer Eigenbezeichnung oder -bezichtigung des Philosophen.

Das Leben Nietzsches, einsetzend mit der berühmten Turiner Pferdeumarmung und mit zahlreichen Rückblenden seinen Leidensweg bis zum Tod verfolgend, erweist sich als ununterbrochenes, bereits in kindlichem Alter geübtes Auf und Ab der Stimmungen, ein Hoch und Höchstmaß der Visionen und erleuchteten Erkenntnisse, ausnahmslos abgestraft von den Erniedrigungen durch den eigenen Körper in seiner Vitalität und Gebrechlichkeit sowie durch die demütigende Behandlung bös- und gutwilliger Helfer. Es versteht sich, daß die Schrecken seiner Landungen in der Realwelt die Ich-Überschätzungen und Übersteigerungen, die Momente träumerischer Ekstasen zusätzlich verklären.

Nietzsche erscheint hier als Solitär und Jedermann, als großer Philosoph und als hinfälliger Mensch, beides ohne das jeweils andere zu mindern. Seine Aufschwünge und Abstürze waren zweifellos extremer als die möglichen seiner Mitmenschen, und doch, und das ist das, was ich an Böhmers Buch am meisten schätze, ist dieser Roman weit mehr als eine teils fiktionale Philosophenbiographie. Es ist ein dezenter, jedoch unüberhörbarer Appell, um der Höhenflüge willen, zu denen die Menschen grundsätzlich und nicht-exklusiv fähig sind, den grauen gesunden Menschenverstand zeitweilig außer acht zu lassen, das Scheitern nicht zu fürchten, für Sekunden oder Stunden die potentiellen Dimensionen von Seele, Geist, Gemüt auszukosten. Es ist, an der gewaltigen Vorlage Nietzsches orientiert, ein Plädoyer für die Entdeckung der Nicht-Durchschnittlichkeit des sogenannten Durchnittsbürgers.

II BÜCHER UND AUTOREN

Er findet hier ein in Schönheit, Schrecken und Komik singuläres Modell für etwas, das in ihm selber steckt.

In der vorzüglichen Einleitung zu seinem Essayband *Zeit des schönen Scheins* beschreibt Böhmer die Dichter als diejenigen, die jene überwältigende vergängliche Klarsicht in der »Helle des Mittags«, wie Nietzsche es nannte, als »glückliche Heimsuchung« empfinden und aus ihr eine Gegenwelt des schönen Scheins erbauen, in der Bestand hat und Dauer gewinnt, was in der Realität nur momentweise aufblitzt.

Diese Sekundenentrückungen, denen sich also wesentlich der Sonderfall, die Inspiration des Kunstwerks verdankt, sind die bilderreichsten und sprachintensivsten Passagen in Böhmers Büchern. Sie fehlen in keinem, denn als Augenblickserscheinung gehören sie zu unser aller menschlicher Natur, als knapp bemessenes Fest und vorübergehende Vollendung unserer irdischen Möglichkeiten.

Danken wir dem diesjährigen Erich-Fried-Preisträger Otto A. Böhmer, daß er nicht aufhört, mit stiller Leidenschaft daran zu erinnern, ungerührt, in einer Welt, die einen ganz anderen Zuschnitt mit reduzierter Skala anstrebt.

Obschon ich mich frage, ob ihn das Scheppern und Gepolter der jeweils fälligen Bauchlandungen nicht mindestens genauso fesselt.

Lesen Sie ihn also selbst!

Über das Wasser
Zu H. M. van den Brinks gleichnamigem Roman

Halten Sie für möglich, daß ein Buch Sie auf einer Strecke von nicht mal 160 Seiten verzaubert, wenn es a) von nichts anderem als dem Fahren im Zweier ohne Steuermann handelt, obschon Sie b) sich nicht für Sport interessieren, c) schon gar nicht fürs Rudern und Sie eventuell d) auch noch eine Frau sind?

Es kann Ihnen mit diesem kleinen Buch – ob nun Leserin oder Leser – ohne weiteres so ergehen. Sollte man ganz zu Anfang noch ein bißchen ungläubig den entrückten Erinnerungen Antons zuhören, der von seiner Befreiung aus den Einschnürungen eines kleinstbürgerlichen Elternhauses erzählt, so ist man nach wenigen Seiten, mit jedem erlernten Ruderschlag widerstandsloser, eingeführt in einen Zustand, den man bewegliches Glück, Glück der Bewegung nennen könnte, das freilich nicht ohne Schmerzen ist und seien es die rein körperlichen eines harten Wettkampftrainings.

Bei aller professionell trockenen Konkretheit der disziplinierenden Arbeitsabläufe, die Handwerk und Kunst eines ökonomischen Gleitens über die unzuverlässige Wasserfläche erfordern, teilt der Erzähler diskret und unprätentiös das Geheimrezept solcher Euphorieschauer und -ströme mit. Wesentlich ist die unspektakuläre, ziemlich seltene Fähigkeit – alle Katzen besitzen sie und signalisieren sie sich und anderen, ohne je abgebrüht zu werden,

II BÜCHER UND AUTOREN

durch Schnurren –, das Glück des Augenblicks auch im Präsens des Ereignisses zu erkennen und auszukosten, frei von Jammer über eine schlechtere Vergangenheit und ohne Angst vor einer instabilen Zukunft. Das klingt leicht und ist fast das Schwerste. Es entsteht in dieser Zeitstarre ein Gefühlsschnappschuß, der sich in der Erinnerung wieder verflüssigen läßt.

Und doch: »Ich durfte nicht älter werden, und es mußte Sommer bleiben«. Diese Anwandlung von Schwäche erlebt Anton gegen Ende und ein einziges Mal, unmittelbar anschließend an Momente leicht homophil getönter Harmonie mit dem Ruderfreund. Was ihn hier ganz plötzlich mitten in der jugendlichen Lebensüppigkeit als kalter Schatten überfällt, ist deren schaurige Kehrseite, der Verfall, das Hinmodern aller Schönheit und Gegenstände, vor der ihn das spuren- und geschichtslose Fließen des Wassers, sein Fluß, retten soll. Gerade dieser erste nostalgische Blick auf die Jugend aber leitet unwiderruflich strafend ihren Abschied ein.

Der 1956 geborene Niederländer van den Brink läßt seinen jugendlichen Ruderer die politischen Verhältnisse nur in sachten Abdrücken und mit eigensinniger Unschuld oder auch Ahnungslosigkeit wahrnehmen. Für uns, die Leser, sind die akute Zeit, das Jahr 1939, und die Dreierkonstellation der Personen elektrisierend: Niederländer der Unterschicht, jüdischer Großbürgersohn, deutscher Trainer.

Es herrscht die Ruhe vor dem Sturm. Die Schein-Verheißung am Schluß des Romans, zugleich der letzte Vorkriegssommer, ist trotzdem für den besserwissenden Leser wie für den sich aus der Nachkriegsperspektive erinnernden Anton keine Irreführung. Es macht Klugheit, Logik und Kunst dieses schmalen Werks aus, darauf zu bestehen, daß tief empfundenes Glück ein Bollwerk gegen seine Schmähung bleibt.

III EIN LITERARISCHES TAGEBUCH

Weltwoche-Kolumnen, Mai 1997 – April 1998

BRAUNE PELZMADAMCHEN

Im April beklagte Ilona Lehnart in der FAZ, daß die Sprache dabei sei, »schrittweise die Anschauung (zu) überflügeln«. Sie tat das mit Blick auf die im Juni beginnende Documenta 10, bei der, weit mehr als Werke von »Bildproduzenten«, ein interdisziplinäres Symposion über das Globale schlechthin erwartet wird.

Wenn das so ist, werde ich, aus Trotz und zum Ausgleich, im Mai erstens Anblicke und zweitens das Lokale hüten wie meinen Augapfel und will dabei herausfinden, welche »Anschauung« für mich die rührendste ist. Nicht die erschütterndste. Die rührendste.

Etwa gleich am 1. Mai, dem Triumphtag von Tony Blair und Cherie Booth, die drei kleinen Mädchen auf der Haustürtreppe in der Sonne, die einen schwarzweißen Hund umschmeichelten, so herzlich und unablässig zausten und verzärtelten, daß er, wie angesäuselt von Lebenslust und Liebe, zwischen ihnen taumelte, sich kaum vor Glück mehr auf den Beinen hielt unter den sechs streichelnden Händen, schon fast kein Hund mehr war, bis auf der leeren Straße eine Frau ging, auf dem entfernteren Bürgersteig, still, ältlich, und er, noch eben rechtzeitig vor dem kompletten Untergang in lauter Wonne, sich besann auf Würde, Amt, Geschlecht, bellend, brüllend schon zur verschlossenen Vorgartentür fegte, dort zähnebleckend drohte, dem Feind, der gar nicht aufsah, ihn jedoch als Retter heimkehren ließ, den Kopf sehr hoch erhoben von der Wacharbeit, jetzt wieder ein pariserischer Beau auf Zehenspitzen, zu den drei Graziösen zurück?

Schon am Abend desselben Tages gab es Besseres, gegen 21.45 Uhr an der Elbe in Höhe des Werksgeländes der Deutschen Airbus: Gegen Westen der Himmel noch immer hell, das Wasser glatt, als wäre es seine einzige Aufgabe, Schiffe zu spiegeln statt zu tragen, schimmernd zu tragen vielleicht, doch nicht werktätig willig zu transportieren. Dann auf zwei Stühlen, in der nach Osten zu fortgeschrittenen Dunkelheit, am Tischchen eines verlassenen Cafégartens, regenmantelgrau von Kopf bis Fuß, wie seit dem Nachmittag auf Bedienung wartend oder eher noch darauf, daß der Elbe nixenartige Serviererinnen entstiegen, unter dem Getüpfel frisch geschlüpfter Kastanienblätter ein altes Paar, regungslos, stumm, bleiche Nachtschattenkörper, saßen »im wunderschönen Monat Mai«, der gerade angefangen hatte, für sie vielleicht zum achtzigsten und letzten Mal, scheuten nicht das Feuchtkühle, in der wortlosen Nacht über den seidigen Elbstyx nach Finkenwerder und ins Alte Land hinüberspähend.

Auch am 3. Mai beginnen noch alle Nachrichten mit dem Wort »London«. Auf einem Zeitungsfoto zwei Jungfüchse mit rundlichen Milchbäuchen und Gleichgewicht haltenden, gestreckten Schwänzen, balgend, als wäre es bereits ein Streit, die kleinen Schnauzen sperrangelweit offen gegeneinander gerichtet, kein erster Streit, aber womöglich das letzte Spiel, denn, meldet das Deutsche Tierhilfswerk, unter dem Vorwand einer »Dezimierungsmaßnahme« (notwendig, so die Jagdzeitschriften), lauern die Jäger dem »Beutekonkurrenten«, der keine Schonzeit hat, schon vor dem Bau auf. Die beiden Welpen in ihrer ahnungslosen Lebensanfangseuphorie, haben die nicht die größten Siegerchancen?

Am 4. Mai steht »London« nicht mehr an erster Stelle. Am 6. Mai war zu hören, daß die Innenbehörde der SPD-Stadt Hamburg Vorschläge prüft, öffentlich Straßen an Geschäftsleute zu verpachten, die dann durch private Wachleute Bettler und andere störende Elemente entfernen dürfen.

»Die Hummel fliegt mit Brummen hin und her;/ Ihr Körper scheinet in sich schwer,/ Als wenn er in der Luft ein kleiner Bär/ Mit Flügeln wär.« Kann man es schöner sagen als Barthold Hinrich Brockes, wenn er die braunen Pelzmadamchen, die im Mai ausrücken, zu seines Gottes Lob antreten läßt? Aber Sprache soll hier ja nicht prämiert werden.

Ob in der Schweiz die Bäume auch, wenn sie wieder ihre Laubmäntel haben, und, aus der Ferne gesehen, in ein erhabenes Wogen verfallen, in der Nähe ihre Blätter als dermaßen winzige, frisch geborene aus den rissigen Altmännerarmen hinaustreiben, daß man sich fragt, ob das Sublime, wenn man dicht daran ist, prinzipiell etwas Rührendes wird?

Umdrehen kann man das sicher nicht. Ach, dieses dahintreibende Melisandenhaar der Trauerweiden, diese leicht getrübte Luft, als sähe man alles durch ein Butterbrotpapier, als wäre man leicht beschwipst oder die Natur nicht mehr ganz richtig im Kopf bei diesem ersten Wehen, Taumeln nach so langer Zeit wieder.

Dieses züngelnd und hüpfend schäumende Grün vor Kasernen, Polizeipräsidien, Finanzbehörden, Landesversicherungsanstalten, um all diese Langweiler herum, sogar um die! Und sehr deutlich hört man den hellen, klimpernden Geruch der ..., ich weiß nicht, wie sie heißen, wußte es gestern noch, und sieht die Vögel klingelnde Regentropfen in die Luft schütten, schütteln und riecht den dunklen Himmel hinter der Apfelblüte und ist womöglich, zwischen Nase, Auge, Ohr im blöden Schwelgen keinesfalls schlauer als ein verrückter Hund, der sich dreifach tätscheln läßt, und liefert von allen Anblicken den rührendsten?

BUTTERARTIGES SCHMELZEN

Ein Morgen, früh im Sommer, sehr früh am Tag, Bahnhof Hamburg-Altona: Die wenigen Leute, die jetzt unterwegs sind, schlafen alle noch oder schon ein bißchen. In beiden Fällen mit leichtem Frösteln und Fremdeln in der offiziellen, hier größtenteils gekachelten Welt.

Der Eindruck ihrer Vereinzelung verstärkt sich in einem bestimmten Moment ins geradezu feierlich Singuläre, wenn man von der Ebene der S-Bahn mit der Rolltreppe auf die der Ferngeleise gefahren ist und plötzlich, fast wie auf einer Deichlinie, pathetisch vom hellen Hintergrund freigestellt, die eilig oder träge schwankenden Figuren sieht, erstarrt, bewegt, vor dem bereits leuchtenden Himmel, wo die Züge entschlossen ins Abenteuer, in die junihafte Weite rauschen. Pieper, Paper, Klemm werden sie wohl heißen, diese für einen Augenblick als etwas sehr Bedeutsames festgenagelten Gestalten, mit einer Tüte, Tasche, Zeitung in der Hand, unterm Arm, manchmal auch mit einer Stirnwunde, und man sollte sie sich gut und für den Rest des Tages einprägen. Als eiserne Ration? Notgroschen?

Denn es verliert sich bald, schnell, mit jeder Minute. Schon muß man aufpassen, daß man niemanden über den Haufen rennt. Pieper? Klemm? Verschüttet und perdu! Man kann von Glück sagen, wenn man aus dem Gewühl und Getrappel, Geknäuel, Getümmel den eigenen Namen ein paar Stunden später heil nach Hause schafft. Wie war noch der Name?

Dort erfahren wir durch unsere Informanten aus aller Welt von Naturkatastrophen und diversen Kriegsgemetzeln mit größenwahnsinnigen Zahlenangaben über die

Menge der aktuellen Tagesopfer. Wir wundern uns schon gar nicht mehr, daß sie uns vage Schuldgefühle einflößen von einem Ende der Welt bis zu uns her und wissen nicht, was für eine Miene wir dazu schneiden sollen. Weiteressen? Eine Andachtspause einlegen? Und morgen? Schwupps? Wieder dasselbe Gesicht?

Nachdem uns im Gewusel und Gemenge alle Individualitätsflausen vergangen und wenigstens drei Zacken aus der Krone gebrochen sind, lesen wir aber, wenn wir Glück haben, von einem Mann, dem eine Mark aus der Tasche fiel: »Die Münze rollte über den Boden und stürzte auf die Schienen hinab, direkt vor den einfahrenden Zug der Untergrundbahn. Das war achtzehn Uhr zehn in Berlin. Eine Stunde danach riß in Köln der Winter oder vielmehr der Wind einen Mann vom Dach eines Hauses, er schlug mit dem Kopf auf die Straße und war sofort tot ... einen Augenblick später hatte ein Mann aus Luzern einen Revolver in seiner Hand und schoß lachend auf Dachdecker.«

Der hier verantwortliche Berichterstatter hat eine Weile in der Schweiz gelebt, und jeder, der jemals eine seiner Reportagen über die Unglücksfälle und Untaten der Herren Klemm, Klomm, Al Capone gelesen hat, identifiziert ihn auf der Stelle aufgrund der Art, wie er vermutlich schrecklich anzusehende Unfälle und Amokläufe – eben das, was alltäglich passiert und bei dem wir, falls wir mit den Protagonisten nicht persönlich bekannt sind, schon gar nicht mehr mit der Wimper zucken –, von diesem oder jenem Herrn vollbracht, ins Wunderbare, unfrivol Bezaubernde entrückt.

Oder wieder naherückt?

Das diffuse Schuldgefühl, auch bei international verbrecherischen Vorgängen und Naturkriminalität mit vielen

»Menschenopfern«, die ja nicht in allen Fällen auf unser privates Konto gehen, rührt vielleicht her von einem echten Kummer über die Kränkung, auf die Angaben zu den Verlusten an Menschenleben nicht mehr gebührend, aufrichtig anteilnehmend reagieren zu können. Das macht uns nicht so sehr Sorgen aus Gewissensgründen, sondern weil wir ziemlich präzise ahnen: Das Nivellieren der Einzelperson bezieht sich umweglos auch auf uns, schließt uns ohne Pardon mit ein, beziehungsweise walzt uns nieder, uns, »das Volk« (Peter Handke).

Ohne zu beschwichtigen, gelingt nun jenem Katastrophenkundler, den die Liebhaber seiner Werke sogleich als Ror Wolf erkannt haben, eine ironische Exkulpation, tröstlich wie ein Wiegenlied. Aber nicht, wie üblich, ja obligatorisch geworden, durch den human-touch-Einzelfall mit allen Umständen von Outfit, Blutgruppe, Sexualfavorit.

Ganz im Gegenteil! Indem er dem Leser seinen verwunderten, ungerührten Blick eines überforderten, unterhaltungsgierigen Kindes leiht, das verständnislos Zeitungsartikel und Fernsehbilder expeditionsmäßig durchwandert, verblaßt die Irrealität des Authentischen. Betroffenheit fällt flach wegen Unmöglichkeit. Statt dessen wird eine bekannte, grausam märchenhafte Realität und Wahrheit loreleyartig wohlklingend vorgeführt.

Ein Bus versinkt samt Insassen im Fluß: »ein leichtes Zergehen, ein butterartiges Schmelzen, ein schmerzloses, folgenloses Verschwinden«. Am 29. Juni wird der trostreiche Unglückssänger und Wirklichkeitsbote 65. Vivat Ror Wolf!

DAS LEUCHTEN DES FUDSCHIJAMAS

Sind Sie, geehrter Leser, auch der Meinung, daß Hamburg (Hafen!) nicht allein hoch im Norden Deutschlands, sondern zugleich am Meer liegt? Besucher aus gebirgigen Gegenden sind häufig felsenfest davon überzeugt. Dabei beträgt die Entfernung Hamburg–Elbmündung zirka 100 km Luftlinie. Im Gegenzug sind wir hier oben bei der Distanz von etwa Flüelapaß–Grimselpaß nicht pingelig. Alles Schweizer Alpen eben.

Es sei denn, man ist Bergwanderer oder Skispaziergänger. 1868 unternahm der englische Lyriker Gerard Manley Hopkins eine Reise in die Schweiz (19. Juli Grimselpaß) und notierte seine Eindrücke in einem *Journal*. Die rund 15 Seiten Gebirgsbetrachtung des angehenden Jesuiten würde ich jederzeit dem berühmten Thomas Mannschen Schneekapitel im *Zauberberg* vorziehen, ja, ich überließe dessen bürokratisch pedantische Schilderungen von aufsteigender Todesangst samt akademischen Ausflügen ins Metaphysische kalt lächelnd dem Weißen Tod im Tausch gegen eine neue Lieferung von Hopkins' lakonisch-phantastischen Beschreibungen alpiner Oberflächen. Sein Blick auf Bergblumen, Frauenfrisuren in einer Dorfkirche, Schneefelder im Licht, Wasserfälle ist dramatisiert durch ein Jagdfieber, durch die Lust, ins Schwarze der Formbestimmung zu treffen, d.h. den banalen oder verstiegenen Vergleich sezierend auszumachen, der das Phänomen individuell bannt und zugleich in den Zusammenhang von Formverwandtschaften stellt. Hopkins betreibt das ironisch und feurig, etwa wenn sich ihm der Gletscher bei der Jungfrau zeigt als die in die Luft geschleuderte Haut eines weißen Tigers, die kreiselnd fällt und alles »umlappt« und in Schwanz und Klauen endet wie der Gletscher in »Zungen und Zinken«.

Währenddessen läßt es sich Thomas Mann nicht nehmen, die Schneebedrängnisse seines Helden gemütlich metaphyselnd zu befabeln.

Aber ausgerechnet und erst nach Lektüre einer reißerischen Dokumentation der erstmals gelungenen Durchsteigung der Eigernordwand (24. Juni 1938), siebzig Jahre nach Hopkins' harmloser Wanderung, vor allem des 1936 gleich vierfach tragisch gescheiterten Versuchs, steht für mich fest, daß ich sehr bald schon die unberechenbare Wand – um Gottes willen nicht »meistern«, nur einmal, aus dem günstigsten Abstand, also möglichst grauenerregend steil, vor mir aufragen sehen möchte, so wie ein Flachländer sich das nach den wüsten Reportagen hochgebirglicher Abenteuer ausmalt. Im Grunde soll der Felsklotz vom Meeresspiegelniveau die 3970 m emporschießen, damit die Höhe so recht zum Ausdruck kommt. Meine einzige Sorge: Der Berg könnte nicht ganz so schrecklich dräuen und mir nicht in die Knochen fahren wie versprochen. Schon Hopkins klagte über die Einschränkung, die von der menschlichen Gesellschaft bei Berganblicken ausgeht. Vor 129 Jahren!

Vielleicht fällt mir ja erst seit meiner spekulativen Eiger-Leidenschaft das Topeventmäßige des »höchsten Abfallhaufens der Welt« (Mount Everest) ins Auge, samt Expeditionstoten in höllisch roten Anoraks am Wegesrand. Besonders angetan hat es mir dabei die Information, es gebe in Katmandu 500 Trekking-Firmen und 600 Reiseagenturen für die Drängelei, das Schlangestehen am ehemaligen »Sitz der Götter«.

Ich kenne eine ansonsten zartfühlende alte Dame, die

sich stets herzlich freut, wenn eine Besteigung mit oder ohne Todesopfer nicht geklappt hat. Warum wird jemand mit jedem erstmals erklommenen Gipfel betrübt, von jedem Scheitern aber erfreut, als hätte das Gute nochmals in durchweg schlechter Welt gesiegt? Neid? Schadenfreude? Magisches Denken?

»Es muß etwas für Menschen Unerreichbares auf der Welt geben«, erklärte mir kürzlich die bewußte Person und zog also aus dem Reiz und Stachel des schneeig Unberührten nur die den Gipfelstürmern entgegengesetzte Konsequenz. Nach dem Krieg, in der Trümmerlandschaft des Ruhrgebiets, habe sie vor dem Einschlafen, statt zu beten, immer die Zeile »Und ewig leuchtet der Fudschijama« gedacht und sich an diesem Bild des Unzerstörten, allem Zugriff Entrückten aufgerichtet.

In der rüden touristischen Wirklichkeit sieht der einstmals »heilige« japanische Schneekönig längst anders aus, jedoch die Idee, Aura, Legende hat strahlend über viele tausend Kilometer hinweg ihre heilkräftige, therapeutische Macht bewiesen. Das allein aber ist das Entscheidende, auch wenn man die prägnanten Beobachtungen Hopkins' nur aus der Nähe machen kann und von den allenfalls zu ahnenden Euphorien und Schauern, von Lebensgefahr und Todesmut verwerflicher Bergbezwinger ungestreift bleibt.

Mit wohlverstauter Eiger-Vision fahre ich also am 18. Juli von der Hamburger Nordsee – getrost ans platte Mittelmeer.

BEWEGUNGEN IM FREIEN

Im Schlußsatz meines Julitagebuchs kündigte ich an, »ans platte Mittelmeer« zu fahren. Inzwischen, dort angelangt, lese ich in James Hamilton-Pattersons etwas zwiespältigem Buch *Seestücke* (dt. 1995, Stuttgart) nicht nur, daß der im selben Artikel erwähnte Himalaja einst ein Stück Meeresboden bildete, sondern, viel aufregender, »daß die Ozeane alles andere als flach sind«, in ihrer Oberfläche gewissermaßen eine Imitation der Meeresbodentopographie. Dafür verantwortlich seien die Schwankungen in der Erdanziehung, die von der Dicke der Erdkruste abhänge. Das klingt auf schon phantastische Weise logisch.

Und trotzdem ist sie platt, die See, nämlich für das Auge dessen, dem die Lebensglücksumstände erlauben, im Sommer ein paar Wochen ihrer ansichtig zu werden. Das Meer ist so aggressiv platt für den nervösen Städter, daß er sich möglichst nur in Gestalt eines Anglers, Harpunierers, Motorbootfahrers, Surfers der Herausforderung des schnöd Horizontalen stellt. Andernfalls würde auch die Sportindustrie, hier vor allem die Wassersportwirtschaft, sehr böse werden, und wenn schon die Rüstungsindustrie mit dem Verlust von Arbeitsplätzen zwecks Selbstverteidigung drohen darf, dann ja wohl erst recht sie. Klar.

Die Zeitschrift *Amica* vom 11. Juli belegt etwas Zusätzliches. Sport als Modeereignis. Gemeint ist nicht allein, was wir ja wissen, wie chic gekleidet, samt Zubehör (wichtig!), heutzutage geschnorchelt, getaucht, am Strand geturnt wird.

Die Revolution ist die: Mode trägt jetzt »il segno dello sport«. Die sportliche Kostümierung wie der sportgestählte männliche (na gut) und weibliche (erstaunlich) Körper sind per Dekret tatsächlich erotisch geworden.

Als in Kafkas *Schloß* der Romanheld K. und seine Geliebte vom Ausschank, Frieda, in einem Schulzimmer voller Sportgeräte die Augen aufschlagen, ist das außerordentlich komisch, weil etwa Barren extrem kontrastieren zu dem, was immerhin in jenen vergangenen Zeiten ein junges Liebespaar von einer verständnisvollen Möblierung seines Schlafzimmers erwachend erwartete.

Das ist nun anders geworden. Modefotografen müßten sich angesichts dieser, durchaus auch als Anzüglichkeit zu begreifenden, sportiven Liebesnestkonstellation die Hände reiben.

Ob aber auch folgende Freiluftbetätigung trendy werden könnte? Man sitzt in ruhiger Haltung am Meeresufer, wendet den Blick gesammelt auf die weite, blau changierende Fläche, läßt ihn schweifen, gemächlich, bedächtig, bis zum Horizont, dann ein Stück den ähnlich, nur noch etwas delikater getönten Himmel hoch und wieder auf demselben Weg zurück zum Saum des Wassers, wo eventuell kleine Wirbel und Strudel um apart gemusterte Kiesel zu entdecken sind, schließt die Augen. Und hört.

Hört das Flüstern, Plätschern, Sprudeln, Gurgeln, Glucksern oder sachte Tupfen unerheblicher, manchmal größerer Wasserbewegungen, öffnet die Augen, sieht gläsern und glasig eine Welle heranrauschen, dreht die Pupillen schließlich zu einer spitzfindig-hochzeitlichen Verbindung zwischen einem geometrischen Rätsel aus Holz und einem im leichten Wind die gestreiften Flügel hebenden und senkenden Schmetterling: ein in diesem Moment unbenutztes, schon fast metaphysisches Gerät namens Liegestuhl, das der italienische Maler Leonardo Cremonini so oft auf wunderbarste Weise in seine unendlichen, elegisch sich erstreckenden Meeresräume plaziert hat.

Und die körperliche Ertüchtigung, die nicht nur für die schöne Seele, vielmehr für den schönen Leib sorgt? Man steht auf, rennt oder balanciert auf die ersten Wellen zu und ... schwimmt. Brandneu! Primitiv-Schwimmen! Ein obligatorischer High-Tech-Meeresobservierungsdreß freilich müßte spätestens zur nächsten Saison kreiert sein.

Unzulässig »entgrenzende« Interpretation von Sport?

Der deutsche CDU-Politiker Heiner Geißler, bergsteigend, gleitschirmfliegend und der »alternativ-radikalen Gegnerschaft« (Geißler) von Sportlern und Naturschützern wehrend, proklamiert zur Zeit viel kühner und viel weniger harmlos, in Richtung Gleichstellung von Sportorganisationen mit Naturschutzverbänden bei Genehmigungsverfahren (Einrichtung von Naturschutzgebieten, Planung von Golfplätzen, Sperrung von Kletterfelsen), »ein neues Verständnis von Natur«.

Vor 15 Jahren zählte man 40 verschiedene Freizeitsportarten, bis heute haben sie sich mehr als versechsfacht. Es sind 260.

Pardon, seit eben zweihunderteinundsechzig.

III EIN LITERARISCHES TAGEBUCH

WAS WOLLEN DIE TIERE VON UNS?

31. August: Heute ist es wieder passiert. Für Spaziergänger in ländlicher Umgebung nichts Ungewöhnliches, und doch hinterläßt dieser Ansturm der Tiere jedesmal ein Gefühl ratloser Rührung und, zumindest was mich angeht, auch das einer diffusen Beschämung.

Zunächst stehen die Kühe, die schwarzen, braunen, gefleckten, falben, wie man es kennt und wie es sich seit altersher für sie gehört, denkmalhaft da, reißen mit den großen Zungen, falls sie nicht gerade wiederkäuen, unbekümmert um die restliche Welt ruckhaft geräuschvoll das Gras ab und bringen es seelenruhig in die gewaltige Scheune ihres Bauches ein. Man steht am Zaun und blickt, schon ahnend und erhoffend, was gleich geschehen wird, zu ihnen hinüber. Da hebt die erste den Kopf, und während sie noch zögert, sich ein bißchen träge, jedenfalls würdevoll auf uns zu in Bewegung zu setzen, kommt ihr eine zweite zuvor, verfällt in lockeren Trab, in Galopp, es packt eine dritte. Selbst entfernte, liegende, in zärtlicher Zweiergruppe befindliche Tiere widerstehen nicht länger. Aus dem gesamten Bereich der Weide rennen sie herbei. Alles Monumentale ist vergessen, und so bauen sie sich vor uns auf mit lebhaft zuckenden, rechts und links beschilderten Ohren und erregt pendelnden Schwänzen, die kindlichen, feuchten Mäuler zu uns erhoben, stumm, in tadelloser Reihe und Riege. Aufmerksam, neugierig, erwartungsvoll.

Eine Mannschaft, eine Schulklasse in höchster Aufnahmebereitschaft, durch ein bißchen hingehaltene Kräuter nicht aus dem Konzept zu bringen, keine Bestechung möglich. Zuviel der Mühe, zuviel der Ehre!, möchte man ihnen jetzt hilflos zurufen. Eine schnelle Verabschiedung ist ausgeschlossen angesichts ihrer anspruchsvollen Formation und Gespanntheit auf das, was nun eintreten oder verkündigt wird.

Was wollen sie von uns? Eine erlösende Geste, eine Predigt oder Welterklärung? Zweifellos wissen sie nichts über die in Deutschland für Ende September geplante Erfindung eines Bundesverbandes der Nationalparkgegner und den Umbau des Amts für Veterinärwesen in der Schweiz, nichts über virtuelle Haustiere und Rinderwahnsinn, nichts über Bertolt Brechts Gedicht *Kuh beim Fressen* noch über das von Justinus Kerner zum Kalb, das zur Schlachtbank geführt wird, nichts über die Diskussion und unterschiedliche Bewertung genetisch »unverfügte« und genetisch konstruierte Arten betreffend. Und doch scheinen sie, wenn sie uns anblicken, das alles eben doch zu erwägen. Man muß ihnen nur in die mandelförmigen, dunkelgroßen Augen sehen, in die schön bewimperten, mit denen sie uns zu Unrecht vertrauensvoll, zu Recht melancholisch betrachten.

Wir aber nennen solche Momente nach kurzem Besinnen märchenhaft oder sentimental. Wo kämen wir sonst hin mit den Tieren! Und sie, die Kühe, treten inzwischen von einem Fuß auf den anderen, verlegen über unsere Verlegenheit. Ich hoffe, sie nehmen nicht an, sie wären es, die hier wieder einmal versagen. Ihre Enttäuschung kaum verbergend, löst sich die straffe Linie schließlich auf. Machen wir, die albernen Zaungäste, uns als erste davon, wird uns nachgeschaut mit unergründlichem, unverdientem Blick.

In der Geschichte von den Heymonskindern läßt Reinold, Besitzer des Rosses Beyart, um des lieben Friedens willen zu, daß Karl der Große sein treues Pferd ertränkt.

Erst als Beyart jedoch, mit Mühlsteinen beschwert, beim dritten Mal auftauchend, die Blickverbindung mit seinem Herrn verwehrt wird, stirbt es. So Gustav Schwab in den Volkssagen. Fouqué dagegen zitiert in einer kleinen Abhandlung einen alten spanischen Ritterroman, der den ruchlosen Verrat am tapferen Roß deutlicher ächtet. Reinold begegnet viel später in einer zaubrischen Einöde seinem Pferd, das sich hier aus dem Wasser retten konnte. Freudig rennt es auf ihn zu. Nur als es ihn erkennt, wendet es sich erinnernd ab und geht zornig von ihm und den Menschen für immer davon.

Uns jedoch, die den hoffnungsvollen Tierblicken nichts entgegenzusetzen haben als Mitgefühl oder die Warnung vor »Vermenschlichung«, tröstet Fouqué, indem er auf ein geheimnisvolles Drittes setzt, merkwürdige Ahnungen, die uns gelegentlich befallen kräftigend, daß uns nämlich die Tiere »dereinst« auf einer anderen Wiese entgegenspringen werden. Nein, diese unwissenschaftliche Hoffnung will er nicht aufgeben: »auf einer Wiese, wo es so herrlich zugeht, daß wir ihrer nur mit den Schauern der süßesten, aber auch zugleich ernsthaftesten Entzückung zu gedenken vermögen«.

2. September: Heute ist es wieder passiert.

BIRNENKUCHEN MIT BROMBEEREN

»Ich glaube, daß alles im großen Buch geschrieben steht«, ermutigte, als er 67 war, der ehemals berühmte Herzchirurg und Medienstar Christiaan Barnard die zunehmend ungläubige Welt. Gemeint war, etwas ältlich-bildlich gesprochen, das uns vorherbestimmte Schicksal, ein Buch, am Anbeginn der Schöpfung konzipiert, jenseits von Hardcover und Taschenbuchausgabe.

Ich aber glaube nicht, sondern weiß, daß praktisch alles, was Prominente (Fußballer, Schauspielerinnen, Politiker, Callgirls, Putzfrauen von Königinnen, Denker, Dichter samt Geliebten und Witwen) ihr Leben nennen, kaum haben diese Großen unserer Zeit ein bißchen existiert, sogleich in lauter kleinen Büchern geschrieben steht. Lauter Bücher mit ihrem Schicksal reingedruckt.

Die in diesem Monat anstehende Frankfurter Großmesse wird es erneut zutage fördern und uns erschütternde, rasante, verrückte Lebensläufe en masse aufdrängen. Sicher keine vergebliche Liebesmüh. Titel vom Kaliber *Ich, Ich pur, Ich live, Jetzt ich, Alles über mich, Ich, was sonst?, Mein Leben, so war es wirklich, Hand aufs Herz* – der sehr gelbe Konkurrenzneid könnte einen packen – werden manchem professionellen Literaten zeigen, was absatzmäßig bei gutem Willen läuft.

Haben die Leute genug von den Fiktionen der Literatur und verlangen statt dessen die Realität, beinhart, »wie sie wirklich ist«, aus allerdings glamourösem Nähkästchen geplaudert?

Natürlich nicht! Das *Ich pur* und *Leben live* mit allem Drum und Dran wären die Hölle, für den Autor wie fürs Publikum. Man stelle sich das bloß vor! Also Tatsachen

III EIN LITERARISCHES TAGEBUCH

von allgemeinem historischen Interesse oder interessanter Klatsch, am besten beides zusammen, anekdotisch aufbereitet?

Ja gewiß, und nicht nur anekdotisch bitte, auch dramatisch gerafft und gedehnt, doch solche Kunstgriffe, bei aller erhofften *inhaltlichen* Indiskretion, gefälligst dezent, damit wir die Konfessionen während des Lesens auch noch für das echte Leben halten bzw. mit ihm verwechseln können. Wissen um, lieber: Instinkt für – klingt lebensnäher – Spannung, Struktur, Linienführung erwarten wir unbedingt von unserem Lebenslaufverkäufer. Andernfalls soll er uns mit seiner Beichte gestohlen bleiben.

Denn darauf kommt es uns ja gerade an: ein Leben prächtig entfaltet zu sehen, mit Höhen, Tiefen, Glanzlichtern, Knalleffekten wie in einem Roman, wie aus Christiaan Barnards großem Schicksalsschmöker. Kaum zu glauben, daß sich so das richtige, lebendige Leben aufführt, und doch muß es so sein, denn es nennt sich ja »Autobiographie«, und wir finden darinnen markante Namen, Daten, Ereignisse in Verbindung mit den individuellen Lebensstationen eines älteren Staatsmannes oder jüngeren Kochs.

Handelte es sich dabei nur um Fiktion, dann würde uns das zwar unterhalten, aber um etwas Bestimmtes bringen, das uns diese Art von Büchern, über das Zeitgeschichtliche hinaus, beschert. Um die schöne Vermutung nämlich, auch unsere eigene, in unserem Kopf verschwiegen herumwirbelnde, bruchstückhafte, mosaikartige Partikelautobiographie könnte, falls wir uns nur hinsetzen und alles gewissenhaft aufschrieben mit dem nötigen Schicksalsdrive, einen ähnlich eleganten Bogen ergeben. Nicht nur eindeutige Höhepunkte, wie etwa bei August von Kotzebue, der vor fast 200 Jahren einen Rußlandaufenthalt überschreibt mit *Das merkwürdigste Jahr meines Lebens* (wüßten *Sie*, welches *Ihr* merkwürdigstes ist?), vielmehr auch mit einer Zielrichtung. Akzentuierter gesagt: mit Sinn! Der muß nicht extra verkündet werden, der geht, anmutungsweise, schon von der linearen Konstruktion eines »Lebenswegs« aus.

Ein wahrlich faktisches Vergnügen schenken dagegen manchmal pure Notizen. Im Jahre 1520, als er Brüssel besuchte, schrieb Albrecht Dürer in sein *Tagebuch über meine niederländische Reise*: »Ich hab gesehen zu Prüssel im rathhauss in der gulden kammer die vier gemalten materien, die der groß meister Rudier gemacht hat. Ich hab gesehen ins königs hauß zu Prüssel hindern hinaus die brunnen, labyrinth, thiergarten ... Item 6 persohn haben mir nichts geben, die ich zu Prüssel hab conterfeit.«

Noch trockener verfährt in seinem *Diario* nur wenig später auf der anderen Seite der Alpen der italienische Kollege Jacopo da Pontormo mit seinen Tagen. Pontormo hält in diesem Journal nur drei Dinge für erwähnenswert: 1. Was er gegessen hat: »Birnenkuchen mit Brombeeren«, »vier Unzen Rosmarin-Brot«. 2. Was ihm wehtut: »Schulter, Hals, Kopf, Magen, der ganze Körper«. 3. Was er malt: »Heute, am 30. Januar 1555, fing ich den Rücken der Gestalt an, die wegen des Kindes weint.«

Um was aber handelt es sich, frage ich mich am 1. 10., bei diesem *Tagebuch* hier?

III EIN LITERARISCHES TAGEBUCH

MÄNNER UNTER SICH

In unserer Straße stecken seit einigen Tagen die Stämme der Eichen in Holz- und Metallkäfigen. Der Waldkauz, der über mir im alten Schornstein wohnte, mußte sogar, anders als die Bäume, die immerhin an Ort und Stelle bleiben konnten, sein Domizil verlegen. Jeden Morgen nämlich, punkt 6.45 Uhr, bricht der Krach los zur Begrüßung des Tages, als sollten der Reihe nach alle Häuser der Nachbarschaft abgerissen werden, bis es uns selbst an den Kragen geht. Dabei handelt es sich nur um Sielarbeiten. Die Abflußrohre von 60 cm Durchmesser will man durch solche von 80 cm Durchmesser ersetzen.

Und so läuft es neun bis zehn Stunden am Tag: Der Bagger balanciert einen sechs, maximal acht Meter langen Rohrabschnitt heran. An einer Eisenkette hält er die Lederschlaufe, die um die Mitte des Kunstkeramikrohres führt. Vorn wird es sehr behutsam wie ein zartbesaiteter Saurier gelenkt, schließlich über die hochaufragende Eisenwand des Grabens gehievt und in die schmale Gasse eingesenkt. Der Baggerführer folgt zentimeterweise den knapp signalisierenden Handbewegungen eines Kollegen, über dessen gelbem Helm die klaffende Schaufelzange schwebt. Plötzlich hört man nur noch von unten die Ketten klirren, deren Länge offenbar verändert wird, die Schaufel hebt sich, die Kette schwingt tiefer, wo jemand die heikle Fracht wohl in die richtige Lage manövriert. Der Baggerchef scheint seinen Körper um den gelenkigen Eisenarm erweitert zu haben, und der gehorcht tänzelnd dem Winken, Abwehren, Locken, Ermuntern eines Arbeiters. Kurze Reglosigkeit des symbiotischen Apparats und: Ketten gelöst. Schwingend geht der Greifer neben dem Graben zu Boden, während der Bagger brummt und vor sich hin brütet, dann steckt er seinen Eisenarm oder -hals wieder tief in die Grube, die Räder kämpfen wegen des Übergewichts um Bodenhaftung. Ununterbrochen starrt der Straßenarbeiter nach unten, wie in höchster Anspannung und Alarmbereitschaft, oder bloß Neugier? Vermutlich wird dort die Lage des Rohrs berichtigt.

Vorher hat die rote Maschine, nachdem sie die ausgeschachtete Erde, energisch und zierlich, in raschem Hin und Her auf den Lastwagen geschaufelt hat, die Eisenplanken zur Absicherung der Wände in zwei Reihen lückenlos nebeneinander und mit senkrechten Schwüngen in den Boden gerammt, so daß dort nun eine geschlossene Metallwand steht.

Zwei Sekunden habe ich weggesehen. Da liegt der Greifer weit geöffnet wie erschöpft auf der Nase. Stille. Der Baggervirtuose klettert aus seiner Kabine, begutachtet. Niemand spricht, zwei helmlose Kumpel treten dazu, alle äugen stumm in die Grube, von hinten wirkt der Baggerführer wie ein Kind, tiefes Schweigen noch immer, vollkommener Frieden. Ein schönes Mädchen geht an lauter nicht provozierbaren Rücken entlang, die Sonne tritt auf, einer kratzt sich mit dem Zollstock am Bein, sie starren nach unten zu dem gewaltigen Rohrstück und zu den Leuten, die sich mit ihm, für mich unsichtbar, beschäftigen. Jetzt hört man ein leichtes Hämmern. Der Baggerboß reckt sich, lockert die Muskeln, kehrt zurück an seinen Platz, schlägt, vorwärtsfahrend, lachend eine große, nach hinten rollende Walze in die Flucht und transportiert, sich selbst schnell rückwärtsbewegend, Neues im fest geschlossenen Greifer heran. Elegante Minimalbewegungen des assistierenden Kollegen. Das Rohr muß inzwischen eingeschraubt sein, sacht senkt sich der

Greifer hinab und schüttet es, Wurf um Wurf, mit Fingerspitzengefühl zu.

Solche teuren Großgeräte werden, besonders in Ostdeutschland, von den Baustellen gestohlen. Nicht selten sind Firmengründer die Abnehmer. Das aber wird nicht Hauptsorge dieser zumindest optisch – fern calvinistisch-puritanischer Arbeitsethik wie proletarischem Trotz – hedonistisch agierenden Männer sein. Bei der Hamburger Bürgerschaftswahl im September mußte die SPD seitens der Arbeiter hohe Verluste hinnehmen zugunsten der CDU und der Rechtsradikalen. Analysierte Hauptursache: Die Sozialisten haben im Wahlkampf die klassischen Themen der Konservativen, innere Sicherheit und Wirtschaft, kopiert und ihr spezielles Fach, Sicherung der Arbeitsplätze, vernachlässigt. Weil sie selbst nicht mehr dran glauben?

Bis zum Jahr 2010 sollen etwa 80 Prozent aller Arbeitsplätze in den führenden Industriestaaten potentiell auslagerungsfähig sein. Vor solchem Hintergrund bekommt die Baggerszene nostalgisch-schwermütigen Glanz. Mögen die Männer jedenfalls jetzt, von Freitag, punkt zwölf, Feierabend, bis Montag morgen ebenso *bella figura* machen wie hier, unter sich. Und beides noch oft. Außerdem kann man Straßen samt Inhalt doch gar nicht »auslagern«.

OCHSE UND ESEL

Wußten Sie eigentlich, daß jene beiden, Ochse und Esel, die dem vorübergehend wieder aktuellen Kind in der Krippe so dicht beigesellten – ihr Hauch scheint manchmal sein Gesicht zu streifen –, in frühchristlichen Darstellungen obligatorischer waren als Maria und Josef? Sie sollten nämlich die Erlösungsmacht Christi an Juden (Ochse) und Heiden (Esel) repräsentieren, obschon ihre Anwesenheit bei der Krippenszene in Bethlehem unter den Kirchenvätern umstritten war (und vermutlich auf einen Übersetzungsfehler zurückgeht).

Seit ich das weiß, male ich mir angesichts der weihnachtlichen Gemälde großer und kleiner Meister des Mittelalters aus, was die beiden Stallgefährten wohl zu ihrem symbolischen Auftrag sagen würden. Mir jedenfalls sind sie als schlichte Tiere, die nicht verkappte Menschen oder gar Volksgruppen sein müssen, wesentlich bedeutungsvoller und tiefgründiger. Den meisten Malern wohl auch.

Sie aber befinden sich jetzt in Haus, Wohnung, Badewanne, Bett? Hören Sie das Zischen plötzlich, den Sturm von innen nach außen, der das Einatmen eines Riesen nahelegen könnte? Während Sie noch über dieses dahinfegende Geräusch bei schon bebenden Zimmerwänden Vermutungen anstellen, bemerken Sie entsetzt die Ursache. Es ist tatsächlich ein gewaltiges Einsaugen, denn nun werden Sie selbst aus Bett, Bad, Wohnung, Haus gerissen und landen unwiederbringlich in der Schnauze und schließlich im Magen eines ceylonesischen Lippenbären (Melursus ursinus intornatus). Einfach ein- und weggeschlürft!

Zumindest könnte es Ihnen so ähnlich ergehen, wenn

Sie auf der Insel Sri-Lanka eine Termite in ihrem Bau zu spielen hätten. Aber natürlich hüten wir uns in der Regel aus Gründen, die auf der Hand liegen, uns die Gefühle der Tiere vorzustellen. Sie sollen gefälligst lernen, auf unsere zu reagieren, uns erfreuen, sättigen, kleiden und, wenn es hoch kommt, als Metapher dienen.

Das Interesse, schöne Landschaften zu bereisen und uns im Fernsehen zu weiden an Drolligkeit und Rasanz von Tieren, ist ungebrochen, der Naturschutz im allgemeinen und der Tierschutz im besonderen dagegen allenthalben unübersehbar auf dem Rückzug, als hätten wir uns, nach einigem Widerstand, damit abgefunden, daß unsere Welt 2000 ff. für derartigen Luxus und eigentlich Schnickschnack keinen Platz mehr hat.

Beispiel: Im Land Hessen wurden durch eine »Naturschutzausgleichsabgabe« (die Bauherren zu entrichten hatten, wenn sie bei einem Neubau in die Natur eingriffen, ohne den Schaden am Ort wiedergutmachen zu können) in der Umgebung Renaturierungen, etwa von Bachläufen, finanziert. Dieses Gesetz nahm man, trotz hessischen Protests, mit Wirkung vom 1. 1. 98 aus dem Bundesnaturschutzgesetz heraus und unterließ, es dafür im Bundesbaugesetz zu verankern. Der ohnehin nicht eben finanzkräftigen Stadt Frankfurt bleiben kaum Mittel zur Fortsetzung der begonnenen Arbeit.

Trauriger Witz: Ausgerechnet die Architekten, die sich ja viel zugute halten, was die Ästhetik der Außenwelt betrifft, raten seit Monaten ihren Bauherrn zu einem schäbigen kleinen Trick, nämlich dem, gegen schon erteilte Baugenehmigungen Widerspruch einzulegen, um durch diese Verzögerung bis Anfang nächsten Jahres ganz um die ohnehin geringe Abgabe herumzukommen. Auwälder und ihre Fauna! Quatsch!

Die Werbung freilich wird auf allen Gebieten erfolgreich bei Jung und Alt, egal, ob cool oder uncool, hip oder nicht hip, biedermeierlich und biedermännisch mit Mutter Natur und ihren rassigen Tiergestalten prahlen, als wäre nichts.

Zurück zu Ochse und Esel! Beziehungsweise zu einem christkindhaften Gnadenmoment unter italienischem Augustlicht. Vor jetzt dreizehn Jahren und noch in keiner Einzelheit aus meinem Gedächtnis entschwunden, erlebte ich auf der Insel Elba die Annäherungen einer sehr jungen, extrem schmalen und wohl hungrigen, hochschwangeren Katze, die aus der Wildnis zu uns kam. Um fünf Uhr früh, nachdem sie mich, bei aller sonstigen Diskretion, durch Rufen, genauer: Herzerweichung, gezwungen hatte, ihr draußen mit Zureden beizustehen, brachte sie zwei Junge zur Welt. Zittern und Angstschweiß waren sofort vergessen, kaum daß sie mit ihrer Zunge das sich aufrichtende Fell des ersten Nachwuchsexemplars spürte. Es geschah zweifellos zum ersten Mal in ihrem Leben, und sie erledigte alles Notwendige mit andächtig machender Professionalität.

Da also lag sie. In ihrem Nest im ausgepolsterten Außenkamin, Stall und Krippe zugleich, säugte sie fromm ihre Kleinen zu Wohlgefallen und Segen aller Welt und füllte mit ihrem Schnurren das Himmelsgewölbe. Und ich? Ich symbolisierte die Hlg. Anna mit Ochse und Esel selbdritt.

III EIN LITERARISCHES TAGEBUCH

KEIN SILVESTERSCHERZ

Während ich, noch in Zürich, dies schreibe, stelle ich mir vor, wo ich Silvester feiern werde. Wenn nichts dazwischenkommt in einer Gegend, in der drei Länder, Belgien, die Niederlande und Deutschland zusammenstoßen: Plattes Land, bei Westwind riecht man die Nordsee, und Wind weht dort fast immer. Vom Wohnzimmerfenster aus sieht man auf ein imponierendes Monstrum, das sich gewissermaßen ruckartig und spektakulär aus der allgemein vorherrschenden Horizontalen erhebt. Schon am Tag, auch wenn ich mich an den Anblick längst gewöhnt habe, verblüfft mich diese kindlich-bunte Gigantenburg, falls der Himmel ein wenig mit Beleuchtungseffekten nachhilft, wie eh und je.

Wirklich großartig aber wird es nach Einbruch der Dunkelheit. Dann schlägt die eigentliche Stunde des Kolosses, der vorher, auch schon eindrucksvoll im Sonnenuntergang fest stehend, die nötigen Reserven für das nächtliche Schauspiel getankt zu haben scheint.

Es ist nichts weiter als ein modernes, »klassenloses« Krankenhaus, für Patienten aller drei Länder geplant, das in einer allmählich finster werdenden Landschaft außerhalb der Stadt sein künstliches Licht samt blinkenden Signalen für Rettungshubschrauber aus allen Rohren abfeuert, ein Feuerwerkskörper – könnte man zumindest in einer Silvesternacht denken (ohnehin wird sich dann das Geknalle mit fortwährendem Sirenengeheul sehr bald mischen) – wie permanent kurz vor dem märchenhaften Zerbersten.

Es ist ein schöner, ein festlicher Anblick und aus irgendeinem Grund gut geeignet (nicht als Behausung für den

Jahreswechsel, um Gottes willen!, aber:) als End- und Anfangszeichen. Dort hat sich vor einiger Zeit eine verbürgte Geschichte zugetragen, die ich mich wegen ihrer Hollywoodkomödienhaftigkeit nur Silvester hier zu erzählen traue.

Im Verlauf eines Festes in einem Aachener Mietshaus geriet einer der Anwesenden so in Hochstimmung, daß er die Schränke des Gastgebers öffnete und dort auf eine komplette Skiausrüstung stieß. Er zog an, was es anzuziehen gab, ging auch eine Weile auf Skiern in der Wohnung herum. Als der Gag ausgekostet war, entschloß er sich, einen Abstecher ins Treppenhaus zu wagen und riskierte dort auf der Treppe eine Schußfahrt ins Stockwerk darunter. Unglücklicherweise öffnete gerade in diesem Augenblick die darunter wohnende Frau ihre Tür, um sich wegen des Lärms über ihrem Schlafzimmer zu beschweren.

Die Verletzte wurde ins Klinikum, eben jenes überdimensionale, gebracht, der lustige Skifahrer begleitete sie sogar, ging ins Bett und schlief ein paar Stunden. Bis am nächsten Morgen mit ihm zugleich die Reue erwachte. Er kaufte einen großen Blumenstrauß, um sich bei seinem Opfer zu entschuldigen.

Im Klinikum ist der Eingang als Hotelfoyer gestaltet, auch Empfang und Auskunft sind entsprechend heiter und komfortabel angelegt. Auf die Frage, wo er die Patientin besuchen könne, wurde ihm beschieden, er müsse sich irren, eine solche Frau, mit den geschilderten Unfallmerkmalen, sei in der Nacht nicht eingetroffen und nicht in den für solche Fälle vorgesehenen Stationen zu ermitteln.

Der Mann jedoch bestand darauf, daß die durch seine Schuld Verunglückte in seinem Beisein von einem Freund abgeliefert und ein Aufenthalt ärztlicherseits für unbedingt nötig gehalten worden sei. Weiterhin jedoch abschlägiger Bescheid des Krankenhauses, wo man wahrscheinlich einen noch nicht erledigten Rausch des Mannes vermutete, was diesen um so erboster machte.

Bis bei einer Schwester der Groschen fiel. In der Psychiatrie sei allerdings in der Nacht eine offensichtlich verwirrte Frau eingeliefert worden und nicht davon abzubringen, in ihrem Treppenhaus mit einem herabsausenden Skifahrer zusammengestoßen zu sein. – Mehr Ernst zum Jahresschluß?

Das bewegendste TV-Bild war für mich in diesem Jahr eine Archivaufnahme in einer Dokumentation zur R.A.F. im November. Es zeigte den jungen Rudi Dutschke, wie er flammend der Welt zusichert, ihr stehe eine Zukunft ohne Krieg und Hunger bevor, überall auf ihr, der Welt, dafür kämpften er und seine Genossen. Hunger und Krieg nie mehr, für niemanden.

Es ist Mode geworden, relaxed oder vielleicht doch eher greisenhaft unverständig spöttelnd über die 68er Zeit zu urteilen. Leider werden im Leben allenfalls alberne Skifahreranekdoten Wirklichkeit. Visionen, die heute sowieso keinen Chic haben, etwa die Dutschkes, nicht.

Ihnen aber, auf was Sie beim Neujahrsbeginn auch blicken mögen, und warum nicht gleich: der Welt? Hals- und Beinbruch beim hoffentlich guten Rutsch!

MESSER, GABEL, JUNGFRAU

Im Dezember letzten Jahres setzte ich mich eines Morgens in Bern in den Zug, um via Interlaken, Grindelwald zur Kleinen Scheidegg zu fahren. Von dort aus wollte ich die legendäre Eigernordwand ansehen. Hätte man mir, als ich vom Zug aus die Silhouette der Berner Riesengipfel erkannte, prophezeit, daß ich einige Stunden später oben auf dem Jungfraujoch in den Gletschergängen des sogenannten Eispalasts mit freundlichen Waschmittelmanagern Champagner trinken und auch von den mir wohl wegen meiner höhenbedingten Benommenheit angebotenen Salzfischchen probieren würde, wäre ich aus hochgebirglichen Pietätsgründen womöglich indigniert gewesen. Inzwischen aber besitze ich eine herrlich lackierte Abbildung (plastische Zeichnung) der gesamten Region in Schnee unter blauestem Himmel. Über dem Jungfraujoch schweben nicht die dort von mir beobachteten schwarzen Dohlen, sondern ein schwarzes Messer, gekreuzt mit einer schwarzen Gabel.

Heroisch war es trotzdem. Allein schon, wie die Schweizer durch Tal und Berg ihre Eisenbahnen zwingen! Hier höchst erstaunlich durch die gefürchtete Eigerwand. In einer Schleife windet sich der Zug von der Kleinen Scheidegg fast eine Stunde lang hoch zur Endstation zwischen den Gipfeln von Mönch und Jungfrau. Unterwegs darf man zweimal durch eine Scheibe die Wand und später das »Eismeer« besichtigen. Nach fünf Minuten pfeift der Zug alle zurück. Merkwürdig, ich mußte an die Raubtiere denken, große Löwengesichter, die man im Zoo Wange an Wange, nur durchs Glas getrennt, gefahrlos ansehen kann. So auch hier die Abgründe und Gletscherspalten. Dann war man, ohne etwas geleistet zu haben, 3500 Meter über dem Meeresspiegel, ging auf einer Plattform herum und fuhr per Aufzug zur Sphinx Terrasse mit dem Observatorium. Die Türen sprangen von allein wie in Warenhäusern auf und zu.

Mönch und Jungfrau? Man konnte sich einbilden, in drei großen Sprüngen ganz oben zu sein. Andererseits klopfte das Herz. Guten Gewissens ließ sich von Herzrasen sprechen, und daß mein linker Arm von den Fingern bis zur Schulter gefühllos wurde, beunruhigte mich zwar, aber es gefiel mir auch. Ein Tribut an die Höhe, die offenbar von den allermeisten Leuten – es waren an diesem Tag wenige, ich blieb größtenteils und glücklich allein – wegen der Aussicht aufgesucht wird. Man fährt hoch, um sofort wieder runterzusehen und auf einer Tafel zu identifizieren, was alles erkennbar ist, sogar der Schwarzwald am Horizont.

Auf die Fernsicht kam es mir gar nicht an. Ich, Flachländerin, wollte die Höhe an sich erleben, wenn schon meinem im Juli an dieser Stelle lauthals bekanntgegebenen Entschluß untreu, die Eigerwand als dreieckige Legende nur ehrfürchtig zu bestaunen. Dazu brauchte ich durchaus nicht den Blick zurück ins Tiefland. – Und wirklich, ich wartete nicht umsonst auf diese mir neue Empfindung, fast in Augenhöhe mit zwei Viertausenderspitzen (rüstige Bergsteiger muß das rühren, macht nichts), so dicht, daß es schon persönlich wirkte und ohne Laut, bodenlos und gerade in seiner tückischen Selbstverständlichkeit immer (angenehm) gefährlicher, wie bloß zum Schein stillhaltend. Es hielt ja auch nichts wirklich still. Sehr bald war nur noch Nahes sichtbar, die Luft hatte sich schnell in unbemerkbarer Kontinuierlichkeit mit weißem Dunst gefüllt, mit einer Art Nebelschnee, der sich nicht zu Flocken ballte. Damit aber breitete sich eine touristenlose Wildheit aus, erst jetzt, als alles im Diffusen versank, dafür um so fühlbarer wurde, auch die Berge, Mithersteller und Verdeutlicher meteorologischer Erscheinungen, die nun ihre nur oberflächlich feste Gestalt leise oder spektakulär modifizierten, und das heißt wechselten, in hochmütiger Höhe, unter sich, für sich.

Wie aber mochte es für die Angestellten der Eisenbahn, der Cafeteria, des Andenkenkiosks sein, die ihren Arbeitstag lang konfrontiert sind mit den Inbildern, zu denen andere weite Reisen unternehmen und sich quasi einen Lebenstraum erfüllen, dabei den Blick auf die Sensationen wohlweislich so knapp halten, daß er nicht in Gefahr gerät, alltäglich zu werden? Ihr Gesichtsausdruck war strapaziert freundlich wie in einem Tabakladen oder an einem Zeitungsstand. Oder so professionell unerstaunt wie bei Tierpflegern von Tigern und Löwen im Zoo.

Mir aber, beschenkt mit dem Luxus der einmaligen Ansicht, steht noch jetzt, tief im Januar des neuen Jahres, mehr als alles andere eine Spanne von drei Sekunden vor Augen, wo ich von der Station Eigerwand aus sah, daß sich in der Reglosigkeit des Felsabsturzes von einem Vorsprung eine Handvoll Schnee löste und als spielerische Andeutung einer Katastrophe, auf ein schwaches Atmen des Berges hin, zeitgedehnt zierlich in die Tiefe sank.

III EIN LITERARISCHES TAGEBUCH

DIE TÜCKE DER MODELLE

Drei Geräusche werden mir wohl, jedes für sich, besonders aber als Terzett, schon bald, wenn mein winterlicher Aufenthalt am Collegium Helveticum der ETH Zürich beendet ist, zuverlässig die Wohnung, in der ich jetzt noch sitze und schreibe, ins Gedächtnis und vor Augen führen: ein Eichendorffsches Brunnenrauschen, ein Straßenbahnsummen wie aus dem Wien Heimito von Doderers, ein Glockenläuten, das mehr noch als an Keller oder Gotthelf ehern rufend an Schiller gemahnt.

Natürlich wird es auch umgekehrt funktionieren. Beim späteren absichtlichen Erinnern an diese Zimmer (samt Erker, rotem Teppich, grünem Sofa und dem Blick auf die Clausiusstraße unter mir, auf die vollkommen leere, dann plötzlich stark von einheitlich jungen Leuten bevölkerte, die alle in eine Richtung marschieren und gleich darauf die Straße lautlos zurücklassen) stellen sich höchstwahrscheinlich die drei Geräusche ein: ein Plätschern und Murmeln, ein Schrillen und Sirren, ein wuchtig keusches Dröhnen. Und mit ihnen die assoziierte Prosa und Poesie.

Möglicherweise tauchen aber auch der Evolutionsstammbaum, eine Klimakurve und die Doppelhelix als Modell der entschlüsselten Struktur der Erbinformationsfäden auf! Folge nämlich der sehr augenöffnenden Lektüre von Uwe Pörksens *Weltmarkt der Bilder* (Stuttgart, 1997), hier, an Ort und Stelle.

Ist Ihnen schon einmal aufgefallen, in welchem Maße man visuelle Zeichen, von Pörksen wegen ihres internationalen Gebrauchs globale Visiotypen genannt, spröde optische Modelle, Grafiken, Statistiken, Diagramme seit einigen Jahren seitens der Wissenschaft, Wirtschaft, Werbung, Medien einsetzt, sogar, als besäßen sie die Bannkraft von Sexsensationen, verkaufsfördernd auf Covern bunter Wochenmagazine? Wie sie einerseits locken mit der unbestechlichen, Sicherheit spendenden Aura von Wissenschaftlichkeit und zugleich einschüchtern als Ergebnis und Darstellung von Gewißheiten, gegen deren offensichtliche Objektivität kein Widerspruch hilft?

Die steile Karriere solcher sprachlosen optischen Signale begann, so Pörksen einleuchtend, mit der laborartigen Präsentation des Golfkriegs von 1991, bei der man Menschenopfer ausblendete. Fernsehzuschauer konnten sich leicht einbilden, es hätte überhaupt keine gegeben. Dabei war ihre Zahl immens (über 100000 auf irakischer Seite).

Wenn die erwähnte DNS-Spirale etwa zum heiligmäßigen Branchenzeichen der Pharmaindustrie avancierte, so übersieht man leicht, daß sie, autoritär und scheinbar die Wirklichkeit kernhaft repräsentierend, nur einen bestimmten, simplifizierten Ausschnitt visualisiert.

Es handelt sich ja lediglich um Hilfsinstrumente, notdürftige Verdeutlichungsbemühungen im optischen Bereich, um Krücken für differenzierte Sachverhalte. Eine Asylantenschlange oder die sogenannte Arm-Reich-Schere, die nur durch Weglassen einer Reihe von Gesichtspunkten zu ihrer bestechenden Klarheit kommen, werden zunehmend mit der Wirklichkeit verwechselt, die komplex, vielschichtig, widersprüchlich ist. Da liegt die Tücke. Es ist längst zur öffentlichen Klage geworden: Die Macht internationaler Konzerne – Wirtschaft in guter Partnerschaft mit der Wissenschaft – verdrängt mehr und mehr die Politik und das Soziale. Pörksen analysiert sorgfältig den universellen Markt der »drohenden und glückverheißenden Bildzeichen« und legt dar, wie gravierend

Piktogramme, optische Modelle, visuelle Zeichen die sich entwickelnde Unterordnung des Staates beschleunigen. Das mag als These überraschen, wird aber schnell begreiflich, wenn der Autor auf die Rolle der Sprache kommt. Erst durch sie werde, anders als beim wissenschaftlichen Hilfsbild, die historische, soziale, menschliche Einbettung gewährleistet und mit ihr ein Changieren, Relativieren, Bezweifeln der Informationen. Schließlich liest sich das Buch als Plädoyer für das Wort gegen den internationalen Trend der Sprachvernichtung beim globalen Signalisieren.

Selbst dort allerdings, in der Sprache, sind einer adäquaten Wiedergabe des vieldeutigen Gefühls, des vielleicht ein wenig eindeutigeren Gedankens Grenzen gesetzt. Letzten Endes ist natürlich auch die Sprache nur ein Modell. Das hat schon der genannte Schiller klipp, klar und feierlich gesagt: »Warum kann der lebendige Geist dem Geist nicht erscheinen? *Spricht* die Seele, so spricht ach! schon die *Seele* nicht mehr.«

Der Abschied von Zürich wird mir gar nicht so leicht fallen. Fehlen werden mir die hinter dem See schimmernden Berge, strahlende Zeichen sich stets entziehender Ferne oder die muffig-würzigen Essensgerüche des allzeit freundlichen, allzeit kochenden Inders, Signal des Internationalen, im Parterre.

PUBLIC-PRIVATE-PARTNERSHIP

Genau zwischen zwei von wahren Satzmassen begleiteten öffentlichen Ereignissen, nämlich dem Ableben des greisen Ernst Jünger und dem Wahl-Sieg der SPD Niedersachsens unter Gerhard Schröder sowie dessen Nominierung zum Kanzlerkandidaten seiner Partei, stieß ich zufällig auf ein dagegen sehr privates Vorkommnis:

Ein junger Mann, gutwillig, aber für das Geschäftsleben zu schwerfällig, von seinem Bruder deshalb anstelle der Teilhaberschaft an der ererbten Firma mit regelmäßigen Zahlungen ausgestattet, verbringt seine Tage u.a. damit, ein junges Mädchen zu beobachten. Es trägt manchmal an seinem Fenster entlang in einem Korb Wäsche zu Kunden. Langsam, wie es seine Art ist, führt er einen Wortwechsel herbei. Er erfährt vom hohen Ansehen, das schöne Wäsche im Haus des Mädchens genießt. Sie wird von der Mutter sogar mit Silber verglichen, weil sie stets neu »zu einem weißen Silber« gereinigt werde. »Ich erinnerte mich bei diesen Worten wirklich«, berichtet der ehemals junge Mann viel später in seinem Leben, »daß ich an dem Körper der Sprechenden immer am Rande des Halses oder an den Ärmeln die feinste weiße Wäsche gesehen hatte.« Von diesem Augenblick an kauft er sich selbst mit seinem Geld 1. solche erlesene Wäsche und 2. silberne Hausgeräte.

Von Zuneigung oder gar Liebe muß hier nicht tautologisch gesprochen werden. Es wird von ihr geredet in Gestalt einer Lücke! Nämlich derjenigen zwischen den zwei Informationen, der Auskunft des Mädchens und der ihres Beobachters über seine sofort beginnenden Anschaffungen. Allerdings weint er sich, als sie bald darauf als Braut in eine andere Stadt gegeben wird, beinahe »die Seele aus dem Körper«. Die Leidenschaft für das erworbene zarte Leinen verläßt den Mann, der später Pfarrer wird, bis zu seinem Tod im hohen Alter nicht.

Das Bemerkenswerte an dieser Episode sind nicht allein die dort waltende Verschämtheit wie auch die Finesse der erwähnten Aussparung und die dezente Komik, die darin besteht, daß der entflammte Jüngling die Metapher, das Silber also, gleich mitanschafft. Man kann außerdem darüber staunen, wie Adalbert Stifter hier in seiner Erzählung *Kalkstein* mit beispielhafter Ökonomie vorgeht. Stifter, der angeblich so unerträglich Ausführliche! Entgegen seinem Ruf versteht er sich ja gerade auf solche Kurzpassagen, wo sich in einem plötzlichen Atemanhalten, gewissermaßen lautlos das Kraftzentrum einer Geschichte offenbart und damit die Stunde der Wahrheit für die Poesie: als gegenständliche, konkrete, schiere, unauslöschliche.

Ihr Glanz wird durch das faktisch nicht Erhebliche einer Szene geradezu verstärkt. Erst deren Unscheinbarkeit ermöglicht ja den geheimen Appell an den Leser: Würdest du nur die durchschnittlichen, normalen, alltäglichen Minuten deines Lebens so aufmerksam wahrnehmen, wären sie ähnlich bedeutungsvoll. – Das kann durchaus eine Illusion sein, aber man hofft's oder glaubt's und erliegt ihr allzu gern.

In Stifters Erzählung *Der Hagestolz* ist es der geistesabwesende, unkommentierte Blick auf ein Hundefell, bei dem die Welt, wie auf verstohlenen Wink/Befehl unauffällig zusammenrückt. Elegantes Reflektieren ist viel, viel einfacher als das Herstellen solcher Momente. Ich erinnere mich an keine Szene bei jenem jüngst Verstorbenen, wortreich Bedachten, die ähnlich machtvoll unvergeßlich wäre wie beispielsweise die Tränen der häßlichen *Brigitta* vor ihrem Schlafzimmerspiegel. Daß beide, Jünger wie Stifter, auf ihre Art Konservative waren, tut hier nichts zur Sache.

In einer ersten Stellungnahme zu seinem Wahlerfolg im Fernsehen dankte Schröder der wissenschaftlichen Intelligenz für ihre Unterstützung. Der künstlerischen, wie das bei Willy Brandt der Fall war, schuldet dieser neuere, wirtschaftsfreundliche SPD-Mann offenbar nichts. Dabei sollen die Künstler, ähnlich der SPD, alle Scheu vor der Wirtschaft ablegen und, so fordert es (FR v. 2. 3. 98) der Präsident der Goethe-Institute Hilmar Hoffmann, »konventionelle Demarkationslinien überschreiten«. Auch die Spitzenmanager stünden umgekehrt »ehrfürchtig« vor der Kunst. Die Utopie von einem fruchtbaren Stoffwechsel zwischen sponsorenbedürftiger Kunst und Wirtschaft, Geist und Geld fällt unter die Sparte »Public-Private-Partnership«. Die Manager möchten den »Kreativen« vor allem Tricks, Strategien abschauen, wie man auf das Publikum, den Verbraucher, Konsumenten, schlagkräftig suggestiv einwirken kann.

Ob da die Empfehlung von Stifters weißem Linnen wohl das Richtige ist?

III EIN LITERARISCHES TAGEBUCH

FRAUEN UNTER SICH

Am liebsten sind sie mir in Gestalt kleiner Mädchen, wenn sie, mager und mutig, über den Strand gespenstern und sich dabei vor Frechheit heiser krähen. Am zweitliebsten als alte Frauen, obschon sie, leider, in der Regel aus angeblichen Sicherheitsgründen nichts gegen Maßnahmen wie den großen Lauschangriff, aber viel gegen eine rot-grüne Koalition einwenden. Ansonsten werden sie wieder diesen kleinen Mädchen ähnlich: Haut und Knöchelchen, mit einem bestechenden Hang zur Albernheit, die Stimmbänder nicht ganz im Griff und insgesamt ein bißchen desorientiert.

Wie die beiden im ICE zwischen Hamburg und Mannheim, 79 oder 83 Jahre alt, die Haare schneeig gebauscht, als hätte ihnen jemand einen Riesenlöffel Eischaum auf die Köpfe gepfeffert.

Eine ganze Weile sprechen sie – etwas weltfremd geworden und daher nicht mehr sicher im Abschätzen der angemessenen Lautstärke für ein Großraumabteil – von der präzisen Kalkulation ihrer Vorräte bis auf den letzten Krümel zum Frühstück vor der Abreise, schweifen dann mit dem gleichen Eifer auf Tofu-Rezepte ab und die gute Vorsorge ihrer lieben Männer für sie, die Witwen.

Die klein gewordene Welt gebrechlicher alter Damen.

Obschon, so fragil sind die zwei gar nicht. Eine blonde Frau mit einem dunkelhäutigen Kind kommt den Gang entlang. Karlheinz Böhm sei siebzig geworden, in fünfter Ehe mit einer Äthiopierin, das erste Sammeln für Afrika habe – toll! – gleich zwei Millionen Mark Spenden gebracht. Ob ihnen der Afrikaner vom Minibarservice eine heiße Zitrone machen kann?

Eigentlich sind sie sogar noch recht stämmig und wollen unbedingt wieder mal nach Budapest.

Im übrigen freut man sich einstimmig über Initiativen gegen die Investoren in Ostdeutschland zur Rettung und Einrichtung von Naturschutzgebieten. Nichts gegen Gysi (PDS), gar nichts, warum denn! Nur sollte er zu seiner Vergangenheit in der DDR stehen. Regelrecht Zunder gab es aber vor zwei Tagen. Der Mann hat womöglich seinen Job riskiert. Ein Beitrag zur Pflegeversicherung. Wurde alles schonungslos gezeigt, letztes Stadium, Fälle mit Magensonde und völlig Verwirrte. Wie die noch bei den Kürzungen betreut werden sollten! Seinen Job riskiert, jawohl! Und die Traurigen, wie denn von wem getröstet!

Apropos: Im Hamburger Michel werde die Matthäuspassion unter einem neuen Kantor gegeben, auch *Ein deutsches Requiem* von Brahms. Egal, beides könne der Michaelischor bestimmt längst auswendig. Man mache sich doch nichts vor.

Freilich – die eine spricht hamburgisch, die andere mit leicht kölschem Einschlag –, wenn man schon sein Geld anlege, wollte man auch Dividende sehen, wenigstens keine Verluste haben, man müsse sich wohl um einen Rechtsbeistand bemühen? Sie trinken kompromißbereit Tee mit Zitrone und werfen einen Blick in mitgebrachte Zeitungen. Vor mir liegt Wiktor Pelewin, *Das Leben der Insekten*. Da haben die Damen ein Superangebot zu den Bregenzer Musikfestspielen entdeckt. Ach die herrliche Musik dort, ach, wie gern würde man ... Ja, warum denn aber nicht!

»Wir stornieren *My Fair Lady*. Ruf Frau Rust an. Wir lassen Berlin sausen. Sie soll Friedrichspalast streichen. Uns sei ein Auslandstermin dazwischengekommen.« –

III EIN LITERARISCHES TAGEBUCH

»Ich stelle mein Hörgerät auf größte Lautstärke, dann wird's dort unten in Bregenz schon klappen.«

Ich fühle mich ein wenig hinfällig beim Versuch, mich in die Pelewinschen Mistkäferhorizonte zu vertiefen. Nebenan stürmt man währenddessen Fünftausender. Mit Adaptionsschleuse kein Problem. Auf fünf von ihnen hat die Hamburgerin gestanden. Aber die Kölnerin sei die wahre Weltreisende. Sie widerspricht kokett: Australien fehle ihr noch.

Ein Kaffee hinterher! Und bevor der angeliefert ist, werden selbst sie ein bisschen matter, erinnern sich schläfrig der finanziellen Dispositionen eines Ruthchens oder Muttchens, Jahrgang 1870. Noch etwas erschöpfter: Wie verrückt ihre Alpenveilchen blühen. Jede hat zweiundzwanzig Blüten. Und erst jetzt, nach zwei Stunden Fahrt, streifen sie, am tiefsten Schwächepunkt, für genau eine Minute das Thema (nicht einmal: persönliche Krankheiten, nur): spezielle Medikamente. Doch fort mit Schaden. – Der Kaffee kommt!

IV REDEN

Pointe eines Preises: Zur Verleihung des später zurückgegebenen Preises von ZDF/3sat und der Stadt Mainz

Die Pointe dieses Preises, verehrte Zuhörerinnen und Zuhörer, besteht zweifellos in einer Konfrontation, die aber eine Beschwichtigung gleich mitliefert. Sie spitzt sich schön sinnfällig und fast plakativ zu im Umstand, daß der jeweilige Preisträger unter einem Dach mit dem ältesten gedruckten Buch der Welt wohnen darf und sich andererseits, in den meisten Fällen wohl zum ersten Mal in seinem Leben, in der Regie eines Fernsehfilms versuchen soll.

Literatur und Fernsehen also! Jene immer entschlossener in die Defensive gedrängt, dieses von einer riesigen Mehrheit konsumiert wie das tägliche Brot und auf eben sie, die Mehrheit, rigoros fixiert. Versöhnlich und um Kooperation bemüht, läßt sich sagen: Beide, Literatur und Fernsehen, haben mit Welt und Geschichten zu tun, mit Realität und Fiktion. Übrigens ist das, wie wir alle wissen, zu unterschiedlichen Anteilen, bei jeder Art von Berichterstattung, bei jeder Reklame so.

Es soll hier, in meiner kurzen Danksagung, nicht um ein bißchen Gnadenbrot- und Anstandsliteratur im Fernsehen gehen. Viel interessanter finde ich den, wie mir scheint, zunehmenden Pauschalverdacht von Hochkultur dort und Unkultur hier, wobei einige wenige sich verkniffen für Askese und Quälerei der zeitraubenden Literatur entscheiden, die meisten jedoch sich fröhlich bekennen zu den bequemeren Wonnen des offenbar zeitschenkenden Fernsehens. Wie alles Freimütige ist diese zweite Haltung durchaus entwaffnend. Doppelt schlecht für die spielverderberische Position der Literatur, hier immer Literatur als Kunstform, nicht als Kochbuch verstanden.

Ist es bereits ein verlorener Posten?

Bedenkenswert an Fernseh-Zlatkos umjubeltem Befreiungsschlag, nämlich der Verkündigung, ihm seien Shakespeare und Goethe scheißegal, ist ja die Vehemenz, mit der nicht etwa der Haß auf zwei sowieso unbekannte Dichter zum Ausdruck kommt, sondern die stellvertretende Reaktion auf den verbreiteten Mißbrauch von sogenannter Bildung durch eine sogenannte Bildungselite, die Shakespeare, Goethe, Dante, Homer, Kafka und Gott weiß wen aus dem Lexikon der Weltliteratur zu ihrem standesgemäßen Eigentum erklärt oder gar aus einer, unter uns, nur noch fernen Erinnerung zur Einschüchterung der dümmeren Restbevölkerung parat hält, zur Aufwertung des eigenen Urteils, als ließen sich solche Heroen wie Pappkameraden aus dem Magazin »Große Literatur«, bedeutungsvolle Schatten verleihend, hinter der Person des Zitierers oder auch nur korrekt den Namen Nennenden, auratisch plazieren. Das ist nicht nur unseriös. Es ist, schlimmer, zentral kunstfeindlich, so daß man am liebsten selbst übereilt: Weg mit dem ganzen Kunstschrott! rufen möchte.

Und ob wirklich *jenen*, die ständig teure Namen *jenes* Kalibers zu gesellschaftlicher Machtausübung und kultureller Autoritätsgewinnung ins Gefecht schicken und unter diesem unüberprüften Deckmantel ganz nach den Maßstäben der Zerstreuungsindustrie, zeitgeistkonform und also erfolgreich, ihr kritisch feuilletonistisches Geschäft praktizieren, ob denen noch beispielsweise die wahrlich äußerst komplizierten Sprachscherze einer Shakespeare-Komödie präsent sind oder die hochakademischen Wortspielereien des angeblichen Saft- und Krafterzählers Rabelais, und sie also tatsächlich, spaßeshalber einmal etwas humorlos gefragt, den »Figurenreichtum« eines Telefonbuchs von den Belästigungen durch ein Kunstwerk überhaupt noch essentiell unterscheiden können?

Jedenfalls bringen derart routinierte Liebhaber der Literatur mit ihrem markierten Feuer im Fernsehen und anderswo diese nicht weniger zur Strecke als diejenigen, die sie ahnungslos als unerheblich für ihre Existenz von vornherein ignorieren.

Warum aber, nun endlich gefragt, wäre es denn schade um die Kunst der Literatur? Oder: Wäre es das überhaupt?

Erwartungsgemäß lautet meine Antwort: Ja! Und zwar mindestens dreimal Ja!

1. Ja: Schriftsteller sind keine Priester und keine Propheten und sollten lieber solche Selbstüberschätzungsgesten meiden, aber indem Literatur die grundsätzliche Ambivalenz, Glanz und Hinfälligkeit ihrer Gegenstände in Erinnerung bringt, ihrer Menschen, Leidenschaften, Ideen, ist sie die beste Arznei gegen drei schwere Plagen: gegen Ideologie, Kitsch, Wissenschaftsgläubigkeit. Ein Trost durch Erkenntnis, nicht durch Betäubung.

2. Ja: Der andererseits aber kindheitliche Blick der Literatur auf die Welt, d.h. ihr nicht sozial, pragmatisch, symbolisch vereinnahmender, vielmehr überwältigend sinnliche Bedeutung evozierender Blick stemmt sich gegen die Verflüchtigung der Phänomene in den rasenden Geschehensabläufen, gegen Abnutzung und Überalterung unserer Wahrnehmung, sei es einer Wolkenbildung, eines Autoreifens, eines Lächelns, einer Wunde, eines Einzelwesens in einer Masse von Milliarden.

3. Ja: Anders als etwa die einleuchtend beliebten Vorabendserien im Fernsehen erzeugt Literatur per Sprache zwar organische, aber nicht den Wirklichkeitsvorstellungen der Gesellschaft parierende Gegenwelten, Alternativmodelle zum hoffnungslos Schein-Authentischen. In seinem Aufsatz *Der neue Proletkult* in der ZEIT vom 14. 12. 2000 vermutet Jens Jessen, daß »die Gesellschaft ohne exemplarisch vorgetragene Abweichung an sich selbst ersticken würde. Die besten Verhältnisse, wenn sie für unentrinnbar gelten, werden zum Gefängnis. Offenbar befreit unsere europäische Kultur, gerade weil ihre Wurzeln jenseits unserer heutigen Gesellschafts- und Wirtschaftsstruktur liegen, schon durch den Hinweis, daß der Mensch mit seinen Hoffnungen, Ängsten und Sehnsüchten eine Existenz jenseits dieser Strukturen hat, daß die Staaten kommen und gehen, aber der Mensch in seinem Wesentlichen in keinem von ihnen die Erfüllung findet.« Hier, wie schon in seinem Artikel *Die Quotenidioten* vor einigen Monaten, erinnert er die zuständigen Instanzen, vorzugsweise die öffentlich-rechtlichen Fernsehanstalten, an ihre Aufgabe, einer breiten Bevölkerungsschicht Kultur zugänglich zu machen, nicht allzu sehr zu erschrecken vor unverantwortlich geringen Quoten – die liegen in der Natur der Sache – und Kultur und Fernsehen nicht dadurch notdürftig zusammenkriegen zu wollen, daß man die Kultur popularisierend verwässert. Dann ist waschechte Trivialität schon besser! Bange Schlußverkaufsrabatte sind in der Kunst nicht erlaubt.

Zumindest zugänglich macht man Kultur, Kunst – die ich hier ausdrücklich meine, nicht nur naturwissenschaftliche Wissensvermittlung, die ja viel unprekärer, viel weniger als Zumutung tabuisiert ist – durch Heranbildung, durch kundige Erziehung. Dafür könnte gerade das Massenmedium Fernsehen ein exzellentes Medium sein. Die Leute sind ja auch nicht unbedingt so dumm, wenn sie herumzappen, wie man sie einschätzt. Langweilen sie sich nämlich vielleicht auch deshalb bei der Kultur, weil sie die kulturelle Unüberzeugtheit der Programmlieferanten wittern? Der Kieler Soziologe und Katastrophenforscher Lars Clausen stellte im letzten Jahr in seiner Abschiedsvorlesung sieben pessimistische Prognosen für die gesellschaftliche Entwicklung zusammen und kommt zu dem Fazit, eine früh ansetzende Kulturpolitik, also Bildungspolitik, auch Sprachbildung, sei eine gute Strategie gegen allerlei absehbares soziales Unheil. Man lehre aber nicht, so Clausen, hier bezogen auf Bürger, die Deutsch erst noch lernen wollen oder müssen, »mit den Stammelnden zu stammeln«.

»Nicht mit den Stammelnden zu stammeln«: Wir sind beim Fernsehen und der Literatur! Es hilft wenig, ein bißchen zurechnungsfähige Literatur und Sprache in einem ansonsten systematisch verblödenden Umfeld zu präsentieren und auch nicht allein, einen ganzen Programmkomplex – gottlob existiert er! – zur Versorgung einer anspruchsvollen Klientel zu installieren, wenn er von einer für die großen tatsächlichen Freuden der Kultur offenbar aufgegebenen Bevölkerungsmehrheit dann aber wie die Pest gemieden wird. Kunst, Literatur, Kultur müssen unverfälscht den potentiellen Interessenten, und die gibt es in allen Schichten, wenn man sie ermutigt und nicht geradezu davon abhält, nahegebracht werden. Ob daraus dann individuelle Leidenschaften werden, die aber keine Klasse für sich gebongt hat, steht auf einem anderen Blatt und wohl nicht in unserer Hand.

Am 7. März möchte ich in Mainz Passagen und Phasen meiner literarischen Arbeit vorstellen und dabei auch meine Pläne für dieses Jahr in dieser Stadt, betreffend Literatur wie Fernsehfilm. Auf beides, Stadt und Film, freue ich mich. Dann also, um mit einem schon legendären Buchtitel des sehr verehrten Schriftstellers und langjährigen Mainzbewohners Ror Wolf zu sprechen: *Fortsetzung des Berichts*.

Ich danke sehr herzlich allen Verantwortlichen für diesen Preis und Ihnen, liebe Anwesende, für Ihre Geduld.

Macht was Ihr wollt!:
Wie modern muß Literatur sein?

Mit plausiblem, auch leicht komischem Grausen malte sich Paul Valéry 1928 in seinem Essay *Bemerkungen über den Fortschritt* die Zukunft aus: »Angenommen, die maßlose Umwandlung, deren Zeugen wir sind, die wir erleben und die uns umtreibt, entwickle sich weiter, richte vollends zugrunde, was noch an Bräuchen übrig geblieben ist, bringe Bedürfnisse und Mittel des Lebens in völlig anderen Fug – dann wird das zu etwas ganz Neuem gewordene Zeitalter bald Menschen in seinem Schoße austragen, die durch keinerlei Gewöhnung des Geistes mehr mit der Vergangenheit verbunden sein werden.«

Valéry, der unter keinen Umständen einen so monströs konventionellen Satz wie »Die Gräfin ging um 5 Uhr aus« je schreiben wollte und deshalb auch keine Romane, dachte bei seiner Horrorvision durchaus an die eigenen Produkte, die unter den Augen einer unverständig gewordenen Nachwelt der Lächerlichkeit von Gliederpuppen verfallen würden, wie er selbst dem Befremden, das ein »Häuptling erloschener Stämme« verbreitet. Eine »Nebenstrafe«, zusätzlich zum unumgänglichen biologischen Tod, die allerdings im Fall Valéry, ein gutes halbes Jahrhundert nach seinem Ableben, noch nicht vollstreckt wurde. Man hat ihn bisher nicht vergessen und nicht verlacht, womit die Schwärze seiner Prophezeiung vom Niedergang des Geschichtsbewußtseins und der Herrschaft der Naturwissenschaften, was seine Person betrifft, vorläufig widerlegt wäre.

Über die Zukunft weiß man eben nie Genaues, aber es ist zu vermuten, daß sie stets aufsässig ist und voreiligen Prognostikern ungern pariert, die, um ihre Thesen zu forcieren, gern nach vorn und hinten übertreiben, beziehungsweise simplifizieren.

Das »ganz Neue« eines kommenden Zeitalters also! Begreift man unsere jetzige Gegenwart als die avisierte Zukunft etwa der Fünfziger Jahre des letzten Jahrhunderts, ist es aufschlußreich, einen Blick auf die Vorstellungen oder besser: Konstruktionen der damaligen literarischen, zunächst vor allem französischen Avantgarde zu werfen, die man zwar unzutreffend als Gruppe unter dem pauschalisierenden Begriff »nouveau roman« subsumierte, deren Vertreter aber doch gleichermaßen durch zwei Dinge charakterisiert werden. Das ist zunächst ein heute fast unvorstellbares Maß an, wenn auch äußerst trockenem, Kunstpathos, so, als würden Wohl und Wehe einer richtigen Literatur, einer ausdrücklich botschaftslosen, jedoch für die Wahrheit und Ökonomie ihrer Formensprache um so feuriger engagierten Literatur, tatsächlich über das Heil der Menschheit entscheiden. Dazu aber mußten sich die Autoren rigoros dem schlechthin Neuen, dem Neuen schlechthin zuwenden.

Bekanntlich hieß das vor allem: weg von Handlung und Held, weg – in der Nachfolge Flauberts auf dem Weg zum absoluten, zum poetischen Werk – von jener Romanpraktik, die Gefühle und Wahrnehmungen des Autors portionsweise und gleißnerisch säuberlich getrennt zu verschiedenen Charakteren kostümierte, weg von den falschen Sicherheiten der Tradition und ihrer Techniken, die längst zu Klischees und Versatzstücken degeneriert waren, weg von einer Darstellung, wie dem Subjekt in der Welt zumute ist. Alles Klamotte, Panoptikum, alte Kamelle! Heilige Pflicht war, eine neue Wirklichkeit zu suchen, sie zu entdecken im *Laboratorium des Berichtens*, wie etwa Michel Butor den Roman der Zukunft beschrieb. Das Neue war in einer Welt, in der man ansonsten nichts wissen, nichts glauben konnte, das Göttliche.

Ich selbst habe das als sehr junge, in aller Heimlichkeit angehende Schriftstellerin übrigens nur in wenigen stillen Stunden ganz vorsichtig und ein bißchen desperat in Zweifel gezogen.

In seinem 1962 veröffentlichten Essay *Spekulation über eine Literatur von übermorgen* notierte der Schriftsteller und herausragende deutsche Avantgarde-Theoretiker Helmut Heißenbüttel, Autor zahlreicher erhellender Analysen zur Moderne und geradezu besessen von der Wahrnehmung sich abzeichnender Neuerungen in allen künstlerischen Medien, woran, zumindest bei den diskutablen Literaturproduzenten selbst, kein Interesse mehr bestehe: am schematischen Dreischritt in Gestalt von Exposition, Katastrophe, Lösung; an den Passionen des Herzens; an der »Erfindung illusionistischer Spiel- und Spiegelwelten«.

Beschwörungen? Versuchte Teufelsaustreibungen? Für einen werdenden Autor immerhin sind solche Verbote, erst recht angesichts einer allmächtigen Nachkriegsliteratur, ist so viel didaktische Ästhetik, falls es ihn oder sie zum rechten Zeitpunkt trifft, von fast unwiderstehlicher Verführungskraft.

In dem Roman *Eine lange Nacht*, publiziert im Jahr 2000 von Martin Mosebach, Jahrgang 1951, führt eine gewisse Erna Klobig dem Romanhelden Ludwig, der als Kunsthändler scheitert und statt dessen Importeur von pakistanischen Billigtextilien wird, eine Puppenstube vor. Erna hat sie einstmals für ihre Tochter Bella, die zukünftige Geliebte jenes Ludwigs, selbst gebastelt. Die Tapeten, aus einem Buch gerissen, stammen vom legendären William Morris. Die Bilder, in Papprähmchen, sind noch berühmter: Van Goghs *Die Brücke von Arles* und Picassos *Guernica*. Als Bettdecke reicht ein Topflappen. Könnte man nicht glauben, hier, in der komischen, unendlichen Verkleinerung des Kunstwerks, würde der Alptraum Valérys vom Wachsfigurenkabinett der Kultur beiläufig mit gelassener Lust und Humanität angespielt und gespiegelt? Und doch handelt es sich zugleich um eine knappe strukturell-formale Antwort auf eine vorangegangene Szene, wo der Held sich aus dem Frankfurter Palmen- und Botanischen Garten die Erschaffung des Paradieses samt Eva kindlich imaginiert: Nun also die unendliche, phantastische Raum-Zeit-Vergrößerung der Naturverhältnisse. Ein Gedankenspiel, das sich wiederum herausstellt als klassische Vorankündigung von Ludwigs und Bellas großem Liebesfall, also des wechselseitigen Erlebnisses einer einzigartig plastischen, von allen anderen Menschen scharf unterschiedenen und sich im nächsten Moment wieder verflüssigenden Figur. So steht es jenem Ludwig mit dem lebendig changierenden Puppenstubenmädchen Bella bevor. Er wird ihr später in Brüssel kleine Schokoladenmöbel für ein »Liebespuppenhäuschen« kaufen. Wäre, nicht undenkbar, *Guernica* aus Schokolade und Zuckerguß im Angebot, er hätte es wohl mitgenommen.

Was war das eben, in der Theorie von 1962? Zukünftig kein Interesse mehr an den Passionen des Herzens und illusionistischem Spiel und Spiegelwelten? »Früheres kehrt verwandelt zurück«, Heißenbüttel selbst hat es vorausgeahnt. (Übrigens ist in diesem Herbst, beinahe achtzigjährig, Alain Robbe-Grillet, einer der großen Heroen des

»nouveau roman«, sehr erfolgreich mit dem Roman *La Reprise* zurückgekehrt. Stilmittel, die einmal angeblich die Welt in Frage stellten und die französische Literatur zu meucheln drohten, werden plötzlich, nach längerer Ächtung, von einem breiten Publikum akzeptiert.)

Und wer wollte andererseits bestreiten, daß das angeblich ausgediente, unterhaltsame Katastrophenschema, das so willkürlich gar nicht ist – man denke nur an das Anlegen eines Feuers, den Brand, den Zerfall zu Asche; an das Reifen einer Frucht, das Aufessen, den Wurf auf den Komposthaufen; an den physiologischen Ablauf des Sexualakts –, daß die dramatische Formvorlage: Eröffnung, Höhepunkt, Finale, sich bei Lesern und Schreibenden bester Vitalität erfreut. Gerade dieses unausrottbare Bedürfnis nach Strukturierung unserer Erlebnisse in dem genannten kategorischen Muster ist, nebenbei bemerkt, Ausgangspunkt, Stoff und für viele Jahre wesentliches Formproblem meines eigenen Schreibens gewesen.

Außer in der Ethik und Idealisierung des Neuen waren sich die damaligen Avantgardisten aber auch einig in der Kehrseite, nämlich der stark vereinfachenden, beinahe denunziatorischen Darstellung älterer und sie umgebender Romanliteratur, von wenigen ins Konzept passenden Ausnahmen abgesehen. In ihrem scharfsinnigen Essay *Zeitalter des Argwohns* von 1956 schildert Nathalie Sarraute das Mißtrauen bis hin zum Ekel vor dem »ganzen veralteten Apparat« auf den die Romanfigur »einst ihre Macht stützte«. Eine äußerst wichtige, reinigende und: ungerechte Beweisführung, nach der zu viele hervorragende Autoren mit anderer Interessenslage Epigonen wären und in der die Leser viel naiver erscheinen als sie sind, wenn Sarraute etwa behauptet, in den früheren Romanen würde aufgrund einiger Stichworte von Produzent und

Rezipient unausweichlich typisiert, reflexhaft, wie der Hundespeichelfluß »in Pawlows Experiment«. Bei linearen Argumentationen läßt man eben gern der Übersichtlichkeit wegen störende Qualitäten älterer Könner und ihre anders gelagerten Vorzüge unter den Tisch fallen, teils mit Absicht, teils blind auf die eigene Revolution konzentriert.

Dauerhaft gehorchen natürlich weder Zukunft noch Vergangenheit Programmen, was diese allerdings weder unnötig noch uninteressant macht, und ich bin hier etwas ausführlich gewesen, weil ich der Systematik jener gewiß notwendigen Aufräumungsarbeiten einiges, nein, viel verdanke, aber auch, weil sie mich lange taub machten gegenüber der Kunst mir später dann so teurer und unerschöpflicher Autoren wie etwa Joseph Conrad.

Ich möchte also, wegen der Brenzligkeit von Prophezeiungen, nicht verkünden, wie ich mir die Zukunft der Literatur vorstelle, sondern zu skizzieren versuchen, wie ich sie mir wünsche. Zunächst das Leichtere, schlagwortartig und ex negativo.

Erstens möge die Literatur nicht allzu depressiv-hysterisch, euphorisch, eskapistisch – wie's dem persönlichen Gusto behagt – die Zukunft ins Visier nehmen, vor allem nicht von Genmanipulation, globaler Vernetzung usf. den kompletten Weltumsturz erwarten. Meist sieht hier ohnehin die Belletristik neben genuinen Spitzenprodukten von Science-fiction-Comics, etwa der *Garage Hermétique* von Moebius und speziell den einschlägigen Filmen, beispielsweise Klassikern wie *Blade Runner* und *Das 5. Element*, eher nacherzählend, illustrativ aus, ebenso neben einer bestimmten, dem Laien verständlichen und von ihm zunehmend geschätzten Wissenschaftsliteratur. Die Literatur möge sich nicht dazu hergeben, aus naturwissenschaftlichen

Hypothesen und Erkenntnissen, die sie weder negieren, denen sie aber auch nicht nachhecheln sollte, mit mehr oder weniger charmantem Dilettantismus eine eingekleidete Aufgabe zu machen.

Dürfte ich der Literatur – die in fast jeder Hinsicht erfolgreiche von alternden Schauspielern und Politikern hier weiterhin beiseite – Zusätzliches vorschlagen, wäre es die dringende Bitte, nicht dermaßen Hals über Kopf modern zu sein, daß sie sich von Autoren verfertigen läßt, die, ob aus eigenem Antrieb oder auf Drängen ihrer Verlage, Agenturen, Anraten eines Feuilletons der besonders schmissigen Art, bei Erfindung ihrer Plots und Szenen bereits die Verfilmung fest vor Augen haben und durch gezielte Bescheidenheit in der Wortwahl und eine mal männlich knappe, mal weiblich schnippische, aber immer schlichte Syntax einer weltweiten Übersetzungsaktivität vorbeugend keine Steine in den Weg legen.

Wohlgemerkt, ein offenbar zeitgemäßes und wohl immer unumgänglicheres mediales ›Vermarkten‹ des fertigen Werkes steht auf einem ganz anderen Blatt.

Drittens muß man beneiden, wenn ein Autor mindestens sechs Sprachen fließend spricht und noch fünf weitere versteht. Ist er überdies gebildet, womöglich ein wahrer poeta doctus, mit gutem Gedächtnis ausgestattet und ein freudig und präzise Zitierender: um so besser und wunderbarer. Nur bedeutet das zunächst lediglich, daß es sich um das rare Exemplar eines kultivierten Zeitgenossen handelt. Über seine literarische Kapazität sagt es so gut wie gar nichts. Ein poeta minor muß er als doctus keineswegs, er kann es aber trotzdem sein.

Fatal wird es jedoch mit der Gelehrsamkeit von Literaten, wenn das Wissen um das Formenrepertoire, um die Motiv- und Stoffkreise der Weltliteratur und ein Schwergewicht auf der eigenen Belesenheit dazu führen, daß ihre Produkte ausschließlich Zeugnisse genau dessen sind: Meisterkataloge der Anspielung, Kombinatorik, versteckter Verweise usw. usf. und, noch verheerender, wenn jener nicht nur postmoderne Irrglaube propagiert wird, nach dem, da in der Literatur bereits alles gesagt, alles bekannt sei, lediglich durch virtuoses Montagespiel und dergleichen Wechsel und Überraschung möglich seien. Hier bitte ich zu bedenken, daß neben der für Schriftsteller maßstabsetzenden Wucht der ›ungebildeten‹ Kindheitseindrücke, die Verblüffung über die Erscheinungen, das Vergessen der tradierten Bezüge und das fruchtbare ›Mißverstehen‹ alter Formensprachen die ausschlaggebenden Baumaterialien zur poetischen Weltherstellung sind.

In marktorientierten Schreibschulen wird man zu Recht, damit auch ja alle Mäuler gestopft werden, auf eine bombensichere, professionell dosierte Unterhaltungs-Topmelange aus Porno, Gewalt, Politik, wahlweise ein wenig Gesellschaftskritik und exquisiten Kitsch setzen, die aber für die feinere Klientel mit dem Kitzel einer leichten sprachlichen Irritation, und insofern kultureller Befriedigung ausgestattet sein sollte. Das ist bei einer gewissen Begabung vermutlich solide erlernbar. So weit, so gut, sofern nicht obendrein allzu unschicklich mit einer beanspruchten Kunst-Aura spekuliert wird.

In ambitionierteren Veranstaltungen der kreativitätfördernden Art aber zeigt sich die asketische Mission des Nouveau roman als eine nach wie vor bedenkenswerte: Den riesigen Fundus erprobter Techniken und Mittel zu reaktivieren mag für die akademische Rezeption äußerst lehrreich sein, taugt künstlerisch aber erst dann, wenn ein zentraler, individueller Antrieb, eine wenigstens diffuse Ahnung oder Vision selektiert, verwirft, sich das Repertoire auf den Leib schneidert. Ein Selbstbedienungsladen mit Fertigkost zum schnellen Aufwärmen ist die Weltliteratur eben nur bedingt. Das handfeste Handwerk, Geschicklichkeit, Routine, ein gewisses Rüstzeug kann man wahrscheinlich in Schulen lernen und verpaßt kriegen, aber nicht den springenden Punkt und Funken, den Impetus, das Dissonanzgefühl mit der Welt, das sich bei Bedarf schon seine Formen teils suchen, teils neu zurechtschleifen wird. Nur umgekehrt funktioniert's nicht, d. h. Elan und vor allem Inspiration, im strengen, nämlich wörtlichen Sinn, lassen sich nicht herbeizitieren, jedenfalls nicht akademisch.

Ein Paar befindet sich an einem dunklen Abend auf langem Fußmarsch zu den Eltern des jungen Mannes, eines Bauernsohns. Die beiden haben an diesem Morgen nach vielen Hindernissen endlich und aus Liebe geheiratet. Die hübsche Braut, eine mittellose Waise, kennt ihre Schwiegereltern noch nicht, die verglichen mit ihr, der finanziell miserablen Partie des einzigen Sohnes, unerhört wohlhabend sind, und rückt ihnen nun Schritt für Schritt näher. Die beiden sind zwei unbeholfene, noch ganz keusche Liebende, Kinder eigentlich, aber der Bräutigam ist auch so schon ein bißchen zum Mann geworden, weil er mit dieser Heirat zum ersten Mal in seinem Leben etwas Nennenswertes gegen seine Mutter durchgesetzt hat. Allerdings hat diese Tat seine Entschlußkraft so sehr erschöpft, daß er nun, als sie, nicht ohne Grund mit bangen Vorahnungen, »gepreßt der Zukunft entgegen« gehen, nur wandert und schweigt, unter dem Abendstern, dem »Stern der Liebenden« zwar, aber wie gefühllos und beinahe grausam steht er gerade nach dieser Titelnennung als Utopie über dem kleinen armen Schicksal da unten, das sich bereits abzeichnet und auch schon zu vollziehen beginnt.

IV REDEN

Der einsamen Braut, die alle dubiosen Vorkommnisse ihres kärglichen Hochzeitstages bewegt, aber immer wieder zur Fröhlichkeit ihres Wesens zurückfindend, überstanden hat, schnürt sich neben dem stummen Mann das Herz immer enger zusammen, weil sie glaubt, die Heirat reue ihn bereits. »Was hesch?« fragt er schließlich, als sie in ihrer Not leise zu wimmern beginnt. Damit ist es um ihre Fassung geschehen und das erst recht, als der Bräutigam sein bitter weinendes »Weibchen« gutmütig auf das Licht in der schwarzen Ferne hinweist, nämlich auf das winkende Fenster des aber ja drohenden Elternhauses mit einer mächtigen, grollenden Mutter darin. Nein, vom Sprechen und Trösten versteht Jakobli ein für allemal nichts. Dem Leser schwant es, und die Braut durchfährt es, und hier in Bern hat man nicht nur längst erkannt, daß es sich um die letzten Seiten und Zeilen von Jeremias Gotthelfs Roman *Anne Bäbi Jowäger* handelt, sondern auch, daß man diese Szene nicht nacherzählen kann, sich auch gar nicht erst darum bemühen sollte, selbst wenn man, wie ich, nicht in der Lage ist, sie statt dessen im Original laut zu lesen.

Ich kann trotzdem nicht auf sie verzichten, und das nicht, weil ich hier unbedingt, der Lokalität schmeichelnd, in Gestalt von Gotthelf Eulen nach Athen tragen möchte. Ich kenne in der Romanliteratur keine herzzerreißendere Poesie, in ihrer literarischen Autorität vergleichbar etwa dem sachlichen Anfang von Kellers – wieder ein Schweizer! – *Pankratz der Schmoller* und, wenn es schon unbedingt sein muß, schwerlich eine im Kern modernere. Selbst konsequente Kleinschreibung wäre da keine Konkurrenz. Auch wenn heutzutage vermutlich jede Bäuerin froh ist, wenn ihr Sohn überhaupt eine Braut heimbringt.

Unter erbarmungslos kosmischem Glitzern am Himmel – und den beredten Trost des Autors, indem er es in einen Hoffnungsschimmer ummünzt, hört das »arme Pärchen« am Boden nicht – wird die Bedrängnis derer zur Anschauung gebracht, die sich durch die Liebe aus der Engstirnigkeit und den Lüsternheiten der Normalgesellschaft begeben, verschränkt mit einer anderen, inneren Not, derjenigen, über ihren Kummer nicht miteinander reden zu können und die sich in ihrer Stummheit schon wieder vereinzeln, während sie gottverlassen der ihnen geschenkten Verzauberung nachhorchen. Wir tun es mit ihnen. Aber wir, die Leser, spüren schwermütig verzaubert zugleich die eher von der Inständigkeit poetischer Kraft als von Hoffnungssternen funkelnde Finsternis, die finster-heitere Kunst ihres Schöpfers auch da, wo die beiden Liebenden leiden in ihrem – muß man es wirklich aussprechen? – modernen Abgrund von Sprachlosigkeit. Nein, nichts Erbauliches. Unnötig also zu erwähnen und doch für alle Fälle gesagt, daß solch verzweifelte, begriffsstutzige Mitteilungsunfähigkeit auch unter der Maske eines nervösen Redestroms auftreten könnte und zwischen Menschen städtischer Herkunft, weltläufiger Manieren und eines späteren Geburtsjahres.

Es hat mich gereizt, hier, wo es um eine »Odyssee 2001« gehen soll, auf eine Romanpassage zurückzugreifen, die älter als hundertfünfzig Jahre ist, die noch dazu von jemandem stammt, den man als Heimat- und Bauerndichter gern leicht lächelnd zu schmähen beliebt, und das als einen seiner Kunst leider nicht selten in den Rücken fallenden Prediger ja sogar berechtigtermaßen.

Natürlich kann nicht ein ganzer Roman, erst recht nicht einer, der ursprünglich als Plädoyer gegen die Kurpfuscherei geplant war, ein solches Glanzstück sein. Schon aus Gründen der Wirkungsökonomie wäre das unmöglich. Das schafft nicht mal die Bibel. Vielleicht verhält es sich aber so, daß sich hier, auf geringen Umfang zusammengedrängt, die poetische Essenz des Werks ein einziges Mal vollkommen konkretisiert.

Was ist, nun wieder allgemeiner, damit gemeint?

Man wird, jedenfalls stelle ich das bei mir fest, im Laufe der Zeit vorsichtiger im Formulieren von Behauptungen und Bekenntnissen. Außerdem verschieben sich Schwerpunkte innerhalb der eigenen Entwicklung. Je offensichtlicher aber Literatur als diskutables Medium zur Disposition steht, desto energischer sollte sie sich auf ihre unvergleichlichen Stärken besinnen. Deshalb trotzdem: Was unterscheidet Literatur zentral von allen anderen Medien der Mitteilung?

1. Literatur ist nach meinem Verständnis ein gebauter Organismus, ein organisiertes Bauwerk aus Sprache und dezidierte Gestaltsetzung. Entscheidend ist, daß Informationen über den langen Weg der Gestalt abgegeben werden, nicht über den kurzen eindeutiger, verabredeter Chiffren oder den essayistischer Äußerungen, die freilich jederzeit in den Text eingelassen sein können. Aber auch Dokumentationen, wissenschaftliche, politische und moralphilosophische Äußerungen bleiben innerhalb dieser Kontur, sind auf sie gewissermaßen hauptberuflich bezogen, nicht direttissime auf eine Wahrheit und rasche Effizienz außerhalb. Gerade aus diesem Umstand gewinnt die sogenannte Wahrheit der Kunst ihren hochfahrenden oder auch bescheidenen Anspruch: Ein Kunstwerk relativiert sich selbst, indem es ausdrücklich in allen Stücken Form ist, alles in ihm ist Teil einer komplexeren Gesamtfigur, eines bildhaften, uneindeutigen Denksystems. Die Absolutheit der Literatur, wenn sie eine hat, besteht meines Erachtens gerade und nur darin, daß sie diese Bedingtheit, diese Selbsteinschränkung stets mitliefert.

2. Addiertes Wahrnehmen, Beobachten, apartes Fühlen sind noch keine Literatur. Brauchbar sind sie erst, wenn sie, möglichst evokativ formuliert und wie verborgen funktional auch immer, unter einer Zentralidee erscheinen, so, wie wir uns eigentlich die Struktur der Wirklichkeit wünschen.

3. Literatur bietet Bilder an, in denen sich, was wir in Begriffen abgelegt haben, wieder konkretisiert und in die neue, noch diffuse Empfindungen einmünden können, Formen, in die wir uns, im besten Fall mit Körper, Herz, Verstand wenigstens vorübergehend hineinbegeben, die sich in uns hereinbegeben, beides zur erheblichen Lebenssteigerung und also Lebenserhellung.

1996 veröffentlichte die 1966 geborene Katrin Seebacher ihren ersten Roman *Morgen oder Abend*. Sie ist wenige Monate später sehr plötzlich verstorben. Katrin Seebacher schildert das Ende einer alten Frau. Es gibt eine Doppelspur von Italien nach Deutschland, in der Gegenwart der achtzigjährigen Albertina und in ihren Erinnerungen, dort vor einem angedeuteten faschistischen/nationalsozialistischen Hintergrund. Von den ersten altersbedingten Desorientierungen bis zu schweren Verwirrungen suggeriert die Autorin in einer Fülle winziger Details die immer gravierenderen Zusammenstöße von Albertinas diffundierender Wahrnehmungswelt mit dem schroffen Reglement des Erwachsenenlebens. Während sich Albas Verrückungen wunderlich, komisch, beängstigend steigern, kann man an sich selbst beim Lesen studieren, welcher Kunst- und Lebenstrost darin besteht, daß Sätze, Beobachtungen nie im selbstverständlich Erwarteten enden und das, ohne permanente Originalität zu suchen. Katrin Seebacher verfügt hier über eine unermüdliche, die Wirklichkeit observierende Erfindungskraft, die bis in zarteste Verästelungen reicht und doch nicht vor den brutalen Fakten eines Pflegeheims zurückschreckt.

Der eigentliche Kunstakt aber zeigt sich in etwas anderem. Im Kopf der Betagten zersetzt sich die Konvention der Weltbetrachtung und wird mit rebellischer Unschuld in den Horizont einer Greisin überführt, die noch in größter Verlassenheit die ihr immer unverständlicheren Begebenheiten in eine ihr einsehbare Schlüssigkeit umzubiegen sucht.

Was mag eine Dreißigjährige bewegen, die Perspektive einer so späten Lebensetappe zu wagen? Könnte es nicht die Einsicht in jenen, sorgsam mit eingespielten Verständigungsschablonen kaschierten Zustand sein, den wir alle in uns tragen, nämlich den großer Hilflosigkeit in einer mittelpunktlosen Realität, in der ein indifferentes Durcheinander herrscht, das auf unser anstößig unzeitgemäßes, aber eben doch vorhandenes Bedürfnis nach einem heimatlich wohlwollenden Gesichtskreis keine Rücksicht kennt? Man denke an den Schutz- und Abgrenzeffekt von Ritual und Zeremoniell! Unternimmt Katrin Seebacher nicht den Versuch – und dann wäre die alte Frau nur ein Sonderfall, eine Zuspitzung ohne die Erleichterung durch einen phantastischen Stoff –, in der Welt als mysteriöse Fremde unbelehrbar eine überlebensnotwendige, kindlich anthropozentrische Ordnung und Schlüssigkeit herzustellen, die als genau das erkennbar wird? Es ist, in ganz anderer Ausformung und vielen Variationen, wesentliches, menschenfreundliches Prinzip des umfangreichen und großen literarischen Werkes des 1941 geborenen Schriftstellers Eckhard Henscheid.

Mich interessieren entschlossen formbewußte Produkte stärker als all die gegenwärtig bei Klatschsüchtigen wie

Schöngeistern populären Tagebücher, Briefe, autobiografischen Geständnisse, Fragmente, Skizzen, deren ästhetische Leitidee die Kontingenz des Lebens ist. Auch wenn natürlich das Gelegenheitsbriefchen eines Genies brillanter sein kann als das Opus magnum eines schlichteren Geistes. Wie ich überhaupt die größte Chance für ein Fortbestehen der Literatur nicht bei den gastfreundlich offenen Türen liebenswerter Spontaneität vermute, wo Formbewußtsein ein arktisches Schreckenswort ist, sondern, wenn schon, eher im möglichst unpathetischen Überwintern. Klausur, meinetwegen regenerierende, ohne besondere Zugeständnisse. Lieber zeitweilig und notfalls ein Geheimorden als ein allzu opportunistisch ausgetretener Gemeinplatz.

Wie modern muß Literatur sein?

Gewiß nicht zähneknirschend modern. Das wäre besonders lächerlich, weil die dringendere Frage lautet, ob sie überhaupt sein muß! Und doch hängen beide Fragen eng miteinander zusammen.

In Fußgängerzonen, an sommerlichen Stränden, im morgendlichen Berufsverkehr in den S- und U-Bahnen wird einem die Zumutung, die Literatur für ein potentielles Publikum bedeutet, in schöner Grausamkeit vor Augen geführt. Hinzu kommen Bilder wie die von Freiwilligen, die das ölverklebte Federkleid Tausender Seevögel reinigen, deren Verenden zusehen müssen und in derselben Zeitung lesen können, daß die Tankerfrequenz in der Ostsee in den nächsten fünf Jahren verdoppelt bis vervierfacht werden soll, in den meisten Fällen ohne Doppelwand bei der Panzerung, was die Auslaufgefahr um 75% erhöht.

Sind »Lieder« wirklich und also tröstlich für ihre Hersteller, »gleich den guten Taten«, wie es Goethe in seinem freundlich-parodistischen Gedicht *Sängerwürde* auf den Anakreontiker Gleim diesem in den Mund legte?

Vorschreiben lassen möchte man sich jedenfalls weder Thema noch Stil. Von niemandem. Mut und Antrieb, sich an den Schreibtisch zu setzen, erhält man nicht durch den Befehl, seismographisch, wie so gern gesagt wird, auf seine Zeit zu reagieren, vielmehr durch die persönliche, die individuelle, sich ständig verschiebende »Moderne« im Sinne aufmerksamer Gegenwärtigkeit, privater Geistesgegenwart, die selbstverständlich durch die gesellschaftliche und künstlerische Zeitgenossenschaft mitbestimmt, aber weder inhaltlich noch formal diktiert ist. Ob daraus sofort oder zukünftig eine Modernität für andere und viele wird, steht in den Sternen. Also: Macht was ihr wollt! Nur: Wollt auch wirklich etwas!

Das ist leichter gesagt als getan, wenn mit dem Wollen nicht ausschließlich Vorschuß, Ruhm, Auflagenhöhe und das Gütesiegel: »Müßte man verfilmen!« gemeint sein sollen. Das ominös wahrhaftig eigene, wenn's geht: präzise Wollen ist geradezu der Haken. Unerklärlich, unersetzlich.

Zum Schluß ein Wunsch an die Literaturwissenschaft, nicht zu sehr das Ewige, Zeitenüberdauernde und Zeitentrückte, aber auch nicht ausschließlich das jeweilig Zeitbedingte zum A und O ihrer Untersuchungen zu machen, beziehungsweise die Werke darauf zu reduzieren. Beides erzeugt auf unterschiedlichen Wegen letztlich dasselbe: Musealität.

Ohne die hier beschriebene Literatur geht die Welt bestimmt nicht unter. Das Fehlen ausgerechnet von Büchern wird sie lässig verkraften. Aber, um auf Valéry zurückzukommen, es wäre – wie ein Globus ohne Wälder und ohne Tiere – endgültig nicht mehr die meine.

Die unverständliche »Lächerlichkeit von Gliederpuppen« existierte, darauf beharre ich, dann allerdings auf beiden Seiten.

Nicht nur auf meiner.

Die Lust an der Peinlichkeit:
Geschichten vom Geld

Was eigentlich verschafft uns das heikle, eventuell zwischen den Schulterblättern sich einnistende und leicht Atem abschnürende Gefühl des Peinlichen? Wie geartet müssen Situationen sein, damit sich jene bekannte, sehr spezifische und im allgemeinen eher unbeliebte Empfindung zuverlässig einstellt? Gibt es eine Regel, eine Struktur, unabhängig von der jeweiligen persönlichen Reizschwelle?

Das Muster ist im Groben recht einfach zu beschreiben. Etwas, das seitens des eigenen Bewußtseins oder der Gesellschaft oder, häufig, seitens beider zugleich, nach lauter, wahlweise stillschweigender Vereinbarung nicht sein darf, wird plötzlich in einer Art Entblößung als leider doch existent unübersehbar.

Noch immer, und viele Kinderjahre lang für mich nachhaltig beschämend, ist mir meine Initiation in die unbehagliche Welt der Peinlichkeit in Erinnerung, bei der ich die hochheilige Aktentasche meines Vaters, die dermaßen sanktioniertes Gelände war, daß sie überall offen herumstehen konnte, in einem Anfall unbezwingbarer Gier nach Süßigkeiten eher traumwandlerisch als bei vollem Verstand nach dort vermuteten Weihnachtsnaschereien durchforschte und dann bemerkte, wie mein Vater mich von der Tür aus sprachlos anstarrte. Instinktiv gab ich in meiner Not unter den Gottvateraugen – in Wahrheit waren es nur die eines noch nicht wieder an kindliche Übergriffe auf sein Eigentum gewöhnten Spätheimkehrers aus der russischen Steppe –, da an der Tat nicht zu rütteln war, als Erklärung ein höheres, nobilitierendes Motiv an, eine törichte Umdrehung des Vorgangs, die mich aus meiner Blamage retten sollte: Ich hätte in Wirklichkeit ein Versteck für eine ihm, meinem begreiflicherweise nun wohl doppelt entgeisterten Vater, zugedachte Überraschung gesucht!

Wäre mir eine glaubwürdige oder nur elegantere, um nicht zu sagen geistreiche Ausrede eingefallen, hätte ich damit die Verlegenheit deutlich gemildert und wenigstens für mich selbst und mein eigenes, zugegeben noch etwas unpräzises Ehrgefühl durch ein solches Plus des aufrechterhaltenen Scheins das vorangegangene Minus der Tat nicht annulliert, aber doch beinahe neutralisiert. Andererseits wäre auch für meinen Geschmack mein Vergehen sehr viel schändlicher gewesen – und das ist nun wirklich bedenkenswert –, wenn ich nach Geld, nach ein, zwei Groschen, und nicht nach Schokolade für eventuell ja sogar drei Mark – Mundraub eben! – gesucht hätte. Ein regelrechter Dieb oder Berufsspion wird dagegen seine Enttarnung keinesfalls als peinlich, vielmehr als professionelle Katastrophe empfinden. Man kann sagen: Die Peinlichkeit wächst mit der Deutlichkeit der gesellschaftlichen Tabuverletzung, darf jedoch auf der anderen Seite die Grenzen einer gewissen Harmlosigkeit nicht überschreiten.

Inbegriff des Peinlichen ist der Traum, mitten in einer bevölkerten Stadt schlagartig die eigene Nacktheit festzustellen und das nicht allzu seltene, ebenso deplazierte wie ununterdrückbare Lachen bei Beerdigungen. Das Entdecktwerden bei einem Mord ist nicht peinlich, wohl aber, bei einem niedriger eingestuften Verhalten, Zustand,

Gefühl erwischt zu werden, als bei dem anscheinend angebrachten, ob von sich selbst oder von anderen. Unter dem Mitgefühl verrät sich dann kaschierte Schadenfreude, unter wohlüberlegter Kritik Neid, unter löblicher Sparsamkeit Geiz, unter dem höheren Interesse an Geist oder Kunst: das schnöde Schielen nach Geld.

Dazu noch eine zweite und bereits letzte Anekdote aus der Kindheit. Mit acht, neun Jahren machte ich, wie damals wohl eher üblich als heute, kleine Einkäufe für eine ältere Frau aus der Nachbarschaft. Aus meinem Elternhaus war ich gewöhnt, stets exakt abzurechnen, auch wenn nach dieser Prozedur ein kleines Trinkgeld natürlich hocherwünscht war. Die Frau hatte jedoch die Marotte, wenn ich das Restgeld zurückerstatten wollte, wahllos: »Laß man stecken!« zu sagen. Ein Grund zur Freude für mich? Im Gegenteil. Noch immer beschleicht mich, wenn ich daran denke, eine winzige Empörung. Warum? Die stets voraussehbare, halb kumpelhafte, halb fett herablassende Formel appellierte an die auch bei mir jederzeit auf der Lauer liegenden primitiv räuberischen Gelüste, die ich pfadfinderhaft nicht wahrhaben wollte, die aber von Mal zu Mal die zutreffenderen wurden, je schärfer ich begriff, wie nur sehr bedingt wohlwollend dieses »Laß man stecken!« tatsächlich war. Die Frau rächte sich für ihre Hilfsbedürftigkeit durch die kleine Demütigung, bei der sie die Hierarchien zurechtrückte, d.h. alles auf die Ebene des Pekuniären reduzierte, wo sie die fraglos Mächtigere war und die auch hier, zwischen Erwachsenen und Kindern, gebräuchliche und notwendige Dezenz oder Etikette außer acht ließ. Es war ein unausgesprochenes, augenzwinkerndes »Du hast es doch schon selbst ausgerechnet, was diesmal für dich dabei rausspringt.« Da hatte sie schließlich recht, denn so kam es dann ja zwangsläufig auch. Das änderte nichts daran, daß die ständig rekapitulierte Peinlichkeit in diesem Fall direkt und keineswegs spitzfindig ertüftelt nicht bei mir, sondern im Verhalten der scheinbar gerührt lächelnden Frau mit ihrer durchschauten Spendierpose lag. Das erwähnte Gefühl zwischen den Schulterblättern, von mir, wenn auch offensichtlich nicht von ihr empfunden, bezog sich hier auf sie, die Blamierte, nicht auf mich. Ich bin, als ich es verstand, nicht mehr hingegangen.

Und nun ein Sprung in die Gegenwart, der zunächst größer wirken mag, als er ist.

Am 9. 5. 01 erhielt ich von der leitenden Kulturredakteurin einer großen deutschen Sonntagszeitung die Anfrage nach einem Text für eine Serie, bei der man plante, »auf Seite 1 der Zeitung zur Auflockerung der Polit-Nachrichten jeweils einen kurzen Text eines prominenten Schriftstellers zu stellen, zu einem Thema, das dem Autor besonders am Herzen liegt. Wenn es einen aktuellen Zeitbezug hat, um so besser. Der Text kann literarisch kommentierend oder auch ganz persönlich anekdotisch oder beides sein.« 1680 Anschläge, Honorar 1000 Mark.

Wohlgemerkt: freie Themenwahl! Was lag mir zu diesem Zeitpunkt besonders am Herzen? Ich schickte folgenden Text mit der Bitte, unter keinen Umständen ohne Benachrichtigung eine Änderung vorzunehmen:

»Bellavista

Als ich zum erstenmal nach Hamburg kam, hörte ich von dem damals schon ad acta gelegten Plan, die Binnenalster in einen zentralen Parkplatz zu verwandeln. Ich hielt das für einen Witz und lachte unerschrocken herzlich, erfuhr aber später von einem nur mit Mühe abgewehrten Ansinnen der Verkehrsplaner in der belgischen Küstenstadt Oostende, deren Innenstadt-Yachthafen für den gleichen Zweck zuzuschütten.

IV REDEN

Bei der zunächst partiellen Annullierung des Elbwatts Mühlenberger Loch samt Umgebung zugunsten des Großraumflugzeugs A 380 geht es freilich um die ›Wertschöpfungssäule Industrie‹. Dagegen wäre, und erst recht gegenüber 4000 nicht so ganz garantierten Arbeitsplätzen (ein Faktor, der sogar illegale Akte wie Rüstungsexporte zu sogenannten ›legalen‹ macht), eine Argumentation für die Rettung des Anblicks doch wohl eine Blasphemie.

Trotzdem: Nicht der Schutz von Grundstückspreisen, Gesundheit, Löffelenten wird hier ins Feld geführt, sondern die dubiosen Rechte einer bald irreparabel verwüsteten, regionalen Spezialschönheit. Poesie sei hübsch und gut, aber hier am falschen Platz? Na klar: Naturschutzgebiete und Ästhetik sind uns dort teuer, wo sie nicht stören. In jenen liebenswerten Regionen soll man sich, durchaus mit unserer Unterstützung, um historische Bauwerke und Bellavista-Leckerbissen kümmern und wehe, man zerstört uns solche Natur- oder Kulturschätze aus Orthodoxie. Taliban! Hier jedoch gilt die Wertschöpfungssäule. Die ist vielleicht der ›Wahn der Technokraten‹ (Spiegel 99), aber jedenfalls der heilige Ernst des Lebens.

Lesen Sie mal das Gedicht ›Binsey-Pappeln, gefällt 1879‹ des großen Gerard Manley Hopkins! Sehr schön, aber bloß nicht weich werden!«

Am 4. Juli wurde mir mitgeteilt, der Text sei der Chefredaktion »zu Hamburg bezogen und deshalb wurde er nicht gedruckt. Wir würden Ihnen gern ein Ausfallhonorar von 500,– DM anweisen.« Ehrlich gesagt verblüffte mich die Ablehnung nicht im geringsten, eher die alberne Begründung. Man hat sich einfach keine Mühe damit gemacht. Immerhin war über das »zu Hamburg bezogene« Thema über Monate hinweg in allen Medien berichtet worden, zudem liegen mir zwei lange Artikel aus der FAZ vom 20. Juli und 18. August vor über die mit dem Erweiterungsbau fortschreitende Landschaftszerstörung an der Elbe, ohne Einspruch von auch nur einer der Hamburger Parteien, ein Projekt, bei dem es laut Airbus-Broschüre darum geht: »... das noch bestehende Boeing-Monopol in der Flugzeug-Kategorie mit mehr als 400 Sitzen zu brechen und Airbus einen dauerhaften Anteil von 50 Prozent auf dem Weltmarkt zu sichern.« Alles vor dem 11. 9. natürlich.

Der Fall ist klar. Über gutes Honorar für wenig Text wollte man einen sogenannten gerade »prominenten Autor« einkaufen. Mit der zugesicherten freien Themenwahl nahm man es dann erwartungsgemäß nicht so genau. Aber die Formulierung vom »Thema, das Ihnen am Herzen liegt« klingt so schön frei, und Autoren hören es immer gern. Die bescheidene Genugtuung für mich: das Ausfallhonorar nicht anzunehmen. Man wird so einen Pappenstiel im redaktionellen Alltag der Zeitung gar nicht registriert haben. Es war einzig und allein mein Privatvergnügen: »Laß man stecken!« Jetzt einmal in meiner, des nicht nur in finanzieller Hinsicht machtlosen Partners, Version.

In den Anfangsmonaten dieses selben Jahres wurde mir, als der für mich zunächst unwiderstehliche Teil eines Stadtschreiberpreises, die Herstellung eines 45minütigen Fernsehfilms in eigener Regie, bei freier Themenwahl zugesagt. Diese beiden Punkte waren für mich ausschlaggebend. Selbst nach Grönland, sofern ich das als notwendig erachtete, so wurde mir zugesichert, würde mich das Filmteam begleiten. Ich ging davon aus, daß man ausdrücklich den Film eines Schriftstellers und nicht eines TV-Routiniers erwartete, und wollte durchaus nicht spesenaufwendig nach Feuerland, nicht in die Wüste, nicht nach New York, sondern schlicht in Deutschland einen

IV REDEN

Film über ein mich lange beschäftigendes Thema drehen, nämlich über Weg und Verhältnis der Wirklichkeit zum Kunstwerk, hier, ganz im Visuellen bleibend: zu Werken der bildenden Kunst. Dazu sollten einige von mir ausgewählte Künstler in der Natur, beziehungsweise vor Ort und im Atelier bei der Arbeit, den handwerklichen und künstlerischen Umwandlungsprozeß dokumentierend gezeigt und von mir kommentierend befragt werden.

Meine anfängliche, naiv-gutgläubige Euphorie machte zügig mit jedem Telefonat, Brief, Gespräch durch immer deutlicher einschränkende Signale einer schrittweisen Ernüchterung Platz und kulminierte – zum Glück! – noch vor Beginn der Dreharbeiten. Was sich herausstellte, war kurz gesagt dies: Es handelte sich wohl seitens der Redaktion um ein eher schelmisches, keineswegs ernst gemeintes Angebot als freilich effektvoll eingesetztes Lockmittel. Ob dabei mehr mit der Eitelkeit oder der Einfalt der Autoren gerechnet wurde, ist nicht entscheidend. Es kam den TV-Leuten nicht, wie ursprünglich von mir gedacht, auf die sich gerade von den üblichen Fernseh-Produktionen abhebende Arbeit eines literarisch-ästhetischen Profis und dabei zweifellos technisch sehr der Hilfe bedürftigen Neulings in einem ihm bisher fremden Medium an. Das möglicherweise fruchtbare Manko, die andere Perspektive also, sollte von vornherein durch langjährige und gewiß verdiente, Schlimmes verhütende Mitarbeiter unschädlich gemacht werden. Was sich als gottlob nur sprachlich bleibender Purzelbaum solcher Art vorführte: Meine Vorstellungen von dem Film sollten von einer Redakteurin dem Kameramann übersetzt werden, der wiederum das, was er sich unter meinen Vorstellungen vorstellte, in seine Bilder von den Bildern der Künstler transponieren würde.

Das Erfreuliche an Schecks ist nicht nur, daß man sie

gelegentlich überreicht kriegt. Man kann sie auch, genauso klipp und klar, wieder über den Ladentisch zurückschieben. Das vereinfachte für mich die komplizierte und offenbar auch ungehörige Affäre, die eine Preisrückgabe darstellt.

Das Gemeinsame an beiden Fällen? Nicht nur das trügerische Versprechen der freien Wahl und Hand. Beide Male sollte, und das ist ja nicht skandalös oder böse, lediglich allgemeiner Brauch, ein zum aktuellen Zeitpunkt gerade bekannter Name für direkte oder indirekte Werbezwecke gegen Entlohnung benutzt werden. Der Name, wohlgemerkt, nicht die Arbeit, für deren Geist der Name ja aber steht. Man benötigte nur das Label. Die Arbeit war Nebensache, Ornament, nicht weiter störend, sofern die sich offenbar von allein verstehenden Spielregeln eingehalten würden.

Falls man auch von Erwartungen, von Intentionen an falscher Stelle sagen kann, sie seien overdressed, so muß ich mir hier wohl diesen Schuh anziehen. Es wurde nicht eine gesellschaftliche Absprache unter-, sondern durch eine in diesem Fall unangebrachte Ernsthaftigkeit des Wörtlichnehmens meinerseits überschritten – eine weitere Facette des Peinlichen –, was mich nicht daran hindern würde, es in einem ähnlichen Fall selbstverständlich wieder genau so zu tun.

Als am Montag, dem 17. 9. 01, eine knappe Woche nach den Attentaten in Amerika, die New Yorker Börse zum ersten Mal wieder öffnete, geschah das in einem feierlichen Akt durch die Feuerwehrleute, die wirklichen Helden jener Tage. Gleichgültig, ob hier das Geld den Heldenmut zu adeln glaubte oder dieser jenem den Schimmer von heroischem Kampf verlieh: Geld ist eine Sache von hohem gesellschaftlichem Ansehen, Tendenz enorm steigend. Erstaunlicherweise besteht desungeachtet, vorerst noch jedenfalls, jene prekäre Spannung zwischen einem anderen gesellschaftlichen Wert oder in Wahrheit ja nur Scheinwert, eine sehr peinlichkeitsintensive Berührungswonne wie -furcht zwischen Geld hier und Geist/Kunst/Kultur dort. Ich selbst übrigens habe, um wenigstens gegen die härteren Konfrontationen von literarischer Produktion mit dem Finanzwesen gewappnet zu sein, früh einen Brotberuf ergriffen, der mir meine Unabhängigkeit, auch die von Stipendien usw. sichern sollte. Auch das würde ich, trotz heute stark veränderter, günstigerer Bedingungen für angehende Autoren, wieder tun. In vielen Punkten habe ich mich zunächst über den Literaturbetrieb getäuscht, in diesem, nach allem, was ich beobachte, wohl nicht.

Kunst und Geld, schreibt Duke Ellington in seiner Autobiographie, hätten nichts miteinander zu tun. Man ahnt, wie er diese Beteuerung meint, und glaubt es leider sehr viel besser zu wissen. Fraglich ist allein, in welchen Dosierungen man den Einfluß des Geldes zulassen will. Klar ist ansonsten, daß man für jede verabreichte Mark im Kulturleben etwas zurückzuerstatten hat, ob man sich das eingesteht oder nicht.

Und trotzdem steckt in der pathetischen Zweiweltenteilung von Kunst und Geld als der von zwei Unvereinbarkeiten geradezu eine Grundüberzeugung, ja ein integraler Bestandteil des, wie man sagt, Kultur- und Geisteslebens, ob staatlich oder mäzenatisch finanziert. Nur: Ist es mehr als der Glamour einer höheren Gedankenfreiheit und Ästhetik, der man eine manchmal sogar luxuriöse Wohnung mit polizeilich gemeldeter Adresse in der Gesellschaft bezahlt in Gestalt von Kultureinrichtungen, Förderungsgeldern, Preisen, damit sie ihren Schein, und sei er ruhig ein bißchen schräge, auf das spendable, aber darüber hinaus mit Wichtigerem (etwa Gelderwerb) beschäftigte und dafür vom Geist freigestellte Gemeinwesen werfe, das dank dieser Ausgabe nicht kulturlos verrottende, was sich in der jedenfalls bisher so verstandenen internationalen Zivilisation einfach nicht gehören würde? Das hieße also: Es liegt eine Arbeitsteilung vor, und je schärfer zunächst die wesensmäßige Trennung der Bereiche Kunst und Mammon betont wird, desto üppiger profitieren diese als notwendige Ergänzung voneinander. Solch wechselseitige Funktionalisierung ist nur möglich, weil die Überzeugung von der eigentlich unversöhnlichen Geschiedenheit der zwei Pole (siehe Ellington) tief in uns verwurzelt ist.

Aber gerade darin, daß sich die Gesellschaft Kultur als das ganz Andere leistet und sie dafür bezahlt, liegt ja die Zweideutigkeit. Das eigentlich oder scheinbar dem Geld Ferne wird durch Geld angeschafft, das nicht Käufliche (oder soll man Literatur wie ein Paar Schuhe oder ein Pfund Butter betrachten?), das als Ideal auch nicht käuflich sein soll, ist durchaus käuflich zu erwerben. Ob das weniger penetrant wirken würde, wenn man den Handel per Warentausch abwickelte, so, wie ich vor der Aktentasche des Vaters immerhin, da ich kein Geld suchte, keine Kleinkriminelle, nur eine Mundräuberin war? Auch bei den bezahlten Leistungen der Ärzte entsteht im Sprechzimmer, und sogar den Heileffekt stützend, eine Atmosphäre von weltentrückter Wohltat und von Gratisgeschehen am Menschen. Ähnliches umschwebt als fragwürdiger, gesellschaftlich durchaus erwünschter Als-ob-Zauber die Kulturdienste.

Warum das so ist und vielleicht sein muß, sollen die einschlägigen Wissenschaften klären. Ich will mich auf einige Reflexe dieser zwiespältigen Angelegenheit in meinem Beruf beschränken. Hier kommt mir unerwartet ein

IV REDEN

Halbkollege beim Räsonnieren über das Gebiet, wo er absoluter Vollprofi ist, zu Hilfe. In seinem Buch *Wettkampf zum Gipfel* von 1986 berichtet der Bergsteiger Reinhold Messner von den Schwierigkeiten, den kostenaufwendigen und deshalb auf Sponsoren angewiesenen Extremalpinismus anders als beim Weitsprung oder Boxen mit den alten Vorstellungen zu verbinden, durch das Ersteigen hoher Berge der Menschheit Gutes zu tun oder, wie Messner selbst es bescheidener sieht, die eigene Persönlichkeit zu erproben, zu relativieren, zu entwickeln, was nur auf immer schwierigeren, deshalb noch nicht begangenen Routen stattfinden kann. Das Dilemma besteht nun vor allem darin, daß nur spektakuläre, aber erfolgreiche Ersteigungen die Geldgeber interessieren, nicht die risikoreiche Selbstprüfung und Seelenerweiterung eines Profis in Fels und Eis an sich, sondern allein deren Werbeträchtigkeit, nämlich wie gut sich Angst und Sieg fotografieren und verkaufen lassen.

Als Schriftsteller erlebt man die Situation undramatischer, aber sicher direkter. Das gilt zumindest für Autoren, die Literatur verfertigen, die nicht in erster Linie zerstreut, sondern womöglich anstrengt, also gewissermaßen über noch unerschlossene Wege auf die höheren Berge will, um ein erneuertes Formenrepertoire bemüht, an dem sich die Schmökerproduzenten in naivem Schmarotzertum und genehmen Dosierungen später bedienen können, als wär's vom Himmel gefallen. Oder müßte man inzwischen nicht realistischer sagen: Um überhaupt ein bißchen in den wüst kämpferischen Marketing- und Promotionstrategien des Buchgeschäfts zu bestehen, muß man allzu große Schamhaftigkeit ablegen und Herz und Geist, Inbrunst und künstlerische Überzeugung selbst zu Markte tragen? Wer das nicht tut, wird nicht gekauft und irgendwann konsequenterweise nicht mehr verlegt, auch wenn man nicht gleich, wie es ein bißchen Mode geworden ist, sein belletristisches Revoluzzertum als Domina oder im Unterrock aufs Bett geräkelt feilbieten muß.

Die Unterschiede sind aber gar nicht so groß. Pittoresk bis zur Taille aufgeknöpfte Autorenoberkörper bilden lediglich blank ab, wie etwas unsichtbarer im Vor- und Nachfeld einer Buchneuerscheinung Geist und Geld einander nahezutreten versuchen, wobei oft ein wahres Kasperltheater rauskommt. Auch die große Geste reiner Verweigerung ist lächerlich. Man falle nicht darauf herein! Wer sich die leistet, also Medien und Vermarktungswünschen der Verlage – am hübschesten natürlich mit Anekdoten aus dem Privatleben – nicht zur Verfügung steht, wird garantiert wissen, wie er trotzdem nicht in Vergessenheit gerät, und wüßte er es nicht, krähte demnächst kein Hahn mehr nach ihm.

Das Bewußtsein des emotionalen Mißverhältnisses etwa ist das gelegentlich Peinigende bei Interviews. Man weiß, daß man sie »für das Buch« macht, man redet vier Stunden – eine war verabredet – mit einem Journalisten – er geht einfach nicht nach Hause –, bei dem man schnell merkt, wie sehr er blufft. Er hat keine Zeile des Buchs gelesen, nur ein paar Kritiken, und man verbirgt, um ihn nicht zu blamieren, daß man ihn durchschaut. Aber man durchschaut während des sogenannten Gesprächs auch sich selbst, nämlich, weshalb man sich überhaupt darauf eingelassen hat. Schwört sich freilich, es in dieser Form nie wieder zu tun. Schließlich kommt ein läppischer Artikel dabei heraus, wo der Interviewer wie bestußt ein Arbeitszimmer beschreibt, das er gar nicht gesehen hat, und Apfelkompott im Keller, in dem er auch nicht war. Das wohl als kleine Rache dafür, daß man sich nicht ins Gespräch »eingebracht« hat, also dem Wildfremden als die dafür beruflich Zuständige die fingierten Herzensschleusen öffnete. So haben es nun mal Dichter echt oder gespielt bei einer solchen PR-Aktion gefälligst zu tun. Das ist eben der stillschweigend verabredete Preis. Übrigens, ist ja klar, unbezahlt.

Eine Woche später spricht man 40 Minuten hochkonzentriert mit einer jungen Kritikerin, die ihr erstes Interview macht. Korrekt mit Aufnahmegerät, was anschließend viel zeitaufwendiger ist als die gelegentlichen handschriftlichen Notizen ihres Kollegen. Sie hat überdies, unüblich in ihrem Fach, das ganze Buch gelesen und durchgearbeitet und einen intelligenten Fragenkatalog zum Text, nicht zu Apfelbäumen. Der Lohn für ihre ausgezeichnet vorbereitete Arbeit ist dann der Abdruck eines zerzausten kleinen Interviews. Es fehlte nur noch, daß sie es ehrenamtlich gemacht hat! Hoffentlich lernt sie nicht zu rasch daraus, sich in Zukunft ökonomischer zu verhalten, also den Aufwand an Geist cleverer aufs Honorar abzustimmen. Oder soll man es ihr wünschen?

Für mich jedenfalls war diese Unterhaltung im Herbst 2000, bei der wir beide, was die Effizienz betrifft, den Kürzeren zogen, ein geradezu strahlender Lichtblick, adäquater Einsatz von beiden Seiten, keine Spur von noch so verborgener Peinlichkeit.

Ernster wird es, wenn man das Duo Geist und Geld um den Begriff Reputation erweitert. Nicht nur, daß das Honorar von Lesungen etwa die Höhe des Ansehens markiert. Offenbar läßt sich auch umgekehrt das Ansehen durch hohe Honorarforderungen steigern. Wer bescheiden ist, den achtet man leider geringer. Und, wie mir scheint, immer stärker wird der Ruf eines Autors abhängig von den Verkaufszahlen seiner Bücher, in den Verlagen selbst, beim Publikum, bei den Kritikern. Doch, selbst in den Redaktionen ist jemand, dessen Werke »eigentlich« geachtet sind, ohne Kauferfolg inzwischen anrüchig, nein, sagen wir: ein bißchen fad. Das ist schädlicher für ihn.

In der Umdrehung ist es dann jedoch, jenseits jedes Zwickens zwischen den Schulterblättern, fatal und eine kulturelle Bankrotterklärung. Da nämlich kommt es über den Kurzschluß, daß Erfolg der ausschlaggebende Qualitätsbeweis sei – das ist zunehmend Usus geworden, verfolgen Sie hier bitte einmal die Argumentationen in den marktrelevanten Organen! – zur Gleichsetzung von Geld und Geist, über alle lästigen, aber naturgemäßen Verflochtenheiten hinaus. Wer glaubt, das sei nur ein Prinzip der Großbuchhandlungen und ihrer Stapeltitel, täuscht sich gewaltig. Mußte noch vor einiger Zeit völlig zu Recht betont werden, daß Verkaufserfolge bei Büchern nicht zwangsläufig ein Hinweis auf minderen Rang seien, so hat sich die Sache jetzt stürmisch in ihr Gegenteil gewendet. Das ist nicht ausschließlich zum Lachen.

Mitgeholfen bei der Entwicklung hat vermutlich neben dem Naturburschengeschmack populistischer Großkritiker auch die Praxis sehr hoher Vorschüsse und extrem hoher Lizenzgebühren für ausländische Autoren, mit denen man die nötigen Gewinne zu machen hofft und die man, auch bei deren minderen Werken, keinesfalls an die Konkurrenz verlieren will. Die Verlage müssen solche vielstelligen Ausgaben mit allen Kräften und Mitteln wieder zurückholen. Das führt zu einer manchmal schon militant wirkenden Promotion und einer Inflation der Anpreisungsvokabeln wider besseres Wissen, die zwar verspottet wird, aber dennoch schleichend die Maßstäbe zerstört, beim Publikum, selbst bei vielen Kritikern und Autoren,

IV REDEN

die fürchten, und das fürchten Intellektuelle wie die Pest, den forschen Geist einer neuen Zeit nicht früh genug mitgekriegt zu haben. Es versteht sich, daß da preisgünstiger Eingekauftes, für das im anderweitig schon erschöpften Werbeetat kein Pfennig erübrigt werden konnte, auf der Strecke bleibt, auch wenn nach allgemeinem Sprachgebrauch die Reißer der Saison das nicht so süffige Zeug angeblich finanzieren. Was denn, ihr Verramschen?

Nein, dagegen sind die gewöhnlichen Kleinkram-Peinlichkeiten des Geschäfts die reine, vielmehr ambivalente und also um so größere Lust.

Etwa die gut verkäuflichen Schluchzer eines Autors beim Lesen von Rückertgedichten im Radio. Studioaufnahme!

Oder: Meine zweite Initiation, hier nicht in die Welt des Peinlichen an sich, vielmehr in die des Literaturbetriebs im besonderen, 1980 in Klagenfurt, als die Autoren am Abend vor der Preisverleihung eine Resolution verabschieden wollten, nach der die Preise an alle Vorleser gleichermaßen verteilt werden sollten, und ich auf meine Nachfrage die gloriose Antwort erhielt, nein, für diesmal gelte die Konsequenz noch nicht, nur der Beschluß. Man brauche, falls man gewänne, das Geld selbst. Sten Nadolny, der Hauptpreisträger, klärte die Situation souverän, indem er in individuellem Entschluß, ohne Resolution, sein Preisgeld an alle verschenkte, pro Kopf 500 DM, wenn ich mich recht erinnere. Nein, hier kein »Laß man stecken!« meinerseits. Allerdings habe ich den Betrag lieber gleich weitergeleitet.

Weitere Beispiele zur eher harmlosen Peinlichkeit: Das staatlich gelobte und überaus literaturpreisgekrönte »Querdenken« langgedienter Querulanten in Querulantenpose.

Sowie: Meine eigene, mich selbst amüsierende und offenbar unausrottbare Verlegenheit beim Honorarfordern. Vehement sind übrigens in den letzten Jahren die Literaturagenten in die Peinlichkeitslücke gestoßen und haben sich instinktsicher fast unentbehrlich gemacht. Sie kümmern sich um all die Dinge, die vielen Autoren unangenehm sind – Anbieten von Manuskripten, Vorschußforderungen, Eventinszenierungen – als neutrale Instanz, die das literarische Leben freilich immer quirlig-kreischender, aggressiver, wettbewerbsmäßiger macht. Der Autor kann die Hände in Unschuld waschen. Natürlich liegt die Höhe der Forderungen im Interesse der Agenten, sie kassieren ja Prozente von dem, was sie für ihre Mobilie, den Autor, ermakeln. Einen scharfen Agenten zu haben, dessen Prestige vor allem darin besteht, über die schnellsten Pferde im Stall zu verfügen, gehört umgekehrt für gar nicht wenige Anfängerautoren inzwischen zum Styling. Zu meinem gehört, daß ich keinen habe. Wo bliebe das gewisse, anachronistisch menschliche Zwittergefühl im Rücken!

Und zur Vervollständigung meiner Peinlichkeitsfavoriten: Die Indiskretion mancher Veranstalter beim Überreichen des Schecks – altvertraute Spendiergeste –, nebst Ankündigung einer »warmen Mahlzeit« und die treuherzige Selbstverständlichkeit, mit der Zuhörer Sorge tragen, ob man von seinen Büchern leben könne. Aufrichtig gerührt dagegen bin ich, wenn Leute ernsthaft fragen, ob man auch ein Reclamheftchen signiere. Weil es so wenig kostet?

Leicht peinigend ist die Beobachtung, daß ein Publikum, wenn es nichts bezahlt hat, sich schlechter benimmt. Was umsonst ist, kann nicht gut sein.

Immer wieder lustig und schwach peinlich: das Anhören prächtig verdienender Akademiker und Manager, die in vorgerückter Stimmung gestehen, sie wären so gern Künstler geworden.

Und last not least: Wir Schriftsteller, wenn wir – einmal abgesehen davon, daß es Mentalitätssache ist, was man als die größere Herausforderung betrachtet: mit möglichst wenig Geist/Kunst viel Geld oder viel Geld mit möglichst viel Geist/Kunst zu verdienen – nur über eines reden wollen, als wäre es der einzige Parameter und Wohlgeruch unseres Lebens: übers Geld.

Ein Augenzwinkern des Jenseits:
Die Zweideutigkeiten der Literatur

Alles Zwielichtige, alles Ambivalente, Doppeldeutige hat den lasziven Reiz nicht des Todgefährlichen, aber doch des leicht Fatalen, manchmal des Unseriösen, immer des ein bißchen schwindlig machenden Interessanten, durchaus nicht gutmütig Zwinkernden. Immer gibt es dabei einen Augenschein und etwas ihm Widersprechendes, und man weiß nicht und kommt auch zu keinem Ende damit, woran man selbst ist und wo eigentlich der solide Boden der Tatsachen sich befindet. Stets, sagen alle diese Bezeichnungen, gibt es zwei Wertungen, zwei Bedeutungen, zwei Beleuchtungen, etwa die des Anständigen und die des Unanständigen. Und für jede spricht manches. Andernfalls sprächen wir nicht von Ambivalenz, die keine endgültige Sicherheit, keine abschließende Beruhigung erlaubt. Das wechselseitige Infragestellen ist ein unaufhörliches, irrlichterndes und daher der spöttische Widersacher aller festen Fundamente, ob familiärer, staatlicher, ideologischer, wissenschaftlich-systematischer Art.

Keins der klassischen Elemente läßt sich der Ambivalenz traditionsgemäß so strikt zuordnen wie Wasser, Meer, See, und kein mir bekannter Autor war, als Apologet der Treue, von der Doppeldeutigkeit, dem Schwanken und Schlingern der Realitätsverhältnisse so hypnotisiert und erotisiert wie der große Epiker der See, der polnisch-englische Romancier Joseph Conrad. Und um das noch einmal zu steigern: In keinem seiner Werke tritt das schöne und bedrohliche Wesen des Zwiegesichtigen so alles durchtränkend, alles strukturierend hervor wie in der Erzählung *Ein Lächeln des Glücks* aus der Sammlung *Zwischen Land und See*.

Eine Hafengeschichte, also auf dem – scheinbar – festen Land angesiedelt, bei der im Verlauf des Geschehens nichts verschont bleibt von einer grundsätzlichen und detaillierten Doppelzüngigkeit. Satz und Geste, Natur, Ding, Mensch, alles gerät in Schwebe und beginnt damit harmlos frivol als Wortwitz:

»Nach einer Reise von sechzig Tagen wartete ich gespannt auf das Insichtkommen meines Zieles, einer fruchtbaren und schönen Tropeninsel. Enthusiastische Bewohner nennen sie gern ›Perle des Ozeans‹. Nun gut, soll sie ›Perle‹ heißen. Ein guter Name. Eine Perle, die der Welt viel Süße spendet. Das soll nichts anderes heißen, als daß dort erstklassiges Zuckerrohr gedeiht.«

Mit diesen Eröffnungssätzen ist sie bereits angestimmt, die Ambiguität, die verbale Verwechslung von Idealassoziation (Perle, Süße) und Realität (Zuckerrohr), die aber zugleich eine ernstere, noch zu erwartende Desillusionierung signalisiert und eine Vorahnung gibt vom Irisieren der kleinen und Kleinstereignisse wie auch des Großgeschehens. Zudem wirft die Erzählung ein exemplarisches, fahles Licht auf die Zwiespältigkeit des Realitätserlebens schlechthin, wie Ambivalenz als Stilmittel der Literatur es immer tut.

Die unterminierenden Hinweise, das belegt die Erzählung so nebenbei, auf die Vagheit unserer Existenz, wären allerdings durch Ungenauigkeit der Schreibweise und der Konstruktion exakt nicht zu erbringen. Ja, je gründlicher ein stagnierendes Wirklichkeitsbild mit seinen Sprachformen ins Rutschen gebracht werden soll, desto gezielter, berechneter, berechnender muß der Angriff erfolgen.

Aber auch, wenn Literatur die Zweideutigkeit gar nicht explizit zum Thema hat und ausdrücklich gestaltet, hängt ihr selbst, der Literatur, wesensmäßig Zwiespältiges an. Der Begriff Ambivalenz, in der Psychologie im Sinne von Haßliebe gebraucht, benennt eine der wesentlichen Wirkungen von Literatur. Geschichten geben Schutz vor einer chaotischen Außen- und Innenwelt und schenken eine Perspektive, eine gute oder schlechte, aber jedenfalls: eine! Sie nehmen jedoch damit auch Einfluß als Wirklichkeit einsaugende, magische Formulierung, die kommandoergreifend die eigene Situation oder Geschichte (etwa eine Liebes- oder berufliche Angelegenheit) interpretiert und in ein Ablaufmuster wie ausweglos dirigiert, ausweglos bzw. alternativlos.

Zwei berühmte Exempel: Sowohl in Shakespeares Drama *Othello* wie in *Macbeth* wird der Held in eine Intrige per Einflüsterung verwickelt. Es geht um die Infiltration einer Geschichte, die zunächst noch in den Bereich des Fiktionalen, des Hirngespinstes zu verweisen wäre, aber in beiden Fällen Macht über das disponierte Opfer gewinnt und so, als wäre ein Organismus schmarotzerhaft in seinen Körper gebettet, sich handlungerzeugend, realitätschaffend weiter entfaltet mit allen verhängnisvollen Schritten.

Othello, der Mohr, Feldherr in venezianischen Diensten, erfolgreich in Schlacht und Liebe, stürzt sich mit emphatischer Energie in den destruktiven Strudel seiner durch Jago, den tückischen Untergebenen und Ratgeber geweckten Eifersucht wegen des angeblichen Ehebruchs seiner Frau Desdemona, die bis zu ihrer Ermordung durch den Gatten in makelloser Liebe zu ihm steht. Die Raserei, die Othello packt, hätte, wäre die in ihn geträufelte Erzählung eine andere gewesen, sich auf glorreicherem Feld als Kraft entfalten können. Aber einmal dem trügerischen Beginn verfallen, öffnet er, süchtig nach Erfüllung, Ohr und Auge keinem Gegenargument und folgt im Wüten wie ein Lamm den Plänen seines Zerstörers Jago, seiner Zerstörerin, der Literatur.

Und Macbeth? Ihm wird von den Hexen nicht das Gift eines Verdachts eingeflößt zu seinem Untergang, vielmehr eine Karrierevorhersage als verführerisch prophetischer Singsang. Vielleicht wirkt das um so teuflischer in seiner fügsamen, auf die Fährte gesetzten Phantasie, weil sein Weg zum in Aussicht gestellten Königtum so märchenhaft unmöglich, spielerisch töricht allen Fakten zunächst zu widersprechen scheint. Ist erst einmal die Ankündigung in ihn eingesät und erweist sich, in merkwürdigem Zufall, die Realität als nachgiebig, wird Macbeth automatischer Vollstrecker. Othello und Macbeth sind Handelnde, Herrschende und agieren doch willfährig, devot ganz nach einer Parole, die ihnen erteilt wurde.

Wir alle kennen sie ja, die manchmal das Perverse oder immerhin Masochistische streifende Lust und Entlastung, als Genießende sich keinesfalls nur in das Glück, auch in die Leiden einer angebotenen Formulierung zu begeben, weniger kontrolliert: sich aus einer Diffusität, aus einer Lage, in der man sich gar nicht fühlt oder zu viele Möglichkeiten der Gefühle spürt, in eine jeden Zweifel wegspülende Strömung fallen zu lassen, als wäre das die eine, wahre, wirkliche Wirklichkeit, nur weil sie so laut und rechthaberisch brüllt.

Wir Zuschauer natürlich, denen das Drama als Gesamtwerk Distanz erlaubt, stellen fest, daß Othello wie Macbeth einer jeden Einwand der Wirklichkeit auslöschenden bzw. in ihren Sog reißenden Perspektivierung anheimgefallen sind, die ihnen Rausch und Zielgerichtetheit beschert, was ihnen, scharf besehen, vielleicht sogar mehr wert ist, auch um den Preis des Verderbens, als das Ziel selbst.

Der aufklärerische und befreiende Reiz von Komödien, zumal derjenigen von Shakespeare, besteht ja auch darin, wie knapp am Abgrund vorbeigesegelt und -manövriert wird. Immer wittert man: Es ist die spezielle Blickrichtung, die das Geschehen zum Happy-End hin rettet. Alles Dräuen und Lauern des stets gegenwärtigen Tragischen wird einfach – d. h. mit Anstrengung und oft im letzten Moment erst, anmutig knirschend – ins Komische gedreht.

Über den blutigen Tod von Pyramus und Thisbe im *Sommernachtstraum* lacht man. Die ähnlich versehentlich sterbenden Romeo und Julia sind schwerlich amüsant. Und doch bewegt sich das Tragische bei jenen und das Komische bei diesen als zweideutige Schattenfigur anhänglich leise mit. Wechsel der Blickwinkel: ein welterweiternder Effekt.

Ambivalenz hat aber nicht von vornherein die besten Karten bei den Lesern. Vor allem dann nicht, wenn sie sich, was nicht selten vorkommt, erst über das Ganze eines Romans, einer Erzählung erschließt. Man muß, um sie wahrzunehmen, nicht nur ein Sensorium für Atmosphären, eben die des Zweideutigen, sondern wohl auch Aufmerksamkeit und Gedächtnis für Sprossen, Etagen oder Räume einer Konstruktion haben, aus denen sich erst im Widerspiel jene schillernde, wach, skeptisch, melancholisch machende Zweigesichtigkeit ergibt. Wer schlampig, gar diagonal liest, kriegt sie höchstens partiell mit.

Ein besonderer Fall ist die Rollenprosa. In der Tat eine heikle Sache, die auch ein offengelassenes Hintertürchen des durch Kritik in Not geratenen Autors sein kann, um bequem die Schuld für Unzulänglichkeiten dem Ich-Erzähler, der ja nicht der Autor selbst ist (sei), in die Schuhe zu schieben. Sicherlich, die Versuchung, das Rollenprosa-Ich mit autobiographischen Details zu mischen – was ein Schriftsteller meist tut, nur fällt es bei den gewöhnlichen Er-Helden und Sie-Heldinnen weniger auf –, ja, aus ihm ein delegiertes Ich zu machen, also ein unordentliches Changieren zwischen echtem und fingiertem Ich zu riskieren, auch zu beabsichtigen, kann zu einem Entgleisen der Parts führen. Handelt es sich um Literatur, sollte man generell davon ausgehen, daß ein Ich nicht den vollständigen Autor repräsentiert, allenfalls, da er der Organisator, Formulierer, Begrenzer des gesamten Werks ist (der Personen und der sie umgebenden Romanwelt), nur eine seiner Unterabteilungen.

Schließlich strebt er nicht naturalistische Ergüsse an, er will, bei einer Ich-Konstellation, einen Erlebenskosmos aus der Innensicht darstellen, auch wenn dieses Ich ein sogenannt modern ramponiertes, zerfranstes, ruinöses sein sollte. Es ist nicht eins, das man sich von der Straße greifen kann, es ist ein in Sprache, Klang, Grammatik überführtes, etwas Übersetztes und Erbautes, insofern Konstruiertes und, wie immer man es wendet, auch Konstruktives.

Von der Leserseite gesehen: Als Autor des Gesamten ermöglicht der Schriftsteller, selbst bei einem scheinbar uferlos und eigenmächtig sich ausbreitenden Ich, kraft relativierender Eingriffe dem Leser Distanzierung und Freiheit gegenüber der literarischen Machtentfaltung dieses Ichs. Allerdings geben zeitgenössische Prosawerke in der Regel nicht mehr so deutliche Winke wie z.B. Prologe künstlicher Nachlaßherausgeber in älteren Dichtungen. Hier ist die Zweideutigkeit gerade der Stachel, immer wieder den Abstand beim Lesen zu erneuern, wieder zu vergessen usw.

Ähnlich verhält es sich mit Abhandlungen, Traktaten innerhalb eines fiktionalen Werks. Aus diesem herausgenommen, wenn nicht als langes Zitat annonciert, sind sie isolierte Behauptungen, durch nichts eingeschränkt, die für sich stehen müssen. Sie meinen das, was sie sagen, eins zu eins. Kurz, es geht um Information, nicht um die prinzipiell unausforschbare Gestalt, deren Argumentation präzise, aber uneindeutig ist. Man kann sie nicht als Inhaltsangabe nach Hause tragen. Sie läßt sich nicht zusammenfassen.

Innerhalb eines Romans haben eingebaute Essays eine völlig andere Funktion als essayistische Literatur, die ja gar nicht zuvorderst per Form, als Kunstwerk spricht, eher in halbwissenschaftlicher, halbpoetischer Sprache einen Sachverhalt z. T. feuilletonistisch diskutiert. Im Roman sind eingefügte Essay-Passagen eine Möglichkeit unter vielen – eben eine Art Rollenprosa –, eine Denk- und Sprechweise, die von der Gesamtgestalt des Werks die poetische Position erhält (exzellentes Beispiel ist *Moby Dick*), auch bei einem astrophysikalischen Exkurs.

Innerhalb des Romans haben Essays nicht mehr Wirklichkeitswert als eine Naturbeschreibung, da hier nur die literarische Wirklichkeit zählt, die nicht abkürzbare, die, noch einmal, mehrdimensionale, polyvalente, die sich selbst in Frage stellende durch die denkbare Vielzahl ihrer Betrachtungsweisen. Ein Baum gibt keinen korrekten Satz von sich, hat aber immer recht. Innerhalb eines Romanorganismus sind Essays Teile seiner changierenden Gestalt und dienen ihrer Ausformung, auch etwa, indem sie an anderer Stelle widerlegt werden.

Nein, als Inhaltsangabe nach Hause tragen läßt sich ein Roman ohne Verlust des Wesentlichen nicht, aber sehr wohl kann man seine ersten Sätze im Kopf aufbewahren:

»Als der sechzehnjährige Karl Rossmann, der von seinen armen Eltern nach Amerika geschickt worden war, weil ihn ein Dienstmädchen verführt und ein Kind von ihm bekommen hatte, in dem schon langsam gewordenen Schiff in den Hafen von New York einfuhr, erblickte er die schon längst beobachtete Statue der Freiheitsgöttin wie in einem plötzlich stärker gewordenen Sonnenlicht. Ihr Arm mit dem Schwert ragte wie neuerdings empor, und um ihre Gestalt wehten die freien Lüfte.

›So hoch!‹ sagte er sich und wurde, wie er so gar nicht an das Weggehen dachte, von der immer mehr anschwellenden Menge der Gepäckträger, die an ihm vorüberzogen, allmählich bis an das Bordgeländer geschoben.«

Das ist der Anfang von Kafkas *Amerika*, mit dem man das Gebäude, das Gehäuse dieses Prosawerks betritt. Trotz gedrängter Fülle der Mitteilungen begreift man, daß diese nur Teil einer Stimmung, eines spezifischen Geruchs oder Duftes, eines Universums sind, in dem wir erfahren werden, wie heimliche Befürchtungen in einer dunklen Nacht nicht nur unsere sind und wir darin Genossen auf der Welt haben, aber auch, daß uns hier ein noch nie empfundenes Neues begegnet. Beides Komponenten, die verlocken, in einen Romankosmos einzudringen.

Manchmal genügt es, in einem Buch eine einzige Seite aufzuschlagen, und schon hält man sich auf in dieser Behausung, in diesem von der Wirklichkeit handelnden und doch so merkwürdig anderen Reich, weshalb man ja auch als Kind schon Literatur aufnehmen kann, die man noch gar nicht versteht. Man spürt das Ausschlaggebende, den Zauber. Und eben aus diesem Grund liest man ohne Probleme Bücher aus älteren Jahrhunderten in diesem zwanzigsten und empfindet sie als Gegenwart in glücklichen Fällen und Momenten, da sie von keiner noch so umstürzlerischen Erkenntnis als Kunstwerk, als gefügte Architektur überholt werden können. Übrigens auch nicht vom Wühlen in der Biographie eines Autors.

DIE ZWEIDEUTIGKEITEN DER LITERATUR

Ein Gebäude oder eine Maschine des Nicht-Zufälligen auch dann, wenn der Verfasser sich vom Zufall beflügeln läßt, auch dann, wenn das scheinbar Zufällige an der Oberfläche ausgespielt und ausgereizt wird, als ginge es um spontane Einfälle und nichts anderes. Herrscht dem Augenschein nach das Nicht-Geplante und wird nur in der Tiefe, aus dem Zentrum unsichtbar sortiert, selektiert, gelenkt, dann tritt in schönster Diskretion die wichtigste Ambivalenz, die wörtliche Zwei-Deutigkeit der Literatur hervor, eine Zwielichtigkeit, die noch ganz anderes als eine auftrumpfende Realität beleuchtet, etwas, was sein Licht hinter Alltäglichem verbergen kann, aber unter Staub und Kruste zu strahlen anfängt.

Als metaphysisches Sinnmodell erweist sich Literatur, Poesie nicht durch das Hohepriestertum ihrer Hersteller, nicht durch erbauliche Hinweise oder religiöse Symbolik, viel eher, meine ich, indem sie, ohne ausdrücklich Mitleid, Erbarmen, Menschlichkeit, Liebe zu predigen, eine Welt schafft, die sich bewegt, sagen wir: nach bilateralen Gesetzen.

Etwa wenn sie funktioniert im ausdrücklich schmerzhaften Fehlen solcher Motive, so daß sie eine heftige Sehnsucht danach zu wecken imstande ist, als gäbe es diese heimlichen metaphysischen Ordnungen tatsächlich. Wir wissen es ja nicht, wir können nur hoffen, daß das Bedürfnis nach ihnen nicht ausstirbt. Ja, als gäbe es dieses Augenzwinkern eines Jenseits wirklich, einer zweiten, anderen Welt, für die ein Anblick, eine bewegende Szene, die Musikalität eines Satzes den direkten, unmittelbaren Beweis antreten. Clemens Brentano im Roman *Godwi*:

»Stille Kühle drang mir ans Herz, ich hätte hier stehen und träumen können von Seen und Meeren, in denen die Götter hausten. Wenn die Bäume hin und her ihre Schatten wälzten, brausten und wie in geheimnisvollen nächtlichen Festen taumelten, so schwoll es wie Ebbe und Flut an meinem Herzen.«

Von einem verborgenen Nebensinn unserer Existenz schenkt Literatur als Kunstform eine Ahnung, ahnend Gewähr. Nie mehr, sonst freilich verlöre sie, ideologisch geworden, gerade die schwebende Doppelsinnigkeit.

In einer Fortschreibung von Kafkas *Amerika*-Fragment läßt Eckhard Henscheid Karl Rossmann, der so wenig Glück in der Welt hat, während seine ihm angetraute Kathi mit dem Geistlichen Powell noch vor ihm ins Bett geht, nebenan in seiner Verlassenheit eine sehr ambivalente Seligkeit erleben. Eine kleine Katze ist aufgetaucht und tippt ihn mehrmals an:

»Da beugte das Tier, das, wie Karl jetzt erst merkte, sogar dem Onkel Senator ein wenig ähnlich sah, wie mäßig, aber doch ausreichend interessiert, seinen Fleckenkopf zu Karl hinab und schaute ihm wie müßig, doch sehr truglos in die halboffenen Augen. Karl wurde dadurch vollends wach, erwiderte höflich scheu den Blick und wußte auch im Nu, das Kätzchen hatte ihn ersehen und erkannt. Auch wenn das Wagnis mit der Gattin schon mißlingen sollte, wenig, dachte Karl, konnte gleichwohl mehr passieren. ... das Kätzchen sah ihn stärkend nochmals an mit Nachdruck. Da fühlte Karl es und wußte es, daß dies mitnichten alles Unsinn sei und als ein Unsinn rasch vergänglich, in Nichts und Staub ja schon zerfalle; sondern das Erz der reinen Wahrheit.«

Die Wahrheit der Kunst aber ist nicht, wie ein Philosoph von der Wahrheit schlichtweg behauptete, nackt am schönsten, noch liegt sie, wie der Volksmund meint, in der Mitte. Sie steckt, davon bin ich überzeugt, im »Umweg« der Form, im Extrem, in Ambiguität und Ambivalenz.

Nachweise

Marlon of the Movies. In: Kino. Sammelband einer Serie der *Frankfurter Rundschau*. Hrsg. von Wolfram Schütte, Frankfurt a.M. 1996
Hotel Wald International. In: Daheim und Daneben. Sammelband einer Serie der *Weltwoche*. Hrsg. von Gunhild Kübler, München 2001
Carduelis carduelis. In: Sentimentale Tiergeschichten. Hrsg. von Eckhard Henscheid, Stuttgart 1997
Zottiges Blutglöckchen und Porree. In: Hamburg satt. Hrsg. von Ingrid Klein, Hamburg 1999
Maria wie Milch und Blut. In: Kulturgeschichte der Mißverständnisse. Hrsg. von Eckhard Henscheid, Gerhard Henschel, Brigitte Kronauer, Stuttgart 1997
Brott und Kreutzdonnerwetter? In: *Die Weltwoche*, Herbst 2000
Heimatlicher Rasenfleck. In: Programmbuch der Bayerischen Staatsoper, Festspiel 1999
Von Arosa bis Litzirüti. In: Arosa, Zürich 2001
Was ich mir unter Deutschland denke. In: Neues Deutschland. Sammelband einer Serie der *Frankfurter Rundschau*. Hrsg. von J. Kogel/ W. Schütte/H. Zimmermann, Frankfurt a. M. 1993
»Was ist ein deutscher Charakter?« In: Lichtenbergs Funkenflug. Sammelband einer Serie der *Frankfurter Rundschau*. Hrsg. von J. Kogel/ W. Schütte/H. Zimmermann, Frankfurt a. M. 1992
Die sublime Schweiz. In: *Neue Zürcher Zeitung*, 3./4. Oktober 1998
Die schwedische Rezeptur. In: *Neue Zürcher Zeitung*, 24. Dezember 1997
Wie Leguane und Krokodile. In: *Einmal und nie wieder*. Sammelband einer Serie der *Frankfurter Allgemeinen Zeitung*. Hrsg. von Thomas Steinfeld. Stuttgart 2001
Lächelnde Laken. In: *Neue Zürcher Zeitung*, 1./2. Dezember 2001

NACHWEISE

Zwischen Fixstern und Finsternis. In stark gekürzter Fassung in: *konkret* 8/2001

Schützende Gebilde und verbotener Blick. In: *Schreibheft* 52/1999

Der Albatros regt seine Flügel. In: *Frankfurter Allgemeine Zeitung* 14. Oktober 1997

Vier Deutungsversuche. In: NDR Radio 3, Archiv der Poesie, zwischen 1998 und 2000

Kleiner Beitrag eines Gerechten zur Vervollständigung der Todsünden. In: *Drehpunkt* 95, 1996

Die Ikone als Heimat und umgekehrt. In: *Rußland mit Rainer*. Hrsg. von Stéphane Michaud, Marbacher Bibliothek 3, 1999, Vorwort.

Die zwei Seiten der Medaille. In: *Frankfurter Allgemeine Zeitung*, 19. August 2000

Little Nemo in Slumberland. In: *Mein Jahrhundertbuch*. Sammelband einer *Zeit*-Serie, Hrsg. von Irdis Radisch, Weimar 2000

Eine Liebeserinnerung, als Wiese verkleidet. In: Rowohlt Literaturmagazin 40, 1997

Tierlos. In: Elias Canetti: *Über Tiere*. München 2002. Nachwort

Der poetische Augenblick. In: Quarto 14-2001. Schweizerisches Literaturarchiv

Lob der Lakonie. In: *Tages-Anzeiger*, 23. Mai 2001

Anspruchsvolle Verlierer. Laudatio zur Verleihung des Erich-Fried-Preises an Otto A. Böhmer, Wien, 25. November 2001

Über das Wasser. In: *Rhein Zeitung*, 1. März 2001

Pointe eines Preises: Dankrede zur Verleihung des Preises von ZDF/3sat und der Stadt Mainz am 8. Februar, dann in *Neue Zürcher Zeitung*, 15. März 2001

Macht was ihr wollt!: Wie modern muß Literatur sein? Vortrag an der Berner Universität am 1. November, dann in gekürzter Fassung in *Süddeutsche Zeitung*, 7. November 2001

Die Lust an der Peinlichkeit: Geschichten vom Geld. Vortrag an der Kieler Universität am 30. Oktober 2001

Ein Augenzwinkern des Jenseits: Die Zweideutigkeiten der Literatur. Vortrag zur Heidelberger Poetikdozentur 1997, dann in *Neue Zürcher Zeitung*. 1. Dezember 1997